Bertrand Piccard
Spuren am Himmel

BERTRAND PICCARD

Spuren am Himmel

Mein Lebenstraum

Aus dem Französischen
von Michael Bayer

MALIK

Die Originalausgabe erschien 1998 unter dem
Titel »Une trace dans le ciel« bei Editions Oresol.
c/o www.bertrandpiccard.com

ISBN 3-89029-257-7
© Bertrand Piccard, 1998
Deutsche Rechte:
© Piper Verlag GmbH, München 2003
Satz: Dr. Ulrich Mihr GmbH, Tübingen
Druck und Bindung: Ebner & Spiegel, Ulm
Printed in Germany

www.piper.de

All jenen gewidmet, die an die Macht der Träume glauben und deren Freundschaft mich bei meiner Erkundung des Lebens begleitet hat.

Inhalt

Vorwort
von Pascal Décaillet 9

KAPITEL 1
Live und direkt
Jene flüchtigen Momente, von denen
ich gewünscht hätte, daß sie ewig währten... 11

KAPITEL 2
Der Faden der Ariadne
Mein größter Wunsch war es, den Lauf
der Zeit anzuhalten 13

KAPITEL 3
Zwischen Dädalus und Ikarus
Es gibt einen dritten Weg 37

KAPITEL 4
Arabesken
Geraden führen nicht in den Raum hinaus 58

KAPITEL 5
Sunion: die Zeit und die Ewigkeit
Die Enden unserer Drachen streiften
die Geschichte von Jahrhunderten 63

KAPITEL 6
Mit Propeller im Wunderland
Hilft die Suche nach Harmonie
bei der Suche nach dem Ewigen? 67

KAPITEL 7
Zurück aus weiter Ferne
Offenwerden für das Leben selbst 82

KAPITEL 8
Intuition und Wissenschaft
Die Existenz einer Welt, die uns übersteigt 91

KAPITEL 9
Wenn der Wind in deine Richtung weht ...
Das Unbekannte wird zum Freund 111

KAPITEL 10
Die längste Ballonfahrt
Das wunderbare Geheimnis einer Frage ohne Antwort 165

KAPITEL 11
Die Winde der Hoffnung
Mögen die Welt des Geistes und die Welt des
Menschen die Früchte der großen Taten genießen 228

KAPITEL 12
Der Mittelpunkt
Zwischen Himmel und Erde 253

Reflex 263

BILDNACHWEIS 264

Vorwort

von Pascal Décaillet, Radiojournalist

Ein Ballon, der sich in den eisigen Winterhimmel erhebt, ein Ballon, der über die Berge davonschwebt und dann verschwindet. Als wir Piccard und seinen beiden Gefährten nachsahen, wurden wir alle wieder zu Kindern. Sich in die Lüfte erheben, nach den Winden suchen, so tun, als fliege man um die Welt...

Einfach, wie der Traum des Ikarus; oder wie eine Seite von Jules Verne; wie das feine Gespinst der Phantasie, flüchtig und elegant, aber festgehalten von unserem Stoff voller Erdenschwere.

Piccards Abenteuer ist kein technisches Wagnis, oder um genauer zu sein: nicht nur. Zuallererst ist es ein Abenteuer geistiger Natur. Piccard ist kein Passepartout und auch kein Phileas Fogg. Er ist wie Saint-Exupéry, der über die Wüste fliegt. Sein Blick auf die Welt ist der des Kleinen Prinzen.

Von jetzt an heißt es Erfolg oder Mißerfolg. Und doch meine ich, daß das Gelingen eigentlich eine Nebensache ist. Im Gegensatz zu uns Erdlingen hat er es zumindest versucht.»Die Menschen sind nicht meinesgleichen«, sagt einmal ein Held Malraux'.»Sie schauen mich an

9

und urteilen über mich. Meinesgleichen sind die, die mich lieben und mich nicht beobachten.«

Man möchte Piccard grüßen wie das Tuch von Tschang, das, in den Bergen verloren, Tim, den Helden des großen Zeichners Hergé, auf die Suche nach seinem chinesischen Freund und nach dem Absoluten führt. Nicht um des puren Abenteuers willen, sondern wegen der brüderlichen Verbundenheit aller Menschen.

Laßt uns Bertrand Piccard allzeit guten Wind wünschen. Und möge der Himmel in all seinen Bedeutungen immer mit ihm sein.

KAPITEL 1

Live und direkt

Jene flüchtigen Momente, von denen ich
gewünscht hätte, daß sie ewig währten ...

In der Luft bin ich sehr allein. Sicher, diese Einsamkeit fördert die Konzentration, eine gewisse Form von Bewußtheit des Fliegens und vor allem ein Gefühl der Identität von eigenem Selbst und gelebtem Augenblick, aber nach der Landung ist sie nur noch ein weiteres Kommunikationshemmnis. Wenn man mich auffordert zu erzählen, was ich erlebt habe, kann ich nur noch einen Bruchteil meiner Erlebnisse rekonstruieren, denn in diesem Moment durchlebe ich sie ja nicht mehr. Deshalb überlege ich manchmal bereits in den intensivsten Momenten des Erlebens in einem Eckchen meines Bewußtseins, wie ich später darüber erzählen werde. Und eines Tages tauchte dann das Bedürfnis auf, in einem Buch einmal all die Eindrücke zu sammeln, die ich »live« erfahren habe. Damit ich künftig da oben in der Luft weniger allein bin.

Die Kraft der Eindrücke hängt von der Art des Erlebens ab und von dem Seelenzustand, in dem sich der Pilot befindet. Die einzelnen Kapitel meines Buches sind somit wahrhaftige »Erzählungen vom Himmel« und werden sich daher nicht notwendigerweise gleichen oder aufeinander aufbauen. Und doch wird man in ihnen einen Leitfaden finden: die Impressionen, das Atmosphärische sowie die Sehnsucht, jene flüchtigen Momente festzuhalten, von denen ich gewünscht hätte, daß sie ewig währten.

Aber besteht denn nicht das ganze Leben aus einigen begnadeten Momenten der unmittelbaren Erfahrung, die ihre unauslöschlichen Spuren hinterlassen und mit ihren so raren Augenblicken der totalen Wachheit einen anderen, höheren Bewußtseinszustand erahnen lassen? Dieses Buch möchte den Leser dazu verleiten, sein Leben wie ein einziges großes Abenteuer zu führen und darin die einzigartigen Momente zu entdecken, die es birgt. Dann wird er vielleicht in sich jene subtilen und magischen Zustände erforschen können, die seinem Dasein plötzlich eine ganz neue Färbung zu geben vermögen.

Wenn mein Buch dieses Ziel erreichen sollte, dann werde ich mich künftig dort oben in der Luft wirklich weniger allein fühlen.

KAPITEL 2

Der Faden der Ariadne

Mein größter Wunsch war es, den Lauf
der Zeit anzuhalten

Wenn der Einfluß, den die Luftfahrt auf meine ersten
Lebensjahre hatte, an der Anzahl der Seiten gemessen
würde, nähme dieses Kapitel einen Großteil des Buches
ein. Aber die Worte des Erwachsenen können die vom
Kind gemachten Erfahrungen nicht mehr wiedergeben,
diese diffusen Erinnerungen, die von einem Urerlebnis
bleiben. So kann ich nur in einigen Sätzen versuchen,
diese leichte und natürliche, klare und naive Atmosphäre
wiederzubeleben, die so nahe an der Quelle ist und die
man manchmal in sich wiederentdeckt, wenn man sich
die Zeit dazu nimmt.

Im Zwielicht einer meiner allerersten Kindheitserinne-
rungen sehe ich mich die Treppe hochstürmen und auf
meinen Großvater zulaufen, der in seinem Sessel sitzt. Ich
bin drei oder vier Jahre alt. Er war der Mensch, der als
erster bis in die Stratosphäre aufstieg und sich somit
damals am weitesten vom Erdboden entfernt hatte, der
Erfinder der Druckluftkabine, die heute in den meisten
Flugzeugen Verwendung findet und die die NASA als
erste Raumkapsel anerkannt hat. Seine Aufstiege von
1931 und 1932 erregten zu ihrer Zeit genausoviel Aufsehen

13

wie später die erste Mondlandung und stellten seine weiteren Erfindungen in den unterschiedlichsten Wissenschaftszweigen in den Schatten. Denn er war nicht nur der erste Mensch, der mit eigenen Augen die Erdkrümmung gesehen hat. Er hat auch das Uran 235 entdeckt und es Actiuran genannt sowie die genauesten Seismographen und Präzisionswaagen seiner Zeit konstruiert. Er war ein vollkommener Wissenschaftler, und seine legendäre Genauigkeit verschaffte ihm den Beinamen »Zusätzliche Dezimalstelle«.

Ich kenne damals noch nicht die Namen der Gelehrten, die ihn auf dem Photo umgeben, das alle so bewundern. Ich weiß noch nicht, daß sie Marie Curie, Albert Einstein, Max Planck und Niels Bohr heißen und daß sie die Gesetze der modernen Physik entdeckt haben. Und selbstverständlich weiß ich nicht, was das bedeutet und wer denn dieser Einstein war, der ihm einen rührenden Dankesbrief geschrieben hat. Erst später werde ich erfahren, daß Einstein nach seinen ersten Veröffentlichungen über seine Relativitätstheorie von anderen Physikern heftig angegriffen worden war und es ein Experiment meines Großvaters auf einer seiner Ballonfahrten war, das die Gültigkeit der Hypothesen über die Lichtgeschwindigkeit bewies.

Und warum haben mir schon so viele Leute erzählt, daß es ihnen eine Ehre war, meinem Großvater zu begegnen, daß sie sich immer noch an seine große, leicht gebeugte Gestalt, an sein Charisma und seine Einfachheit erinnern würden; oder daß sie ihn auf den Straßen von Brüssel, Paris oder Lausanne hätten spazierengehen sehen, ohne zu wagen, ihn anzusprechen?

Manchmal durfte ich auch sein Laboratorium betreten und dort mit dem Modell des Bathyscaphe spielen, einer seiner weiteren Erfindungen: ein spezielles Unterseeboot, welches das Prinzip des Stratosphärenballons aufgriff,

14

um damit die Tiefen der Ozeane zu erforschen. Für mich war es zwar nur ein Spielzeug, aber ich wußte sehr gut, daß ich es nicht kaputtmachen durfte. Denn dank dieses komischen Apparates wurde mein Großvater zum Menschen, der gleichzeitig am höchsten aufgestiegen und am tiefsten hinabgetaucht war.

Hergé hat er als Vorbild für die Figur des Professor Bienlein gedient. Die Stratosphäre ließ ihn in die Geschichte eingehen, und die Bücher der Abenteuer von »Tim und Struppi« machten ihn zur Legende. Aber für mich war er mein Großvater, und all das hielt ich für ganz normal.

Normal war doch auch, daß mein Vater mit dem Bathyscaphe in den tiefsten Ozeangraben getaucht war und er das erste Touristenunterseeboot der Welt, den Mesoscaphe für 40 Passagiere, konstruiert hatte. Oft genug hatte ich von der Terrasse unserer Wohnung aus mit angesehen, wie es zu einer seiner Tauchfahrten ausfuhr. War es nicht ganz selbstverständlich, regelmäßig im Fernsehapparat zu sehen, wie Vater mit den wichtigsten Leuten dieser Welt Umgang pflegte, wie er vom Präsidenten der Vereinigten Staaten ausgezeichnet wurde, wenn man seit frühester Kindheit nichts anderes gekannt hat?

Aber als Hermann Geiger, der berühmte Gletscherpilot, uns von dem Chalet, wo wir unsere Ferien verbrachten, mit dem Hubschrauber abholte, war dies mit meinen sechs Jahren die erste aktive Begegnung mit der Welt der Fliegerei. Zwar hatte ich schon als Einjähriger mit einer DC 7 den Atlantik und mit einem Hubschrauber Kalifornien überquert, und schon immer hatte ich gern mit Flugzeugmodellen gespielt, aber an diesem Tag fühlte ich zum ersten Mal, was es heißt zu fliegen.

Einige Tage später nahm uns Geiger in seiner Piper mit auf einen Rundflug um das Matterhorn. Mein erster Aufstieg auf 4000 Meter ... und meine erste Luftkrankheit. Ich sehe es noch vor mir, wie der Pilot eine Klappe öffnet, um etwas Frischluft auf mein Gesicht zu leiten. Ich flog wirklich, und dies obendrein mit einem der Pioniere, die die moderne Luftfahrt mitgestaltet hatten! Als Hermann Geiger während eines Lehrflugs über dem Flughafen von Sitten bei einer Kollision tödlich verunglückte, verfluchte ich weinend den Piloten der zweiten Maschine, der für den Unfall gar nichts konnte, denn er hatte »meinen Helden getötet«, durch den ich die dritte Dimension erst wirklich entdeckt hatte. Ein Traum zerbrach: Ich erfuhr, daß selbst der Aufschwung in die Lüfte in all seiner Schönheit voller Gefahren sein konnte.

Danach faszinieren mich die Flugzeugskizzen in den Comic-Heften mit den Fliegerhelden Dan Cooper und Buck Danny, ich darf mit dem Mesoscaphe abtauchen und über den Ozean fliegen. Dann habe ich das Glück, zwei Jahre in Florida ganz in der Nähe von Cape Kennedy leben zu können, gerade in der Zeit der Apolloflüge; und vor allem habe ich das Glück, daß meine Eltern mich trotz meiner zehn Jahre an all ihren Unternehmungen teilhaben lassen.

So begleite ich meinen Vater oft in den Hafen von Palm Beach, wo er die Ausrüstung seines zweiten Mesoscaphe fertigstellt, der von der amerikanischen Firma Grumman entworfen wird und für die Erforschung des Golfstroms bestimmt ist, dieser warmen Meeresströmung im Atlantik. Ich habe sogar ein winzig kleines Stück des Rumpfes selbst angemalt und fühle mich als ein Teil dieser ozeanographischen Mission.

Der eindrücklichste Moment ist dann der Beginn dieser Expedition, die einen Monat dauern soll. Dabei eskortieren meine Mutter, mein Bruder Thierry, meine Schwester Marie-Laure und ich das Unterseeboot und rennen dabei, soweit es geht, auf dem Damm des Kanals neben dem Schlepper her, der es auf das offene Meer hinauszieht. Ich habe meinen Vater gebeten, ein Walkie-Talkie mitzunehmen, und so hören wir, wie seine Stimme immer schwächer wird und die Störungen sie zuletzt völlig übertönen und unsere Emotionen überdecken.

Dreißig Tage lang tragen wir auf einer Karte mit roten Punkten die jeweilige Position des U-Boots ein, die uns regelmäßig von seinem Begleitschiff übermittelt wird. Bei seiner triumphalen Ankunft in New York feiern die Feuerwehrschiffe zu Füßen der Freiheitsstatue mit ihren Wassergirlanden seine erfolgreiche Rückkehr. Für uns ist es nur die Rückkehr von Papa. Aber die Journalisten reißen sich um ihn, und während des ganzen Monats, den wir in der Nähe von New York verbringen, bekommen wir ihn kaum zu Gesicht. Und so bin ich erst dann mit dieser Mission völlig ausgesöhnt, als mein Vater mir erlaubt, ein kurzes Kapitel für sein Buch über die Expedition zu verfassen.

In dieser Zeit entdecke ich auch die erstaunliche und faszinierende Welt der Raumfahrt, die mir von zwei ihrer wichtigsten Vertreter nahegebracht wird, einmal von Wernher von Braun, dem Vater des Mondfahrtprogramms der NASA, und dann von Bill Ellsworth, dem Leiter der Öffentlichkeitsarbeit der Firma Grumman, die die Mondfähre konstruierte. Diese zwei Männer werde ich nie vergessen, denn sie schafften es, eine Verbindung herzustellen zwischen meiner Kinderwelt und der Welt der Wissenschaften, indem sie mit allergrößter Ernsthaftigkeit alle meine Fragen beantworteten und dafür sorgten, daß ich bei sechs Raketenstarts einen der allerbesten Zuschauerplätze bekam. So erlebe ich die Starts von Apollo 7 bis Apollo 12 entweder vom Sicherheitsbereich aus mit, der für die Angehörigen der NASA reserviert ist, oder gemeinsam mit Staatschefs aus der ganzen Welt auf der VIP-Tribüne. Letzteres schlug ganz schöne Wellen, denn der Sohn eines der NASA-Direktoren wurde dort abgewiesen, weil er noch zu jung sei, dabei war er genauso alt wie ich... Beim Start des ersten Mondflugs, der Apollo 11, sitze ich neben Peter von Braun, der auch fast elf Jahre alt ist. Ich habe übrigens noch eine Kassette, auf der das denkwürdige Rückwärtszählen vor dem Abheben der Rakete zu hören ist:»15 seconds, passing on channel, 12, 11, 10, 9, ignition sequence start, 6, 5, 4, 3, 2, 1, 0, all engines running, lift off, lift off Apollo 11.« Die Erde vibriert unter den Triebwerken der Saturn-V-Rakete, genauso wie unsere Herzen. Wir erleben einen der grandiosesten Momente der Menschheitsgeschichte: In einem Feuersturm starten Astronauten, um als erste den Mond zu betreten! Und Peter und ich sind mit Augen und Ohren dabei! Für seinen Vater ist das die Krönung seines Lebens, und doch hat er am Abend zuvor noch dafür gesorgt, daß ich das Ganze zusammen mit seinem Sohn erleben kann. Als er von der Cocktailparty zurückkehrte, die traditionell vor jedem Start stattfindet, ließ er mich in das Bett eines seiner Kinder schlüpfen, das schon schlief, damit ich am nächsten Tag schneller an der Abschußrampe wäre. So lernte ich Peter kennen, der, als er aufwachte, nicht wußte, wer das Kind war, das da schlafend neben ihm lag. Unsere Eltern amüsierten sich sehr über seinen ängstlichen Ausruf:»Mama, da ist ein Junge in meinem Bett!«

Für mich wird Cape Kennedy immer mehr bedeuten als Fertigungshallen, Radarräume und Startrampen; es gab mir die Gelegenheit, die Männer kennenzulernen, die diese einmalige Geschichte prägten. Und ich bewahre tief in meinem Gedächtnis, im speziellen Licht meiner kindlichen Sicht, noch heute einige dieser Worte und Gesten, die mich immer noch anrühren. So ist es dann zum Beispiel wieder Wernher von Braun, dem ich unbedingt mein Zimmer voller Raketenposter zeigen will und der mir ohne jede Umstände meine Fragen auf einem kleinen Kassettenrekorder beantwortet. Dann sieht er auf meinem

Spieltisch die »Weltgeschichte der Raumfahrt« liegen, die mir mein Vater am gleichen Tag geschenkt hat, und schreibt sofort eine nette Widmung hinein. Und dann gesteht er uns noch, daß er einmal als Student einen Vortrag meines Großvaters gehört und danach den festen Vorsatz gefaßt habe, ein bemanntes Raumschiff zum Mond zu schicken. Es gibt also doch Bestimmungen, die sich erfüllen!

Ich lerne auch die Teilnehmer am Apollo-Programm Eugene Cernan, Walter Cunningham und David Scott kennen. Sie versehen immer bereitwillig die Karten, die ich an meine Schulkameraden daheim in der Schweiz schicke, mit ihren Widmungen. Auch William Anders kommt nach Palm Beach, um den Mesoscaphe meines Vaters zu besichtigen: er war es, der zusammen mit Bormann und Lowell am Heiligen Abend aus der den Mond umkreisenden Apollo 8 den Anfang der Genesis vorlas: »In the beginning, God created the heaven and the earth...« Als diese Mannschaft vom Mond aus den Aufgang der Erde erblickte, sandte sie Milliarden Menschen eine ganz einfache Glaubensbotschaft, jenseits aller Dogmen und religiösen Grenzen.

James Lowell, der zukünftige Kommandant von Apollo 13, ist da, um uns den Start von Apollo 9 zu erläutern. Und dann Charles Lindbergh, der sich nach seinem furchtbaren Familiendrama fast vollständig aus der Öffentlichkeit zurückgezogen hat.

Viel später, als ich den großartigen Film »Der Stoff, aus dem die Helden sind« anschaue, bekomme ich Herzklopfen, als ich die Astronauten des Mercury-Programms erkenne: Scott Carpenter, mit dem ich meinen zwölften Geburtstag in Kalifornien feierte, Walter Shirra, Alan Sheppard und John Glenn, die sich zusammen mit mir bei zahlreichen Empfängen der NASA fotografieren ließen und sich dabei köstlich über die großen Augen dieses

19

kleinen Jungen amüsierten, der versuchte, nichts um sich herum zu verpassen. Aber von allen Autogrammen, die ich mit Stolz sammelte, berührt mich auch dreißig Jahre später jenes am meisten, das mir Don Eisele von Apollo 7 auf das Photo einer Mondfähre im Weltraum schrieb: »Good luck, Bertrand.«

Tatsächlich hatte ich viel Glück. Ich hatte die unglaubliche Chance, an historischen Ereignissen teilnehmen zu können, außerordentliche Menschen kennenzulernen und von unvergleichlichen Erfahrungen geprägt zu werden. Aber ich glaube, meine größte Chance war, daß meine Eltern mich als ein selbständiges und verantwortungsvolles Wesen behandelten. Nie bekam ich diese schrecklichen Antworten, wie man sie Kindern oft gibt, wie: »Das verstehst du noch nicht; dafür bist du noch zu jung; du machst dir viel zu viele Gedanken!« Man hat mir statt dessen immer die Freiheit gelassen, die Dinge um mich herum in Frage zu stellen. Ich sah, wie die Astronauten ausgemustert wurden, nachdem man sie mit Ruhm überhäuft hatte, wie ihnen nur noch ihre Vergangenheit blieb, kurz nachdem zu ihren Ehren auf dem Broadway eine Konfettiparade ausgerichtet worden war. Dann mußte ich lernen, daß alle Wissenschaft des 20. Jahrhunderts den Krebs Wernher von Brauns nicht zu heilen vermochte. Wenn so die unschuldige Kinderwelt mit der alltäglichen Wirklichkeit konfrontiert wurde, habe ich oft voller Wut mein »Warum?« herausgeschrien. Wie schafft es der Mensch, zu fliegen und den Mond zu betreten, wenn er nicht einmal den Sinn seines Erdenlebens kennt? Warum diese Flucht nach vorne in die Naturwissenschaft und in die Außenwelt, wenn ihm doch seine eigene Innenwelt verborgener bleibt als die Rückseite des Mondes?

Ich habe diese amerikanische Periode meines Lebens sehr intensiv durchlebt und kann mich noch an fast jede

Einzelheit erinnern, mit der Faszination, die ein Kind noch empfinden kann, solange es glaubt, daß das Leben leicht sei. Aber klar, selbstverständlich wollte ich damals Astronaut werden, aber ich spürte bereits, daß sich die Geschichte änderte: Nichts mehr würde noch so sein wie zuvor, denn »alles« war ja schon einmal gemacht worden. Menschen hatten die Oberfläche des Mondes betreten, von nun an würden die Astronauten Wissenschaftler und keine Pioniere mehr sein. Die Fähigkeiten der Computer hatten begonnen, die der Gehirne zu übertreffen, und ich nahm an, die Abenteuer würden in Zukunft eher auf dem Feld der Technologie zu finden sein als in der menschlichen Sphäre. Noch sehr lange verspürte ich dieses starke Gefühl von Nostalgie beim Gedanken an Ereignisse, wie ich sie nie wieder erleben würde. Denn in meinen Augen war die Luftfahrt an die Grenzen ihrer Möglichkeiten gelangt, aber ich wollte doch weiterhin mein Leben in aller Intensität führen können! Ich spürte auch, daß die Unbefangenheit meiner Kinderwelt den Angriffen der Realität nicht mehr lange standhalten würde. Ich glaube, ich hätte damals am liebsten die Zeit angehalten, um diese natürliche und bezaubernde Atmosphäre nicht zu verlieren: Dies erklärt wohl auch meine spätere Suche nach den Grundlagen der menschlichen Psyche und Spiritualität. Vielleicht erahnte ich damals schon, daß nicht die puren Ereignisse wichtig sind, sondern die Art und Weise, wie man sie erlebt. Das starke und tiefgehende Wahrnehmen eines kleinen Details prägt ein Individuum unendlich viel mehr als die automatisierte und mechanische Sicht, die normalerweise sein Alltagsleben bestimmt. So kann uns selbst ein ganz banales Ereignis im nachhinein viel intensiver und länger erscheinen als ein ganzer Tag; es kann sogar zur einzigen Erinnerung an ein ganzes Jahr werden... Aber auch jenseits seiner Naivität scheint das Kind den Quellen des Bewußtseins näherzustehen. Vergeht ihm nicht deswegen die Zeit viel langsamer als einem Erwachsenen? Da sich ihm dadurch jede Einzelheit viel tiefer eingräbt, sind deren Spuren dann auch viel dauerhafter. Auf diesem Gebiet können wir von den Kindern viel lernen. Wenn ich heute einem Baby tief in die Augen sehe, kommt es mir so vor, als ob ein zartes Band den Kontakt zwischen seiner Welt und der der Erwachsenen herzustellen vermag wie ein Ariadnefaden.

In dieser griechischen Sage dringt Theseus in das Labyrinth von Knossos ein, um sich dem gefährlichen Minotaurus entgegenzustellen. Um den Eingang dieses Höhlensystems wiederzufinden, rollt er hinter sich das Fadenknäuel ab, das ihm Ariadne gegeben hat; er bezwingt den Minotaurus, folgt dem Faden zurück bis zu dessen Anfang und kann so seiner Aktion eine Bedeutung geben.

In dieser Hinsicht war das Jahr 1974 für mich von besonderer Wichtigkeit; es wurde zu einem der entscheidenden Wendepunkte meines Lebens, zu einem Stück meines Ariadnefadens. Ich war gerade sechzehn geworden, lebte wieder in Lausanne und trauerte meinen Erlebnissen mit der Apollo-Crew nach. Ich dachte doch tatsächlich, daß der schönste Teil meines Lebens schon vorbei sei. Doch da sehe ich vom Fenster einer Teestube aus plötzlich etwas über den Alpengipfeln schweben, das aussieht wie eine Art starrer Fallschirm. Ich sperre die Augen ganz weit auf und versuche zu verstehen, worum es sich bei dieser eigentümlichen Sache handelt. Dann renne ich zu der Stelle, wo das Ding gelandet ist, und erfahre, daß man es Hängegleiter nennt, daß es ungefähr fünfzehn Kilo wiegt und man damit einige Minuten in der Luft schweben kann, wenn man von einem geeigneten Abhang aus startet. Dieser Sport steht damals ganz am Anfang, und doch haben sich in diesem Bergort schon drei begeisterte Anhänger unter der Leitung des Pioniers Etienne Rithner zusammengefunden. Mich trifft es wie ein Blitz! Habe ich doch geglaubt, die bisherige Luftfahrt ließe keinen Platz mehr für weitere Erfindungen. Jetzt wird mir plötzlich klar, daß es dieses allereinfachste Fluggerät zu Zeiten des Apollo-Programms noch gar nicht gegeben hat. Und gerade diese Einfachheit erregt mein Interesse, denn hier geht es nicht um Technik, sondern um Empfindung und Intuition. Das Spektakuläre liegt nicht im Äußerlichen, in einem Ding, das 300 000 km von unserer Erde weggeschleudert wird, sondern in unserem Innern, im Erleben eines flüchtigen Flugs. Dieses Mal steht also wieder der Mensch an erster Stelle und nicht die Maschine.

Bisher war ich eher ängstlich gewesen, auch wenn die Konfrontation mit der Gefahr mich faszinierte. Übrigens kann ich mich noch an die Antwort erinnern, die ich als Zehnjähriger König Baudouin von Belgien auf dessen Frage gab, was ich denn einmal werden wolle: »Stuntman, Majestät!« Tatsächlich war mein einziger Versuch, meine Höhenangst zu überwinden, vorzeitig von einem Knoten in dem Seil vereitelt worden, mit dem ich mich von meinem Balkon herunterlassen wollte. Nachdem ich eine geraume Zeit zwischen Himmel und Erde festsaß und von meiner Familie, die meine Schreie alarmiert hatten, heruntergeholt wurde, verzichtete ich im folgenden auf alle Stuntversuche. Aber nun, als ich diesen einfachen Flugdrachen, mit dem sein Pilot gerade vom Meilleret heruntergesegelt ist, vor mir im Gras liegen sehe, empfinde ich plötzlich eine ungeheure Herausforderung. Warum soll ich so etwas nicht auch einmal probieren? Seit ein paar Wochen habe ich zwar das notwendige Alter, aber ich muß noch die Zustimmung meiner Eltern einholen. Während meine Mutter immer schon ein gesundes Gottvertrauen auszeichnete, verließ sich mein Vater viel lieber auf genau ausgeführte Pläne und Berechnungen. Nun gab es für die ersten Gleiter überhaupt keine Pläne. Einige Metallrohre wurden mit einer Handsäge zurechtgeschnitten, Löcher mit einfachem Werkzeug hineingestanzt und das Segel sogar mit der Schere ausgeschnitten. Aber nach einigen Tagen lebhafter familiärer Erörterungen siegte die Leidenschaft über die Technik, und ich durfte lernen, wie man fliegt.

Ich kann den ersten Eindruck überhaupt nicht beschreiben, wie sich zum ersten Mal das Gurtzeug strafft, meine Füße vom Boden abheben und der Flügel den Bewegungen meines Körpers folgt. Denn es ist mein Körper, der den Gleiter lenkt, und nicht mein Kopf oder mein Geist. Auch wenn es am Anfang nur ein Flohhüpfer war, erinnere ich mich doch noch mehrere Tage an dieses Gefühl von Leichtigkeit, bei gleichzeitiger Ganzheitlichkeit.

Den fünf Metern, die ich beim ersten Mal zurücklege, werden immer längere und großartigere Flüge folgen: nachts, im Doppelsitzer, in großer Höhe, von einem Ballon aus startend, in einem Motorgleiter, oder im Kunstflug... Ich bekomme eine neue Beziehung zur Natur, zu den Vögeln, aber auch zu mir selbst. Meine Unfälle, der dramatische Tod einiger meiner Freunde, die Zeiten des Zweifelns oder In-Frage-Stellens werden zu Grunderfahrungen, die die zukünftige Richtung meines Lebens mitbestimmen werden.

Aber all dies wußte ich damals noch nicht. Vorerst wollte ich, ganz erfüllt von meinen Entdeckungen und meinen neuen Abenteuern, ganz einfach dieser Spur folgen, die ich am Himmel erahnte. Im übrigen hatte ich mir den Ausspruch Kierkegaards zu eigen gemacht:»Es ist besser, sich in seiner Leidenschaft zu verlieren als seine Leidenschaft zu verlieren.« Die Ekstase meines ersten großen Drachenflugs endete abrupt in einem Absturz auf das Dach eines Chalets, und ich weiß wohl, daß ich

großes Glück hatte, an diesem Tag so glimpflich davonge-
kommen zu sein.

Dies war zwar eine sehr eindrückliche Erfahrung, aber
inmitten meiner unzähligen Textkonzepte und Skizzen
merke ich doch, daß ich wirklich nicht weiß, wie sie genau
zu beschreiben wäre. Selbst wenn ich tief in mich hinein-
horche, finde ich kaum die richtigen Worte dafür. Eine
fehlerhafte Einschätzung der eigenen Flughöhe, eine zu
langsame Wendung bei gleichzeitigem Rückenwind und
ein Frontalzusammenstoß mit einem Kamin. In einem
Augenblick war ich mir sicher, daß der Flug so enden
würde; ich wußte plötzlich auf eine umfassende Weise,
daß es gar nicht anders sein konnte; daß der ganze bisherige Verlauf meines Lebens ganz selbstverständlich auf
diesen Moment hingeführt hatte. Ich fühlte ganz stark,
daß mein Schicksal in einem logischen Zusammenhang
mit dem Lauf der Dinge stand.

Das Unabwendbare wird fast annehmbar, wenn es in
aller Klarheit als Teil eines zugrundeliegenden Plans
erscheint. Auch Heimsuchungen bekommen einen Sinn,
vorausgesetzt man begreift nur den Bruchteil einer Sekunde, daß sie da sind, um uns etwas zu lehren und unserem Leben als Richtschnur zu dienen; und daß es unsere
Aufgabe ist, ihre Bedeutung für uns zu erfassen, anstatt
uns über sie zu beklagen. Es war klar, daß dieser Flug viel
in mir verändern würde und ich nicht mehr so sein konnte
wie zuvor. Noch lange nach dem Unfall war ich sehr fatalistisch; ich dachte immer wieder darüber nach, wie viele
Zufälligkeiten hatten zusammenkommen müssen, angefangen von der Idee, den Urlaub in den Bergen zu verbringen, bis dieser im Krankenhaus sein unrühmliches Ende
fand. Und wie viele Umstände mußten sich verketten
und verbinden, daß ich ausgerechnet auf dieses spezielle
Chalet stürzte und nicht auf die elektrische Leitung
prallte, die fünf Meter weiter rechts verlief, oder ich es viel-

leicht noch bis zu der einladenden Wiese geschafft hätte, die auch nicht viel weiter entfernt lag; und daß ein Klappfenster dann doch meinen Sturz vom Dach abbremste.

An diesem Tag kam meine ganze Familie zusammen, und natürlich ermahnten mich alle, künftig auf meine Eskapaden in der Luft zu verzichten! Aber vor meinem geistigen Auge sah ich nur die Bilder meines Fluges. In aller Klarheit erinnerte ich mich an die Startvorbereitungen und an die ruhige Stimme meines Ausbilders, als er zu mir sagte:»Alles o.k. Du kannst loslegen, wenn du willst!« Und ich spürte noch den Kontakt zur Steuerstange, die ich hielt, um das Gleichgewicht des Drachens auszutarieren, ebenso wie die Kraft, die ich noch nicht kannte, die mich aber die zwei Schritte machen ließ, die nötig waren, um ins Leere springen zu können. Bis zu diesem Zeitpunkt wurde mir schon schwindelig, wenn ich nur auf einen Baum klettern mußte, und meine Ungeschicklichkeit war für den Sportlehrer an meiner Schule eine stete Quelle des Spotts; aber jetzt wußte ich, daß es einen Zustand der geistigen Präsenz und Klarheit gab, der einen über sich hinauswachsen ließ. Ich verstand nicht, was hier eigentlich los war, aber ich erkannte doch, daß die Themen der philosophischen Texte, die ich zu diesem Zeitpunkt schon gelesen hatte, keine einfachen abstrakten Theorien waren, sondern daß es in ihnen um innere Erfahrungen und um das konkrete Leben ging: Ich hatte die Gelegenheit gehabt, im Bruchteil einer Sekunde selbst zu erkennen, daß der faszinierendste Teil unseres Lebens von unserem Alltagsblick nicht wahrgenommen werden kann und wir statt dessen Teil eines größeren Ganzen sind, das dem Unverständlichen einen Sinn zu verleihen vermag. Aber damals hatte ich nur einen einfachen Gleiter als Werkzeug zur Erforschung des Unsichtbaren zur Verfügung.

Es kam deshalb überhaupt nicht in Frage, mit dem Fliegen aufzuhören. Ich wollte im Gegenteil mit all meiner

jugendlichen Leidenschaft noch viel höher hinaus, noch
vieles andere verstehen und hinter weitere Geheimnisse
gelangen, indem ich die stärksten Empfindungen durchlebte. Ich wollte in Furcht und Wagemut bis an die
menschlichen und technischen Grenzen vorstoßen, um
meine Freiheit zu vergrößern. So begann ich allmählich
vom Fliegen abhängig zu werden. Die ganze Woche lang
galt mein Hauptinteresse dem Wetterbericht, und mehr
als einmal flog ich durch dichte Nebelbänke, durch Regen
oder Schnee, nur um nicht einen Tag ohne Drachenfliegen
verbringen zu müssen. Ohne diese gelebte Verbindung
mit der Natur und meinem eigenen Selbst hätte ich nicht
die Energie aufgebracht, mein langweiliges Schülerleben
zu ertragen. Ich wurde von diesen Eindrücken so abhängig, daß es mir sogar mehrmals gelang, meine Mutter zu
überreden, mich mit meinem Hängegleiter auf dem Auto-
dach von der Schule abzuholen, damit ich die letzte
abendliche Fluggelegenheit noch ausnutzen konnte, während die Sonne über dem Genfer See unterging. Alles erschien so einfach; ein paar Schritte in den Wind genügten,
um alle Sorgen hinter sich zu lassen, um alle Probleme
und Zweifel zu vergessen. Während ich schweigend in
eine andere Welt abschwebte, fand ich die Motivation,
die mich von Wochenende zu Wochenende leben ließ.

Dann verunglückte einer meiner Freunde tödlich, und
ich durchlebte eine Periode tiefen Zweifelns. Ich hatte
ihm noch beim Start mit seiner Quicksilver geholfen,
Minuten bevor er gegen eine Felswand prallte. Sein Tod
schockierte mich dermaßen, daß ich einige Monate das
Fliegen sein ließ und alles daransetzte, zu verstehen, was
vorgefallen war. Dieser Zustand der inneren Suche, in
dem ich mich befand, befreite mich von aller kartesiani-
schen Strenge des reinen Vernunftdenkens, und so konnte
ich auf den unterschiedlichsten Gebieten nach Antworten
Ausschau halten. Dies war mein erster Kontakt mit der

Astrologie, aber auch mit dem »I Ging«, dem chinesischen Buch der Wandlungen. Es war auch das erste Mal, daß mir meine Träume präzise Antworten auf meine Fragen lieferten. Über das Studium der Planeten und des chinesischen Stäbchenorakels (beide Wissenschaften sind Erben einer fünftausendjährigen Tradition des Denkens in Symbolen) bekam ich Zugang zu den Zeichen des Lebens; oder, besser ausgedrückt, meine damalige Offenheit des Geistes erlaubte es mir, diese überhaupt erst wahrzunehmen. Diese Zeichen prägen unsere Existenz und sind die Zeugen einer höheren Welt, die wir vernachlässigen, weil es uns nicht gelingt, sie zu verstehen.

Da es mir unmöglich war, diese viel zu intimen Gefühle in der Öffentlichkeit auszudrücken, tat ich mich mit einem Freund aus Kindertagen zusammen, um gemeinsam mit ihm einen Amateurfilm zu drehen, der den Titel trug: »Im freien Flug vom ersten in den siebten Himmel.« Drei Kilometer Schnellkopien und ein Drehbuch, das sich ständig änderte, ohne je fertig zu werden: Unser »Held« wollte seinem grauen und trübsinnigen Alltagsleben entfliehen und allmählich all seine Begrenzungen überwinden. Um dies zu erreichen, stürzte er sich nacheinander in verschiedene Extremsportarten. Von deren starken Eindrücken wurde er mehr und mehr abhängig. Er blieb dann ein Sklave seines künstlichen Paradieses, bis ihm klar wurde, daß diese mystische Suche und seine Flucht vor dem Leben nur in die Sackgasse der harten Drogen führen konnten.

Da ich das Denken des russischen Esoterikers Gurdjieff und die chinesische Kosmologie noch nicht kannte, konnte ich nur ahnen, daß der Weg, den ich einschlug, gefährlich war, wußte aber nicht, womit ich ihn hätte ersetzen können. Die Naivität meiner achtzehn Jahre und meine Unwissenheit ließen die ganze Geschichte vor ihrem Ende mißlingen. Mir fehlten noch die Worte,

28

um über psychologische und spirituelle Entwicklungsvorgänge und die Herausbildung eines höheren Bewußtseins reden zu können. Im übrigen wußte ich nicht einmal, worum es bei der ganzen Sache überhaupt ging. Mir war noch völlig unbekannt, daß sich gerade in den Momenten, wo man fliehen will, die wichtigsten Schlüsselerkenntnisse einstellen. Was dies betrifft, ist mein Buch eine Neuauflage dieses gescheiterten Filmprojekts, da ich immer noch einer Spur am Himmel folge, um das Leben auf Erden besser zu verstehen.

Jedenfalls begann ich zu dieser Zeit dem Spruch Kierkegaards den Dialog vorzuziehen, den die Möwe Jonathan Livingston mit Maureen in der Verfilmung des Buches von Richard Bach führt:

»Kann ich wirklich lernen, so zu fliegen, daß es für mich keine Beschränkungen mehr gibt?«

»Du wirst vielleicht etwas entdecken, das für dich noch viel wichtiger ist als ein Fliegen ohne Grenzen. Du wirst erfahren, daß es hier um die wahre Perfektion geht. Bis wir so weit sind, laß uns ganz einfach versuchen, wirklich zu fliegen.«

In unserer Existenz gibt es so viele Fallen, Täuschungen und Illusionen, daß ich das Gewicht dieses Wörtchens »wirklich« nur unterstreichen kann.

In einem Alter, wo meine Kameraden ihre Freizeit hauptsächlich in Diskotheken verbrachten, ließen mich die Erlebnisse, die mich geprägt hatten, erahnen, daß das Leben in sich selbst einen Sinn hatte und es vielleicht die Bestimmung des Menschen war, diesen Sinn zu entdecken; und daß wir nur ein Zehntel oder ein Hundertstel unserer Verstandesmöglichkeiten ausnutzen, weil wir die Wichtigkeit dessen nicht erkennen, was unsere gewöhnlichen Sinne gar nicht erst wahrnehmen. Gerade zu dieser Zeit brachte uns unser Philosophielehrer die Grundzüge von Platons Denken bei. Dabei lernten wir auch das Höhlengleichnis kennen. Wie man es in der Schule eben so macht, lernten wir es auswendig, zergliederten es in seine kleinsten Details, um es verstandesmäßig zu erfassen und zu interpretieren, als ob es nicht aus sich heraus ganz klar und evident wäre und von der Quelle des eigentlichen Lebens gespeist würde.

In diesem Gleichnis wird unsere Alltagswelt mit einer Höhle mit großer Öffnung verglichen, und die Menschen mit Gefangenen, deren Ketten sie daran hindern, etwas anderes wahrzunehmen als die Wand dem Eingang gegenüber. Ihre einzige Beschäftigung besteht also darin zuzuschauen, wie sich auf dieser Wand zweidimensional die Schatten der Wesen bewegen, die draußen im vollen Lichte leben, diese Schatten zu kommentieren und zu bewerten. Für sie ist diese eingeschränkte Sicht die ganze Wahrheit ihrer Welt, denn sie haben ihr ganzes Leben nichts anderes gesehen. Wenn einer von ihnen plötzlich von seinen Ketten befreit würde und sich nach draußen begeben könnte, würde er zuerst ganz geblendet nichts erkennen und die Welt, die er bisher kannte, sehr vermissen. Dann aber würde er sich allmählich an das Licht einer dreidimensionalen Welt gewöhnen und nicht mehr in seine Höhle zurückwollen; im übrigen wären seine Augen nun, da sie sich an die Strahlen der Sonne gewöhnt hätten, für das Reich der Schatten überhaupt nicht mehr zu gebrauchen; und die anderen Gefangenen würden ihn für verrückt erklären und sich davor hüten, ihrerseits ihr gewohntes Leben aufzugeben. Und Platon fügt hinzu: »Den Augen kann man auf zweierlei Art schaden und sie in zwei Fällen behindern: wenn man vom Licht in die Dunkelheit oder von der Dunkelheit ins Licht geht.«

Diese Geschichte traf bei mir einen Nerv. Diese Weltsicht hatte ich instinktiv schon längst angenommen, und dieser Mythos faßte nur eine Idee in Worte, von der ich schon ganz überzeugt war. Allerdings wußte ich noch kaum etwas davon, wie man von einer Ebene zur anderen wechseln konnte. Aber mir wurde klar, daß sowohl mein erster Unfall als auch die Havarien einiger meiner Freunde teilweise darauf zurückzuführen waren, daß unsere ungeübten Augen plötzlich diesem Licht ausgesetzt waren. Im übrigen begann ich Drogensüchtige zu verstehen, die nach den intensivsten Visionen keine Lust mehr hatten, »wieder herunterzukommen«. Und ich entwickelte ein starkes Interesse an denen, die man die »Verrückten« nennt, also Wesen, deren Horror, in dieser Höhle leben zu müssen, sich in Wahnvorstellungen und Halluzinationen äußert. Für Platon »erinnert sich der Mensch, der die Schönheit auf der Erde wahrnimmt, an die wahre, absolute Schönheit; seine Seele bekommt dann Flügel; sie verzehrt sich danach, sich in die höheren Sphären erheben zu können. In ihrer Ohnmacht richtet sie wie ein Vogel ihre Blicke gen Himmel; und da sie dann ihre Aufgaben hier unten vernachlässigt, zeiht man sie der Tollheit; aber diese Verzückung, die sie erhebt, ist die schönste aller Rasereien ...«

Ich erinnere mich an einige besonders intensive Flüge, nach denen ich einige Tage lang in einem abgehobenen Zustand voller Glück und Erfüllung verharrte. Dieser Zustand erregte mich, er gab meinem Leben Sinn, trug aber auch dazu bei, daß ich zum Außenseiter wurde. Ich hatte nicht mehr die gleichen Interessen wie meine Klassenkameraden, aber ich hatte auch noch keine andere Gruppe gefunden, die mein Suchen geteilt hätte. Tatsächlich war die einzige Person, bei der ich all die Themen, die mich umtrieben, anschneiden konnte, meine Mutter. Stundenlang tauschten wir unsere Erfahrungen und unsere Gedanken über das Leben aus, verglichen unsere Lektüren oder die Denkströmungen, denen wir gerade begegnet waren, um neue Hypothesen über die Bedeutung der Dinge entwickeln zu können. Schon seit meiner frühesten

Kindheit pflegte ich mit ihr lange Spaziergänge in der Natur zu machen, bei denen mich jenseits aller Worte, die wir wechselten, die Gegenwart eines sanften Lichts der Harmonie erfüllte. Diese ersten Empfindungen, im vollen Bewußtsein des gegenwärtigen Moments zu leben, haben bei mir Erinnerungen von überraschender Deutlichkeit hinterlassen.

Auch später habe ich immer wieder dieses intensive Gefühl, das mir in meiner Kindheit so natürlich erschien, dank des Ariadnefadens wiedergefunden, den mir meine Mutter bewahren half. Sie, die Tochter eines protestantischen Pfarrers, ließ mich mit der Offenheit ihres Geistes und ihrer Toleranz immer meinen eigenen Weg jenseits aller dogmatischen Festlegungen gehen. Sie vertraute fest darauf, daß sich das, was jedes Kind bei seiner Geburt mit auf die Welt bringt, auch bei mir schon von alleine entwickeln würde.

Die Widmung Wernher von Brauns kam mir wieder in den Sinn:

To

Bertrand Piccard
who, I hope, will continue the
Piccard family tradition of
exploring both inner and
outer space.
With fondest regards —
Wernher von Braun

Für Bertrand Piccard, der, wie ich hoffe, die Familientradition der Piccards fortsetzen wird, sowohl den inneren als auch den äußeren Raum zu erforschen.

Aber die Worte »inner space« bekamen für mich allmählich eine ganz spezielle Bedeutung. Meine Suche nach dem ultimativen Flugerlebnis hatte bei mir ein wachsendes Interesse am »inneren Raum« geweckt. In mir begann sich der Wunsch zu entwickeln, meine psychologischen Kenntnisse über dieses Thema zu vertiefen, und da lag ein Studium der Medizin und Psychiatrie recht nahe. So konnte vielleicht auch mein Traum wahr werden, meine Flugleidenschaft mit einem Brotberuf verbinden zu können. An der Psychiatrie interessierte mich vor allem, daß sie mir erlaubte, meine Untersuchungen über diejenigen Menschen fortsetzen zu können, die es wie ich wagten, Fragen nach der Bedeutung ihrer Existenz zu stellen. Mit anderen Worten, ich wollte zusammen mit den Patienten darüber nachdenken, wie man zu einer breiteren, ganzheitlichen Sicht des Lebens gelangen könnte.

Vor Beginn meines Studiums hatten die Leute mich allerdings oft gefragt, ob ich es mal so »wie Papa« oder »wie Großvater« machen würde, womit sie natürlich auf die Schwierigkeit anspielten, als Träger eines solchen Namens quasi dazu verdammt zu sein, diese Tradition des Forschens und der wissenschaftlichen Erfindungen fortsetzen zu müssen. Als Kind hinderten mich bei all meinen leidenschaftlichen Interessen meine Träumereien und kindlichen Allmachtsphantasien, die wahren Konsequenzen dieser Fragen wahrzunehmen. In meiner »Cape Kennedy-Phase« sah ich mich schon als Astronaut bei der NASA. Später fing ich an, mich für die Antike zu interessieren, und war mir sicher, als Archäologe als erster den versunkenen Kontinent Atlantis entdecken zu können. Und selbstverständlich würde ich auch einen revolutionär neuartigen Taucheranzug erfinden, in dem ich dann Hand in Hand mit meinem Vater bis auf den Grund des 11 000 Meter tiefen Marianengrabens hinabtauchen würde!

Es war sehr leicht gewesen, die »dritte Generation« zu

verkörpern, als das ganze Leben mit all seinen Möglichkeiten noch vor einem lag und man in engem Kontakt mit außergewöhnlichen Leuten war, die große Nachsicht gegenüber dem Heranwachsenden bewiesen, der ja eigentlich noch gar nichts geleistet hatte. Eines Tages bezeichnete mich ein Minister bei einem Empfang doch tatsächlich als »Hoffnung der Schweiz«, und als der griechische Regierungschef von meiner damaligen Leidenschaft für die Archäologie erfuhr, stellte er meiner Familie sogar einen Hubschrauber zur Verfügung, damit wir die Ausgrabungen auf der Insel Santorin besuchen konnten; ich war damals vierzehn, und als wir in der Abendsonne über das Ägäische Meer flogen und ich zum ersten Mal das Kap Sunion erblickte, war dies einer der mich am tiefsten bewegenden Augenblicke meiner »goldenen Kindheit«.

Ich glaubte damals, noch alles erreichen zu können, und war noch nicht, wie in einer späteren Lebensphase, hin- und hergerissen zwischen der ruhmvollen Aussicht, die Familientradition fortsetzen zu können, und dem Wunsch, dem Sinn des Lebens näherzukommen. Die um alles Geistige kreisenden Gespräche während der langen Spaziergänge mit meiner Mutter hatten mein angeborenes Bedürfnis genährt, das menschliche Wesen besser zu verstehen. Aber ich glaubte noch, daß sich dies alles leicht miteinander vereinbaren ließe, die Erforschung des Äußeren und des Innern, der Ruhm und die Meditation, die Blitze der Reporterkameras und jene des inneren Bewußtseins!

Bisher war es noch nicht nötig gewesen, meinen eigenen Weg zu finden und meiner persönlichen Spur zu Wasser, zu Lande oder in der Luft zu folgen. Dies änderte sich mit Beginn des Universitätsstudiums. Ich erinnere mich noch gut daran, wie schwer mir damals die Entscheidung fiel, es nicht »wie Papa zu machen«, also nicht Ingenieur oder

34

Physiker zu werden, sondern Arzt. Es war dies zweifellos meine erste wirklich bewußte Wahl, und meine Erinnerungen daran sind von erstaunlicher Genauigkeit. Aber mein persönliches Umfeld ließ mir die Freiheit, meiner Intuition selbst auf Kosten der Familientradition zu folgen, und übte keinerlei Druck auf mich aus, so als hätte es schon vorher das treffende Zitat von Richard Bach bestätigen wollen:»Du bist nicht das Kind derer, die du Vater und Mutter nennst, sondern ihr Gefährte auf einer abenteuerlichen Reise, hin zu einem besseren Verständnis des Wesens der Dinge.« In den intensivsten Momenten meiner Flüge hatte ich schon einen intuitiven Vorgeschmack auf dieses»Wesen der Dinge«erhalten, gerade in den Augenblicken, in denen mich eine innere Empfindung von Globalität und Ewigkeit ganz ausfüllte. Dies wollte ich weiter untersuchen. Also begann ich damals mein Medizinstudium.

Tatsächlich legte ich meinen Weg im Zickzackkurs zurück. So verließ ich zum Beispiel die Universität für drei Jahre, um Piccard Aviation aufzubauen, eine Firma für Ultraleichtflugzeuge; ich führte einen längeren politischen und juristischen Kampf um die Zulassung der Ultraleichtfliegerei in der Schweiz; ich erzielte mehrere Rekorde, machte bei Wettbewerben und»Flugpremieren« mit, auch um diese Art Fliegerei besser bekanntzumachen. Aber jedesmal wurde ich wieder von diesem »inner space« ergriffen, von der Kraft, die in unserem Inneren ist, unser Leben leitet und ihm einen Sinn verleiht. Nachdem die großen kommerziellen Erwartungen in meine Firma enttäuscht worden waren, nahm ich mein Studium wieder auf, um es endgültig abzuschließen, glücklicherweise viel reicher … an Erlebnissen und Erfahrungen.

Lasse ich den Weg, den ich seit Cape Kennedy zurückgelegt habe, an mir vorüberziehen, kommt mir diese bewegende Strophe aus einem Song von Leonard Cohen in den Sinn:

It's like our visit to the moon or to that other star: I guess you go for nothing if you really want to go that far.

Dies gleicht unserem Besuch auf dem Mond oder auf diesem anderen Stern. Ich glaube, daß du für nichts und wieder nichts losziehst, wenn du wirklich so weit gehen willst.

Die Raumfahrt, die meine Kinderaugen in solches Erstaunen versetzte, als sie aufbrach, die Sterne zu erobern, hatte mich schließlich zu etwas viel Näherliegendem, aber genauso Unbekannten zurückgeführt: dem Leben im allgemeinen und dem menschlichen Wesen im besonderen. Und dies weit weg von der Stratosphäre, den Tiefseegräben des Pazifiks und von Cape Kennedy, aber vielleicht sogar dank ihnen... und dank des Fadens der Ariadne.

KAPITEL 3

Zwischen Dädalus und Ikarus

Es gibt einen dritten Weg

Die Anatomiebücher sind sorgfältig in einem Koffer auf
dem Rücksitz meines Wagens verstaut; ich schwänze
mein Seminar, und der ganze Studienstreß, der auf mir
lastete, ist von mir abgefallen, als ich vor einer Stunde
von einem immer noch verschneiten Gipfel gestartet
bin, um die ersten thermischen Aufwinde dieses Früh-
lings auszunutzen. Neben mir zieht ein Vogel, wohl
ein Sperber, unter einer kleinen Haufenwolke seine
Kreise. Weil er mir den günstigsten Weg weisen kann,
versuche ich, mich ihm zu nähern. Aber je näher ich
ihm komme, desto mehr stelle ich fest, wie weit er tatsächlich von mir entfernt ist. Dies ist kein kleiner Raub-
vogel, sondern ein riesengroßes Tier, das Hunderte
Meter von mir entfernt fliegt. Jetzt gibt es keinen Zweifel mehr: es handelt sich tatsächlich um einen Adler. Ich
weiß, daß ich unter allen Umständen unter ihm bleiben
muß, wenn er mich nicht angreifen soll. Dann bringe
ich meinen Hängegleiter für einen Moment in denselben Aufwind, um mit ihm einige hundert Meter zu
gewinnen. Danach setze ich meinen Weg alleine fort.
Ich segle von Gipfel zu Gipfel, von Wolke zu Wolke

und brauche dazu nur die Kraft der steigenden Luftströmungen. Würde mir jemand glauben, wenn ich ihm jetzt sagte,
daß ich mich gerade auf mein Medizinexamen vorbe-
reite? Dabei ist das die reine Wahrheit! Ich muß einfach
in meinem Innern meine Konzentrationsfähigkeit wieder-
finden, Abstand zu meinen Studien gewinnen und den
Zusammenhang zwischen meinen Prüfungen und dem,
wonach ich suche, wiederherstellen. Dazu ist es nötig,
den entscheidenden Zusammenhang zwischen der Natur
und mir wieder ins Zentrum zu rücken. Wenn dies gelingt, werde ich mich nach meiner Landung gestärkt und
meinem Studentenleben besser gewachsen fühlen.

Meine ersten Jahre mit dem Hängegleiter hatten mir gezeigt, daß das Meistern von Gefahren beim Fliegen mir
half, auch meinen Alltagsstreß besser zu bewältigen. Ich
hatte gelernt, mit den Unwägbarkeiten und Risiken im
Leben gut zurechtzukommen, und ich hatte eine Konzentrationsfähigkeit und Reaktionsschnelligkeit entwickelt,
die mir oft half, aus schwierigen Situationen herauszukommen. Panik ist oft katastrophaler als die Gefahr selbst,
und man muß alles dafür tun, sie überhaupt nicht erst auf-
kommen zu lassen. Allerdings muß ich zugeben, daß ich
oft genug durch die Schule der Angst gegangen bin, bis
mir das gelang. Ein gutes Beispiel dafür ist mein erster
Start mit einem Hängegleiter von einem Heißluftballon
aus.

An diesem Tag war ich so begeistert von der Vorstellung, endlich in die Welt der Ballonfahrer von Château-
d'Œx aufgenommen zu werden, daß ich diese Freude
mit einem meiner Flugkameraden teilen wollte. Der erwi-
derte mir aber nur trocken: »Wenn ich dich recht verstehe,
läßt du dich blödsinnigerweise ans Ende eines Seils hängen und startest dann von da aus einen stinknormalen
Flug!«

Bevor ich über seine Bemerkungen lachen konnte, wartete ich schon darauf, 3000 Meter über den Alpen »blödsinnig am Seil zu hängen«, und das mit einem Gleiter, der so hin und her schaukelte, daß die Ballongondel Gefahr lief, jeden Moment ihren Piloten auszuspeien. Und ich wartete darauf, endlich am Himmel von Château-d'Œx zwischen all den Ballons schweben zu können, wie ein Schmetterling, der von Blüte zu Blüte flattert. Ich hatte begriffen, daß das Ausklinken von einem Ballon einem Gefühle verschaffte, die einem ein »normaler Flug« nie bieten konnte.

Für alles gibt es einen Anfang, und beim ersten Versuch machten sowohl der Ballonfahrer als auch ich jeden Fehler, den man nur machen konnte. Das Seil, das den Gleiter mit dem Ballon verband, war viel zu lang, der Ausklinkmechanismus konnte nur von der Ballongondel aus betätigt werden, und wir hatten eine Sinkgeschwindigkeit festgelegt, die für das Ausklinken viel zu hoch war. Schon zu Beginn des Manövers bekam der Gleiter starken Auftrieb und fing an, sich immer schneller um die Achse des Verbindungsseils zu drehen. Bevor der Ballonfahrer die Zeit gehabt hätte, den Karabinerhaken zu lösen, fing der Drachen an, um die Gondel zu kreisen, was natürlich die Korbleinen total durcheinanderbrachte, die sich dann auch noch um den Ballonkorb wickelten. Dann plötzlich ein Schlag, gefolgt von einem Augenblick der Ruhe: ich glaubte, dem Pilot sei es gelungen, mich auszuklinken, aber in Wirklichkeit waren nur ein paar Leinen unter eine Ecke der Gondel geglitten und hatten so auf einmal einige Meter Spielraum geschaffen. Dies nützte der Gleiter sofort aus und ging in den Sinkflug über. Als sich aber die Leinen abrupt wieder spannten, schoß dadurch der Drachen sofort senkrecht nach oben, sogar noch über die Ballongondel hinaus, wie ein Hund an der Leine. Auf dieser Höhe zog das Halteseil den Gleiter nach hinten, der überschlug sich und wurde von dem fallenden Ballon mit nach unten gerissen. Diese Bewegung verstärkte sich so, daß sie den Ballon nach und nach bis zu einem Winkel von 45° und die Gondel sogar in die totale Waagrechte kippte. In dieser Zeit war der Ballonfahrer auch nicht untätig gewesen. Während er sich am Korbrahmen festklammerte, um nicht hinausgeschleudert zu werden, versuchte er jedesmal, wenn die Gondel unter der Ballonhülle vorbeischwang, seine Brenner zu zünden, ohne den ganzen Ballon in Brand zu setzen. So war es ihm natürlich unmöglich, die Halteleine zu kappen, was mich aus meiner mißlichen Lage befreit hätte. Ich weiß nicht, wie lange dieser Sturz währte, dessen Geschwindigkeit sich inzwischen auf ungefähr zehn Meter pro Sekunde gesteigert hatte, bis er plötzlich abgebremst wurde und meine Schaukelbewegungen danach allmählich aufhörten. Wir konnten wieder bis auf eine Höhe von 3000 Metern aufsteigen, die Korbleinen entwirren und danach die Ausklinkprozedur ohne weitere Schwierigkeiten durchführen.

An diesem Tag hatte ich zwar große Angst, aber zu keinem Zeitpunkt das Gefühl, sterben zu müssen. Am schlimmsten war die Tatsache, vom Ballonpiloten total abhängig zu sein und nichts tun zu können. Fast hätte ich eine Bruchlandung erlitten, ohne an dem Unfall irgendwie schuld zu sein. Dieses Erlebnis verstärkte noch meinen festen Vorsatz, künftig für mich und meine Handlungen persönlich verantwortlich bleiben zu wollen. In unserem täglichen Leben allerdings sind wir das gar nicht mehr gewohnt. Unzählige Gesetze, Regeln und Sicherheiten sorgen dafür, daß eigenverantwortliches Denken überflüssig wird. In ihrer Sorge, die Gesamtheit ihrer Mitglieder einzubinden und zu versichern, erstickt unsere überfürsorgliche Gesellschaft notwendigerweise gleich-

40

zeitig jede Eigeninitiative. Die Regeln, die die Sicherheit der Gemeinschaft garantieren sollen, lassen sich nur auf Kosten der Eigenverantwortung aufrechterhalten. Gegen die wichtigsten Existenzrisiken geschützt, leben wir immer länger, immer gesicherter und versicherter, lernen es aber nicht mehr, unser Leben in die eigenen Hände zu nehmen. Mit der Zeit werden wir von den Garantien unserer künstlichen Sicherheit abhängig, wir lernen zu folgen, aber weder zu denken noch zu suchen. Etwas aber fehlt bei dieser sogenannten Sicherheit, und das ist das Unvorhersehbare, der Unfall, der Zufall. Man braucht bloß das Chaos zu betrachten, das auf einer Kreuzung ausbricht, wenn einmal die Ampeln ausfallen, um zu erkennen, wie sehr wir die Fähigkeit verloren haben, für uns selbst zu denken, und in welchem Maße wir schon vom Beschützerstaat abhängig geworden sind. Wenn es dann mal ein Problem gibt, beruhigen wir uns damit, daß wir ja nicht daran schuld seien. Wenn ich in Zukunft je einen Unfall haben sollte, möchte ich zumindest selbst dafür verantwortlich sein. In der Schule der Angst hatte dieser erste Ausklinkstart von einem Ballon aus noch eine andere Folge: Bei meiner zweiten medizinischen Abschlußprüfung einige Wochen später hatte ich überhaupt kein Lampenfieber und war sogar ganz entspannt, obwohl es das schwierigste Examen meines ganzen Studiums war. Im Vergleich zu dem, was ich erlebt hatte, hatte alles andere an Wichtigkeit verloren.

Ich begann zu begreifen, daß alle Tätigkeiten, die uns daran erinnern, daß wir für den Verlauf unseres Lebens zu guten Teilen selbst verantwortlich zu bleiben vermögen, unserer Persönlichkeit neuen Schwung verleihen. Das Aufblühen, um nicht zu sagen fast explosionshafte Auftreten aller Extremsportarten in den siebziger und achtziger Jahren kann auch als eine Reaktion auf die fast roboterhafte Automatisierung der bürgerlichen Existenz gedeutet werden. Das Wort »Wachsamkeit« bekommt wieder einen Sinn, wenn man sein Schicksal in die eigenen Hände nimmt, ob nun mittels eines Steuerbügels, der Reißleine eines Fallschirms oder eines speziellen Griffs beim Free climbing. Die eigene Existenz bekommt einen anderen Wert, einen speziellen Reiz, wenn man lernt, sie selbst zu bewahren, sie zu respektieren und sich für sie verantwortlich zu fühlen.

Ich habe es wahrscheinlich dieser Fähigkeit zur Wachsamkeit zu verdanken, daß ich meinen ersten Looping im Hängegleiter überlebt habe. Im Kunstflug gibt es keine Lehrzeit: Will man damit anfangen, hat man nur seine Intuition und die direkte Erfahrung. Eine Figur ist entweder richtig oder falsch, und der Spielraum dazwischen ist oft minimal. Wollte ich es probieren, mußte ich einfach loslegen.

Ich starte von einem großartigen bunten Heißluftballon, nehme Geschwindigkeit auf, drücke den Steuerbügel nach rechts: es gelingt mir ein perfekter Wingover. Zum zweiten Mal nehme ich Fahrt auf und kippe dieses Mal über den Flügel nach links. Jetzt glaube ich für den Überschlag bereit zu sein, aber ich versäume es, die Beschleunigung genügend lang beizubehalten, bevor ich den Steuerbügel nach vorne drücke. Der Drachen bäumt sich auf, ich verliere den Erdboden aus den Augen und steige senkrecht Richtung Himmel. Als ich dessen Bläue voll im Blick habe, spüre ich, wie meine Geschwindigkeit zurückgeht bis zum völligen Stillstand: ich höre keinen Laut und fühle nur noch Schwerelosigkeit. Die Welt steht auf dem Kopf, so wie mein Herz. Der Gleiter bleibt weiter in Rückenlage, und ich falle in das Drachensegel. Reflexartig halte ich den Steuerbügel fest und stehe plötzlich AUF meinem Drachen. All dies passiert so sachte, daß ich das Gefühl habe, ich sei auf einer Wolke gelandet, auch wenn aerodynamisch die Lage äußerst kritisch ist.

Nach mehreren vergeblichen Versuchen, wieder in die richtige Position zu kommen, ziehe ich mein Bein zurück bis zur Nase des Drachens und versetze ihr einen kräftigen Tritt, während ich gleichzeitig das Steuerruder betätige. Sofort stürze ich in die entgegengesetzte Richtung, vollführe einen halben Überschlag und finde mich endlich in normaler Fluglage wieder, auch wenn ich völlig in mein Gurtzeug verwickelt bin. So habe ich mit einem Schlag 400 Höhenmeter und den Ruf, ein vorsichtiger Pilot zu sein, verloren, aber ich habe meinen ersten Looping geflogen, diese sagenumwobene Flugfigur, bei der sich einen Augenblick lang nicht mehr die Erde dreht, sondern der Mensch.

Die Vorführungen, die ich bis dahin als reine Liebhaberei betrieben hatte, fanden nun regelmäßiger statt und verbanden Gleitfliegen, Ballonfahren und Fallschirmspringen. Es war die Zeit des »Lufttrios«: ein doppelsitziger Gleiter (eine verbesserte Technik!) klinkte sich von einem Ballon aus, und von diesem Drachen sprang seinerseits ein Fallschirmspringer ab. Dieses Manöver machte uns großen Spaß, denn es erlaubte uns, drei verschiedene Luftfahrtdisziplinen vorzuführen, vom gemeinsamen Start ... bis zur dramatischen Durchtrennung der Nabelschnur. Danach setzte jeder auf seine Weise den gemeinsam begonnenen Flug fort. Aber neben dem Spaß am Fliegen spielte natürlich auch der Medienaspekt eine wichtige Rolle. Da es sich um eine Weltpremiere in der kleinen Welt des Abenteuers (wir schrieben das Jahr 1982) handelte, verbreiteten sich die Bilder dieses Spektakels schnell, was mir den Zugang zu den wichtigen Flugtreffen verschaffte. Die »Zirkusseite« des Lufttrios begann mich dann aber etwas zu stören, und ich bemerkte, daß der sehr viel artistischere Kunstflug das Publikum viel eher ins Träumen versetzte. Nachdem die Düsenjäger der nationalen Flugstaffeln mit ihren Vorstellungen fertig

43

waren, verschaffte es mir eine tiefe Genugtuung, meinerseits mit einem unmotorisierten Ultraleichtflugzeug mein anspruchsvolles Programm aus Spins, Loopings und Wingovers darbieten zu können. Ich hatte den Eindruck, daß ich den Zuschauern etwas zu zeigen hatte, das ihnen näherlag und leichter zugänglich war. Ein Mensch vermochte nur mit Hilfe eines Tuchs und einiger Metallrohre »das Glück in allen drei Dimensionen« zu erforschen, um einen Ausdruck des Flugschaukommentators Bernard Chabbert aufzugreifen. Und wenn ich mit Rauchpatronen zum Rhythmus der Musik von Jonathan Livingston Spuren in den Himmel zeichnete, vor allem zum Song »Be«, konnte ich hinterher in den Augen manch eines Zuschauers noch Zeichen der Rührung erkennen. Manchmal war der Eindruck noch stärker, und ein fast komplizenhaftes Lächeln genügte, uns beiden klarzumachen, daß wir dasselbe suchten.

Sicherlich haben die Möglichkeiten, die sich mir boten, mein Können zu beweisen, und das darauf folgende Medienecho auch den Neid zahlreicher Piloten meines Klubs erregt. Allerdings war ich oft genug auch selbst meines Glückes Schmied. Lange Zeit habe ich an die Vorherbestimmung geglaubt, aber letztendlich scheinen mir nicht die Erfahrungen, die wir machen, vorherbestimmt, sondern die Wahlmöglichkeiten, vor die uns das Leben stellt. Wenn wir schon für die Ereignisse, die uns zustoßen, nicht wirklich verantwortlich sind, sind wir es doch für die Art, wie wir mit ihnen umgehen. Fast immer haben wir die Freiheit, zu den Möglichkeiten, die uns begegnen, ja oder nein zu sagen. Ich glaube nicht, daß der Ablauf des Lebens von vornherein feststeht, aber er verläuft auch nicht völlig zufällig; in dieser Beziehung ist die Dichotomie, die Zweiteilung, das Prinzip des menschlichen Lebens: Die Abfolge der Lebensentscheidungen teilt und unterteilt es im Zweierrhythmus. Legt man dieses Bild zugrunde, wäre das Schicksal wie ein großes Netz, durch das sich der Mensch bewegt, indem er die Entscheidungsmöglichkeiten, die sich ihm bieten, annimmt oder verwirft.

So kann ich mich noch gut an den Tag erinnern, als ich am Himmel meinen ersten Heißluftballon sah. Nach seiner Landung hätte ich wie die anderen Gaffer auch einfach wieder weggehen können, aber statt dessen ging ich zu dem Ballonfahrer hin und fragte ihn, was er davon hielte, einmal einen Hängegleiter auszuklinken. Zwei Monate später rief er mich an und lud mich zum ersten Heißluftballontreffen von Château-d'Œx ein. Das Weitere habe ich schon erzählt.

Ich habe an vielen Flugschauen teilgenommen. Sie sind ein ganz besonderer Treffpunkt. Auf ihnen kommen jedes Jahr in der ganzen Welt mehrere Millionen Menschen zusammen und stellen fest, daß vielleicht auch ihr Traum lediglich eine Handbreit von ihnen entfernt ist, daß auch sie neue Erfahrungen machen können und daß die Piloten keine Helden, sondern einfach vom Fliegen begeisterte Menschen sind...oder Menschen auf der Suche. Ich habe dort Testpiloten und Astronauten getroffen, die sich noch für die klaren Formen eines Luftschiffs im Fluge begeistern konnten, aber auch einfache Bürger, die ihre Sparbüchse geschlachtet haben, um sich eine Lufttaufe zu gönnen: wenn sie dann wieder den Boden unseres Planeten berühren, leuchten ihre Augen und sie danken dem Himmel, daß er ihnen dieses Erlebnis gegönnt hat.

Ich kann es heute noch nicht fassen, daß ich selbst so lange bis zu meinem ersten Freifallerlebnis gewartet habe. Für den Preis eines guten Essens machte ich eine ganz neue Erfahrung: Es war, als könne ich in einen physischen Kontakt mit dem Himmel treten, der mich nach meinem Ausstieg aus dem Flugzeug quasi verschluckt hatte. Ich tauchte ein in eine Unermeßlichkeit, deren integraler Teil ich plötzlich geworden war. Ich war im Tandem aus einer in 4300 Metern Höhe fliegenden Dakota abgesprungen. Der Fluglehrer, mit dem ich verbunden war, betrachtete es als seine Lebensaufgabe, Sprunganfänger dank eines doppelsitzigen Gurtzeugs seine Welt entdecken zu lassen. Ich muß zugeben, daß ich in diesen sechzig Sekunden mehr über das Leben gelernt habe als sonst in vielen Monaten. Diese Erfahrung steht jedem offen, wenn er nur daran glaubt, daß seine Existenz eine dritte oder gar vierte Dimension verdient hat...

Dieses Erlebnis weckte in mir die Lust, einen Springerlehrgang zu machen, damit ich ganz allein aus einem Flugzeug abspringen konnte, ohne von einem Ausbilder hinausgeschleudert zu werden. Denn neben dem außergewöhnlichen Eindruck, einmal ohne Flügel zu fliegen und mich nur mittels meiner Arme und Beine in der Luft zu bewegen, ist es der Ausstieg aus der Maschine, der mich am meisten faszinierte. Unbeweglich, vor der offenen Tür kauernd, bereit, in den gähnenden Abgrund zu springen – darin konnte ich ein Symbol für das Leben selbst erkennen, das ja auch eine Mischung aus Furcht und Vertrauen ist, die jede unserer Handlungen und Entscheidungen mitbestimmt. Auf der einen Seite gab es die Stimme der Sicherheit, der »Vernunft« und der Unbeweglichkeit, die mir riet, auf dieses dumme und nutzlose Abenteuer zu verzichten, und die so meinen Versuch, zu neuen Horizonten vorzustoßen, mit Zweifel und Angst belegte. Auf der anderen Seite gab es die Stimme des Vertrauens in das Leben, die Bewegung, die Entwicklung, die gebot, Verantwortung und Gefahren auf mich zu nehmen. Die beiden Stimmen mischten sich in mir, gingen mir im Kopf herum und stritten sich darum, wie ich mich zu entscheiden hätte. Etwas hielt mich zur gleichen Zeit zurück und trieb mich voran. Total gelähmt, war ich fasziniert von dem, was da in mir vorging, aber ich war

46

auch gespannt darauf, welche Stimme sich letztlich durchsetzen würde. Jedesmal war es die Stimme des Vertrauens, und plötzlich sprang ich mit offenen Armen dem Himmel entgegen, ohne daß ich dazu eine bewußte Entscheidung hätte treffen müssen.

Bei den Extremsportarten haben das Drachenfliegen und das Fallschirmspringen natürlich kein Monopol. Viele andere Aktivitäten zeugen von dem Bedürfnis unserer Gesellschaft, wieder einen direkteren Kontakt zu ihrer Umwelt zu bekommen, aber auch zu sich selbst zurückzufinden, mit all den damit verbundenen Empfindungen und Gefühlen. Bei den neuen Sportarten ist das spontane menschliche Erleben viel wichtiger als das rein kartesianische strenge Vernunftdenken – sei es nun beim Fliegen mit einem Gleitschirm oder mit einem Ultraleichtflugzeug, beim Mountainbikefahren oder Inlineskaten, beim Snowboarden, Barfußlaufen, Free climbing, beim Bungee jumping, Hydrospeed, Free diving usw. Wenn man darüber nachdenkt, ist es gar nicht so paradox, daß ausgerechnet in Zeiten der Raumfahrttechnologie Menschen sich auf die eigene Person rückbesinnen und von einer Brücke springen, während ihre Füße an einem fünfzig Meter langen Gummiband hängen! Wenn die Gesellschaft uns nichts mehr zu bieten hat, das irgendwie über ihr rein technisches und materialistisches Gesicht hinausgeht, ist es dann nicht unvermeidlich, daß einige Leute anderswo nach einem kleinen Stückchen Verantwortlichkeit und nach Fragmenten einer umfassenderen Wahrheit suchen?

Diese modernen Sportarten haben aber durch ihren spektakulären Charakter und die Identifikationsfläche, die sie dem Publikum bieten, auch ihre ordinären Seiten: Man »erlebt« ein Extremabenteuer, indem man vor dem Fernseher hockt, sich einen Sportdreß anzieht und sich dabei dann auch noch wie ein echter Profi vorkommt:

Von einer solchen Erfahrung bleibt nichts übrig, an das man sich lange erinnern wird.

Und doch steht uns künftig der Weg offen, die eigenen Grenzen auszuloten und nicht die unserer Maschinen; unseren Körper als Antrieb oder Steuer einzusetzen und eher unserer Sensibilität und Intuition zu vertrauen als unserem nüchternen Verstand. Kurz gesagt können wir einen unbekannten »Raum« in uns wiederentdecken, den wir im Alltag und seinen Zwängen längst verloren hatten. In diesem »Raum« begreifen wir unser Selbst in unserem Tun, aber auch in der Erforschung der eigenen Substanz; wir öffnen uns unserer Umgebung, aber auch unserem Innern, um auf authentische Weise »ganz einfach« im Hier und Jetzt präsent zu sein.

Beim Fliegenlernen hatte mich diese Begegnung mit dem Moment purer Gegenwart sehr beeindruckt. Plötzlich erfuhr ich etwas, was ich weder in der Schule noch sonstwo je gelernt hatte.

Bisher hatte man mich gelehrt, wie wichtig die Vergangenheit sei als Quelle der Erfahrungen und Traditionen und als Ursprung des Wissens. Man sollte die Vergangenheit kennen, um sich selbst besser verstehen zu können. Gewiß stimmt das alles, aber es genügt nicht.

Selbstverständlich hatte man mich auch die Bedeutung der Zukunft gelehrt, auf die man seine Planungen ausrichten und die man ganz methodisch vorbereiten müsse, um das Gleichgewicht der ganzen zukünftigen Existenz bewahren zu können. Eine wissenschaftliche Studie hat jedoch gezeigt, daß neunzig Prozent der Ereignisse unseres Lebens völlig unvorhersehbar und zufällig geschehen. Lohnt es sich also, unsere ganze Zeit damit zu verbringen, uns für die zehn Prozent der Ereignisse vorzubereiten, die überhaupt nur planbar sind? Sicher ist die Zukunft wichtig, aber rechtfertigt das all unsere Mühen? Der einzige Moment, an dem ich etwas an meinem Leben ändern kann, liegt doch weder in der Vergangenheit noch in der Zukunft: es ist der gegenwärtige Augenblick, der Augenblick, den ich gerade erlebe. Alles davor ist schon vergangen, dafür ist es schon zu spät; und das, was kommt, ist doch noch reine Zukunftsmusik, dort bin ich noch nicht. Dennoch beschäftigt sich der menschliche Geist ständig damit, wie wir es früher hätten machen sollen und was wir später einmal tun könnten. Diese viel zu oft völlig nutzlosen Gedankenspielereien haben überhaupt keinen Einfluß auf unser Leben und verbrauchen nur einen Gutteil unserer Energien.

Beim Drachenfliegen fand ich heraus, daß die Gefahr, der ich mich aussetzte, mir meine innere Mitte im Moment einer absoluten Gegenwart wiedergab. Noch deutlicher wurde mir das bei meinen akrobatischen Kunstflügen. Will ein Pilot einen Looping fliegen, hat er dafür kein anderes Instrument als sein Fluggefühl zur Verfügung. Er muß die Geschwindigkeit seines Gleiters abschätzen, indem er auf jedes Flattern des Segeltuchs, jedes Pfeifen der Seile achtet und indem er den Wind, der ihm ins Gesicht bläst, exakt einschätzt. Dann muß er auf den Sekundenbruchteil genau damit beginnen, den Steuerbügel nach vorne zu drücken, zuerst ganz sachte, dann immer energischer, bevor er ihn stark nach hinten zieht, um den Überschlag zu beenden und nahtlos die nächste Flugfigur anzuschließen. Zieht er zu lang, wird die Geschwindigkeit gefährlich hoch, und es besteht die Gefahr, daß der Drache zerbricht, zieht er nicht lange genug, ist der Gleiter zu langsam; er bleibt mitten im Looping hängen, gerät ins Trudeln und schmiert nach vorne ab. Man muß also alles auf einmal sehen und wahrnehmen und alles im richtigen Moment tun. Die Summe an Informationen, die man gleichzeitig verarbeiten muß, ist riesengroß. Es besteht die Gefahr, daß man sich von den Eindrücken überwältigen läßt und den Boden unter den Füßen verliert.

Aber was mich bei jedem Looping und bei jedem Spin am meisten faszinierte, war die Feststellung, bis zu welchem Grad die Einheit zwischen meiner Person und der erlebten Zeit es mir erlaubte, alle diese Eindrücke gleichzeitig zu verarbeiten. Meine Prioritäten verschoben sich mit einem Schlag in die unmittelbare Gegenwart: die Konzentration, die nötig war, um mich aus gefährlichen Situationen zu befreien, ließ alle meine Alltagssorgen in den Hintergrund treten und zeigte mir sogar manchmal für einen Augenblick ihre ganze Bedeutungslosigkeit. Plötzlich gab es keinen Platz mehr für Vergangenheit und Zukunft, für die Gedankenkonstrukte, die in meinem Hirn herumschwirrten, für die Schwärmereien, die meine Emotionen in Beschlag nahmen, oder für die Automatismen, die so oft mein Leben bestimmten.

Als ich mit dem Team des Fernsehjournalisten Nicolas Hulot ganze Kunstflugsequenzen aufnahm, gab es, solange ich noch am Boden war, einen Haufen Dinge, die mir durch den Kopf gingen. Kameras wurden an den Enden des Gleiters angebracht, ich sollte während des Flugs in ein Mikrofon sprechen, und all das, um in einer der damals beliebtesten französischen Fernsehsendungen,»Ushuaia«, mal richtig zu zeigen,»wozu ich fähig wäre«. War ich aber dann in der Luft, war der Zauber sofort wieder da: Es gab nur noch das sanfte Geräusch des Windes in meinem Drachensegel, den Druck des Steuerbügels auf meine Finger und diese unglaubliche Sicht auf die Erde, die sich in alle Richtungen bewegte, während ich ganz ruhig und heiter wurde. Als ich an einen Looping direkt einen Dive anschloß, kam mir überhaupt nicht in den Sinn, daß mehrere Millionen Fernsehzuschauer diese Szene später sehen würden. Mein ganzer Stolz war auf dem Erdboden zurückgeblieben. Und was bedeuteten jetzt noch die Sorgen, die ich bis zum Augenblick des Starts mit mir herumgetragen hatte, seien sie nun familiärer, finanzieller oder beruflicher Art. Und wie wichtig konnte ich denn eigentlich meine eigene Persönlichkeit und meine gewohnheitsmäßige Art, mit dem Leben umzugehen, noch nehmen, da ich mich ja gerade außerhalb jeder Gewohnheit und Konvention befand.

Allein mit mir, in einer Form von entspannter Konzentration, von Ruhe in der Tat, erfuhr ich meinen Körper in der Bewegung. So konnte sich in mir allmählich eine gewisse Intuition für das Wesentliche und eine andere Art des Bewußtseins meiner selbst entwickeln. Ich fühlte mich nicht nur »leben«, sondern vor allem »sein«.

Aber wenn sich dieses Bewußtsein aus irgendeinem Grund einmal nicht einstellt (ungesunde Ernährung, Müdigkeit, mehr Eindrücke, als man verarbeiten kann), sind Überdruß und Panik die Folge. Ich möchte nur das bezeichnende Beispiel der Höhenangst anführen, die übrigens durchaus mit dem Heimweh vergleichbar ist. Denn was sind Höhenangst und Heimweh anderes als die Projektion unser selbst auf einer vertikalen oder horizontalen Achse an einen anderen Ort als den, wo wir uns im Moment aufhalten? Und wer Projektion sagt, meint damit automatisch auch Zerstreuung, also ein ungenügendes Bewußtsein des eigenen Selbst. Wer schon einmal an Höhenangst gelitten hat, kennt dieses an eine Zwangsvorstellung grenzende Bedürfnis, nicht mehr da oben, sondern ganz unten am Boden sein zu müssen; einige empfinden sogar einen so starken Drang nach unten, daß sie sich in die Tiefe stürzen. Daher spricht man auch vom mysteriösen Ruf der Tiefe... Der ist jedoch nicht geheimnisvoller als ein Baum mit zu flachen Wurzeln, der von einem Windstoß gefällt wird.

Nun gibt es Übungen, die uns wieder mit unserem Innern und unserer Situation verbinden können, indem sie vor allem unsere Atmung verändern. Richtig ausgeführt, können sie das innere Gleichgewicht eines Menschen wiederherstellen, so daß im Idealfall sogar alle Schwindel- und Angstgefühle verschwinden. Für manche Leute sind diese Übungen so natürlich, daß sie sich deren Ausführung wahrscheinlich gar nicht mehr bewußt werden. Andere dagegen sind von den Übungen so weit entfernt, daß sie sich deren Existenz nicht einmal vorstellen können. Vielleicht erklärt das den so unterschiedlichen Umgang des einzelnen mit Gefahren oder den Drang vieler Menschen, nach starken Eindrücken zu suchen.

Andererseits wäre es ein Irrtum zu glauben, nur die Suche nach Gefahr könne uns einen Weg zur Erkenntnis der eigenen Präsenz verschaffen und die Entwicklung unseres Bewußtseins von uns selbst ermöglichen. Dazu gibt es noch viele andere Mittel wie zum Beispiel die Musik, die Malerei oder die Meditation, aber das wäre dann Thema eines anderen Buchs, von denen es im übrigen schon eine Vielzahl gibt.

Eines scheint mir jedoch klar: Das gewöhnliche Leben ohne eine Suche nach dem eigenen Selbst befördert Trägheit und Verdummung; entweder weil es uns dann an den nötigen Sinneseindrücken mangelt, oder weil wir unfähig sind, die Eindrücke, die sich uns bieten, auf angemessene Weise zu verarbeiten.

Es ist faszinierend, an dieser neuen Empfindung, einer Mischung aus Totalität und Verantwortlichkeit, Gefallen zu finden. Es ist ein starkes Gefühl, das man oft nur durch einen Zufall bei sich entdeckt, ohne es so recht erklären zu können. Aber dann kann es passieren, daß einen der Drang zur Leistung, zum Rekord dazu antreibt, dem, was zunächst unerreichbar zu sein scheint, durch den eigenen Mut und Willen doch näherzukommen. Und schon beginnt das schwindelerregende Abenteuer: höher zu steigen, weiter hinauszugelangen, tiefer zu tauchen, bis an die Grenzen des Möglichen zu gehen; und manchmal noch darüber hinaus... Der Mythos von Ikarus erinnert uns an die Gefahren dieses Strebens. Ikarus schlug die vernünftigen Ratschläge seines Vaters Dädalus in den Wind und ließ sich durch das Gefühl von Freiheit, das ihm sein Flug verschaffte, verleiten, der Sonne zu nahe zu kommen. Die Hitze ließ das Wachs schmelzen, das die Federn seiner Flügel zusammenhielt, und er stürzte in den Tod.

Der Hunger nach starken Empfindungen kann uns tatsächlich von unseren Bedürfnissen und Leidenschaften so abhängig werden lassen, als wären wir Rauschgiftsüchtige. Was spielt es dann noch für eine Rolle, daß die Wetterverhältnisse schlecht sind, daß wir nicht genug trainiert haben oder unsere Ausrüstung unzureichend ist, wenn wir nur wieder dieses ungeheure Gefühl erleben können, das für uns zu einem Rauschmittel, zu einer Droge geworden ist. Aber wenn uns diese Droge zeitweise auch einige unserer alltäglichen Schwierigkeiten vergessen läßt, indem sie uns ein künstliches Paradies vorgaukelt, so führt sie doch auch dazu, daß wir uns selbst ebenso vergessen. Wir verlieren jedes Bewußtsein des eigenen Selbst und manchmal sogar die Fähigkeit zur Reflektion sowie unseren Selbsterhaltungstrieb. Geschieht dann ein Unfall, zeigt sich, daß der Zauberlehrling seine eigenen Kräfte nicht mehr unter Kontrolle hat. Einige sprechen sogar von einer endogenen Rauschgiftsucht, da der Organismus in diesen Extremsituationen anfängt, Streßhormone zu produzieren: nicht nur Adrenalin, sondern auch Endorphine, eine Art körpereigenes Morphin. Bei einem starken Außenreiz werden diese Stoffe ins Blut ausgeschüttet, und somit könnte man tatsächlich von einer Art organischen Rauschzustands sprechen. Je später man den Fallschirm auslöst, je länger das Bungee-Seil ist, je heftiger der Wind weht, desto intensiver ist der »Flash«.

Ein psychologischer Ansatz kann auch erklären, warum

einige sich ständig großen Gefahren aussetzen und bis an ihre Grenzen gehen müssen. Dazu ist es nötig, die verschiedenen Persönlichkeitsstrukturen zu betrachten, also die Gesamtheit der Mechanismen zu untersuchen, die das Individuum von Kindheit an ausbildet, um sich an sein Lebensumfeld anzupassen. Grob gesagt gelingt es einer Persönlichkeit mit harmonischer Entwicklung meist, ein Gleichgewicht zu finden zwischen Denken und Handeln, aber auch zwischen innerer Subjektivität und äußerer Wirklichkeit. Und den fortwährenden Drang nach Aktion und einem Austesten der eigenen Grenzen kann man als unbewußten Versuch deuten, unerträgliche innere Spannungen außerhalb des eigenen Selbst zu lösen oder mit seinen »Urängsten« (wie der Depression) fertigzuwerden. Ohne ins Detail gehen zu wollen, möchte ich doch einige Beispiele dafür anführen.

Leute, die in ihrem Leben nicht genug Gelegenheit hatten zu lernen, wie sie mit Hilfe des Denkens und der Kommunikation mit ihrer Umwelt ihre Emotionen und Gefühle im Zaum halten können, neigen eher dazu, zur Tat zu schreiten.

Die aber, die es nicht geschafft haben, die Bilder äußerer Autorität, also das, was Freud »Über-Ich« nennt, in ihr Inneres zu integrieren und dort zu verarbeiten, verspüren einen Drang, ihrerseits gegen die Regeln und Begrenzungen ihrer Außenwelt anzugehen, um sich ihrer selbst zu vergewissern und auf eine für sie befriedigende Art mit dem Leben umgehen zu können; so fordern sie die sozialen Regeln und manchmal auch die Naturgesetze heraus. Erst durch die Konfrontation mit der Realität schaffen sie es, für sich einen Platz in dieser Welt zu finden und mit ihrer Seele ins reine zu kommen.

Leute mit einer anderen Persönlichkeitsstruktur müssen sogar, um ihre Existenz zu spüren, Risiken und Gefahren nicht nur angehen, sondern überwinden und besiegen. Unbewußt wollen sie durch einen Sieg über die Zwänge ihrer Umwelt ihren Eigenwert steigern. Erst dies läßt sie mit ihrem viel zu schwachen Selbstwertgefühl klarkommen. Die Lust, auch ein Übermaß an Affekten bewältigen zu können, geht manchmal so weit, daß man für sich keine Grenzen mehr anerkennt. Das kann in einem Allmachtsgefühl enden und zu Handlungen führen, die an Selbstmord grenzen: Skiabfahrten am vereisten Steilhang, der Start eines Hängegleiters bei Gewitter usw.

Ich erinnere mich an einen Drachenflug, bei dem ich in solch schlimme Turbulenzen geriet, daß ich vorzeitig landen mußte, um meine Haut zu retten. Ein anderer Pilot blieb aber noch eine weitere Stunde in der Luft und äußerte danach den mir unvergeßlichen Satz: »Es war fabelhaft, in jeder Turbulenz kam mein Gleiter ins Trudeln, und mindestens zehnmal hätte es mich fast erwischt. Was für ein großartiger Flug!« In einem solchen Fall spräche der Anthropologe David Le Breton von einem Ordal, einem Gottesurteil, diesem alten Ritual, das in manchen Extremsportarten zu einer Gewohnheit geworden ist, nämlich den Tod herauszufordern, um sich zu beweisen, daß das eigene Leben einen Sinn hat.

Viel zu oft hören Psychologen und Psychiater auf dieser Verständnisebene mit ihrer Arbeit auf. Sie betrachten das menschliche Wesen nur unter dem Blickwinkel seiner Persönlichkeit und befassen sich zu wenig mit den tieferen Werten, aus denen es besteht. Das Problem liegt darin, daß Wissenschaftler ihren Forschungsgegenstand häufig nur von außen untersuchen und folglich nur dessen oberflächliche Aspekte bemerken. Das Erlebnis meiner Drachenflüge weckte in mir die Lust, ins Allerinnerste der zu untersuchenden Erfahrungen einzudringen, ja direkt selbst ein Teil von ihnen zu werden, also gleichzeitig Beobachter und Studienobjekt zu sein. Ohne mein wissenschaftliches Erbe zu verleugnen, habe ich begonnen,

55

das Fliegen als Forschungslaboratorium für die innere Welt zu benutzen, während es meinem Großvater zum Studium der Außenwelt diente.

Es frappierte mich zu sehen, wie diese Extremsportarten und die Konfrontation mit der Gefahr, die sie mit sich brachten, sowohl Ziel als auch Mittel sein konnten. Ziel insofern, wie es die psychologischen Theorien zeigen, daß sie unbewußt dazu benutzt werden können, eine fragile und fragmentarische Persönlichkeit zu festigen, sich durch Adrenalinstöße oder überstarke Eindrücke in einen Rausch zu versetzen, das eigene Selbstwertgefühl durch eine außergewöhnliche Tat zu stärken oder einem eintönigen Leben zu entfliehen; sie können aber auch Mittel sein, indem sie andere, tiefere Werte des menschlichen Wesens offenbaren, einen sogar hinter die Einzelpersönlichkeit sehen lassen und so denjenigen, die dafür empfänglich sind, neue Horizonte eröffnen. Sie können als Ziel oder Mittel dienen, je nachdem, welchen Sinn man seinem Leben beimißt oder was man »tun« oder »sein« möchte.

Ohne gleich über Nacht mein Alltagsleben völlig umzukrempeln, begann ich zu begreifen, daß durch eine tiefere Beziehung zum eigenen Selbst, seiner Sensibilität und seiner Intuition, mein Leben und vor allem meine Beziehung zu anderen eine neue Richtung nehmen konnten. Die Sicht aufs eigene Leben sollte sich verändern, hin zu einem größeren Verständnis, aber auch einer tieferen Demut. Man wird nie mehr ganz der gleiche sein können, wenn man einmal entdeckt hat, daß es da noch etwas anderes gibt, und das sogar noch im eigenen Innern.

Nach meinen ersten Drachenflügen hatte mir eine Freundin meiner Mutter, die Kurse zur Persönlichkeitserfahrung durchführte, erklärt, daß die Bewußtseinszustände, die ich ihr bei der Erzählung meiner Flüge geschildert hatte, denen glichen, die man durch spirituelle

Übungen erzielen könne. Ihrer Meinung nach könnte ich durch Meditation letztlich auf meine aeronautischen »Prothesen« verzichten. Viel später erst erkannte ich, daß sie recht hatte. Trotzdem hatte mir die Begegnung mit dem Hängegleiter, auch wenn nicht alle meine Fragen beantwortet wurden, doch einen Vorgeschmack darauf gegeben und mir Lust gemacht, weiter nach diesen Antworten zu suchen.

Durch mein familiäres Erbe war ich eigentlich dazu prädestiniert, die Technologie und Aerodynamik des Ultraleichtfliegens weiterzuentwickeln. Im Gegensatz dazu hätte ich mich auch von dem Rausch und der Faszination, die diese Sportart zu bieten hat, so fortreißen lassen können, daß ich Gefahr gelaufen wäre, mich darin zu verlieren. Ich fand jedoch heraus, daß es genau zwischen Dädalus, dem Wissenschaftler und Erfinder, und Ikarus, dem Menschen, der euphorisch seinen Leidenschaften nachgibt, einen dritten Weg geben kann. Zu ihm führte mich die Spur, der ich am Himmel gefolgt bin und von der ich in diesem Buch berichte.

KAPITEL 4

Arabesken

Geraden führen nicht in den Raum hinaus

Startplatz auf dem Mont Gros, Höhe 688 Meter, oberhalb des Hafens von Monaco. Wir schreiben den 4. Oktober 1986, 11 Uhr morgens. Man sieht Zuschauer und Piloten; die Touristen, die ungeduldig auf den Beginn der Veranstaltung warten, und jene, die schweigend und konzentriert ihren Gleiter fertigmachen zur ersten Runde der Europameisterschaften im Drachenkunstflug, die den bezeichnenden Namen »Ilinx« tragen, ein Wort aus dem Griechischen mit der Bedeutung »Taumel, Wirbel«. Es herrscht eine schwer zu beschreibende, gedämpfte Atmosphäre, wie sie typisch ist für Wettbewerbe auf höchstem Niveau. Und dazu gehört »Ilinx« ganz bestimmt.

Die Konkurrenten haben ihre Gleiter fertigmontiert, und einige gehen noch einmal mit geschlossenen Augen im Schneidersitz ihr Programm durch. Manche bewegen dabei mit ihren Händen eine imaginäre Steuerstange. Auch wenn der Drachenkunstflug keine absolute Neuheit mehr ist, läßt er sich doch immer noch mit einer Raubtierdressur vergleichen: Man muß sich vorsichtig annähern, und es braucht eine große Geschicklichkeit, wenn man die Aufgabe meistern will. Die Herangehensweise ist somit auch ein Ausfluß der jeweiligen Persönlichkeit, ihrer Ruhe oder ihrer Aggressivität, wobei keine Tricks und Mogeleien möglich sind; es ist also eher ein Wettbewerb gegen sich selbst als gegen die Mitbewerber. In einigen Augenblicken gilt es, im Bruchteil einer Sekunde den Speed, den die vorherige Flugfigur einem verschafft hat, auszunutzen, das Ruder oder den Steuerbügel mit dem notwendigen Fingerspitzengefühl zu bedienen, beim Flug auf dem Rücken oder im Trudeln die Reaktion seines Drachens genau zu erspüren, die richtige Ausflugachse vorzubereiten und über all dem nicht zu vergessen, welches Flugmanöver als nächstes dran ist. Es ist eine Begegnung mit der reinen Gegenwart, so als ließe sich die Zeit tatsächlich anhalten. Man vergißt den Wettbewerb völlig und ist nur noch an einer perfekten Ausführung seines Programms interessiert. Sechzehn Kunstflieger versuchen in der eigentümlichen Atmosphäre des Startplatzes diesen Zustand totaler Konzentration zu erreichen.

Dann geht es los. Einer nach dem anderen absolviert seinen Flug. Es sieht aus, als ob sich Farben über dem Meer drehen. Die Rauchpatronen hinterlassen ihre flüchtigen Spuren in der Luft, aber den Augen der Piloten prägen sich diese Bilder unauslöschlich ein. Keine Figur ähnelt der andern, jedes Programm folgt seiner eigenen Logik: dies ist noch Kunst. Unten am Strand jedoch bestimmt die Technik wieder das Spiel. Gleich nach der Landung beginnen die Interviews und die Kommentare. Dies und die Äußerungen von Freude und Enttäuschung erinnern uns daran, daß es sich hier um einen Wettbewerb auf europäischer Ebene handelt, mit all den organisatorischen Zwängen und Erfordernissen, die das mit sich bringt.

Der erste Tag endet erwartungsgemäß: Es ist ein Duell zwischen den Gleitschirmen und den lenkbaren Starrflüglern. Ich stehe mit meinem ASW-Flash-Flugdrachen im Zwischenklassement an der Spitze, gefolgt von der Mirage von Didier und zwei weiteren Paraglidern. Schon jetzt lassen sich zwei unterschiedliche Flugauffassungen feststellen. Didier legt besonderen Wert auf die perfekte Ausführung besonders weiter Loopings und flacher Spins, während ich mehr an einer gelungenen Verknüpfung der einzelnen Flugfiguren, einer Einhaltung der Flugachse und einer genauen Beachtung des vorgesehenen Programms interessiert bin. Von Anfang an hat die große Mehrheit der Wettbewerbsteilnehmer die Latte sehr hoch gelegt, und die Jury wird es sehr schwer haben, am Ende eine gerechte Entscheidung zu treffen. Der erste Durchgang am Tag darauf läßt die Kontrahenten noch näher zusammenrücken. Die Qualität der Darbietungen ist verblüffend, und natürlich ist für alle Teilnehmer das Beherrschen eines Loopings absolute Grundvoraussetzung.

In der letzten Wettbewerbsrunde kippt das Niveau dann doch noch. Inzwischen ist es brütend heiß, und die Müdigkeit nach all den Anstrengungen macht sich immer mehr bemerkbar. Didier verpatzt den Anfang seines Programms und braucht ein paar Sekunden, bis er seine Trudel korrekt auszuführen vermag. Das kostet ihn natürlich zahlreiche Punkte. Ich meinerseits bin schon beim Start unkonzentriert, da ich sicher bin, meinen Titel verteidigen zu können, den ich im Jahr zuvor gewonnen habe. Ich nehme Aufstellung, nach einem kurzen Augenblick des Zögerns schwinge ich mich trotz meines Bammels in die freie Luft und ziehe den Steuerbügel nach hinten, um Geschwindigkeit aufzunehmen. Durch die Vibrationen meines Drachens kann ich spüren, daß wir nun 110 km/h schnell sind. Ich nehme den Druck auf den Steuerbügel zurück, der Drachen richtet sich wieder auf, ich drücke etwas mehr, dann wieder ganz nach vorne: der erste Looping. Ich steigere wieder die Geschwindigkeit, danach eine Steuerbewegung nach rechts, ich erhöhe wieder den Druck: es folgt ein Wingover, danach vollständiges Zurücknehmen der Geschwindigkeit, um eine Serie von Spins anzuschließen; in diesem Moment lastet auf mir ein Gewicht von vier bis fünf G, körperlich sicherlich der anstrengendste Teil des ganzen Programms. Drei Drehungen, dann gebe ich mit dem Steuer etwas nach, um wieder in eine stabile Fluglage zu kommen, dabei aber schnell genug für den nächsten Looping zu bleiben. Druck nach vorne, der Gleiter wird langsamer und vollführt einen Looping, wobei ich mich in einem Zustand der Schwerelosigkeit befinde. Dann werde ich plötzlich zu langsam, wodurch sich meine Flugbahn seitlich verschiebt und ich meine stabile Flugachse verliere. Einen Augenblick lang weiß ich nicht mehr, wo genau ich gerade bin. Rein mechanisch will ich einen weiteren Looping anschließen, der aber total mißlingt. Ich bin schon viel zu tief und habe mich sowohl im Raum als auch in meinem Flugprogramm total verirrt. Ich muß abbrechen und sofort auf dem Strand landen. Da ich meiner zu sicher war und durch meine Erschöpfung sowie meine Selbstüberschätzung alle Konzentration verloren hatte, gelang es mir nicht mehr, die Wahrnehmung meiner Umwelt und das Gefühl für meine Bewegungen zu koordinieren. So verlor ich auch den ersten Platz im Endklassement.

Wenn es schon recht schwierig ist, beim Kunstfliegen ein richtiges Fluggefühl zu entwickeln, so ist es noch viel schwieriger, es bei all den Herausforderungen, die diese Sportart mit sich bringt, nicht zu verlieren. Man erwirbt dieses Gefühl nicht ein für alle Mal, sondern muß es sich jedesmal wieder neu erkämpfen. Das erklärt vielleicht, warum Flüge immer mal wieder jämmerlich mißlingen und selbst exzellente Piloten manchmal mit dem Kunstfliegen für lange Zeit aussetzen. Immerhin wird dadurch das Interesse an dieser Disziplin wachgehalten, weil man hier über die pure Technik hinaus immer wieder dem menschlichen Faktor begegnen kann. Und während Monacos mondänes Leben mit seinen Schönen und Reichen in vollem Gange ist, gehen die Wege der Piloten und der Organisatoren wieder auseinander. Ein Wochenende lang hatten sie sich dem Reich des Subtilen und kaum zu Erfassenden wieder einmal angenähert, in dem Empfindung, Kunstfertigkeit und Wagemut ihre vergänglichen Skulpturen aus orangefarbenem Rauch in den Himmel zeichneten. Ich liebe diese Arabesken. Keine gleicht der anderen, aber alle vermitteln dasselbe Gefühl, denselben Willen zur Grenzüberschreitung. Sie können uns eine Welt von ungeahntem Reichtum eröffnen, indem sie uns mit unseren tieferen Werten in Verbindung bringen. Ihnen gilt es zu folgen, denn gerade Linien bleiben immer auf derselben Ebene und führen nicht in den Raum hinaus.

KAPITEL 5

Sunion: die Zeit und die Ewigkeit

Die Enden unserer Drachen streiften die
Geschichte von Jahrhunderten

Der Gashebel ist bis zum Anschlag gezogen, der Motor
läuft auf vollen Touren, noch stehe ich auf der Bremse.
Das Vorderrad fängt an, auf dem Sand wegzurutschen;
der Drachen bäumt sich auf, und ich gebe ihn abrupt
frei. Unsere improvisierte Startpiste mißt etwa 25 Meter
in der Länge und zwei Meter in der Breite. Vom Meer
bläst ein leichter Seitenwind zu uns herüber. Eines der
Hinterräder stößt heftig an eine Unebenheit im Gras, der
Gleiter schleudert nach rechts, bis ihn ein zweiter Erdhü-
gel wieder nach links wirft. Ich setze alles auf eine Karte
und drücke den Bügel voll durch, soweit es geht: Meine
50 PS reißen mich buchstäblich vom Boden weg. Ich
habe meine Bahn schlecht erwischt. Die griechische Som-
merhitze nimmt einem den Atem, die Sonne brennt gna-
denlos auf uns herab. Deshalb haben wir uns glücklicherweise entschieden, trotz unserer Doppelsitzer einzeln zu
starten. Mein Flugkamerad Christian ist ein paar Sekunden vor mir in einer Sandwolke losgeflogen. Erst einige
Meter über den wie Öl wirkenden Meereswogen können
wir mit unserem Formationsflug beginnen. Unser Startplatz ist ein 50 Kilometer von Athen entfernter Strand.

Wir haben nur ein Ziel, fast ist es eine fixe Idee: das Kap Sunion und den Poseidontempel bei untergehender Sonne zu überfliegen, und zwar mit unseren eigenen Mitteln, ohne Hubschrauber und besondere Privilegien! Seit meiner ersten Griechenlandreise hege ich diesen Traum, und auch Christian habe ich damit angesteckt.

Wir denken nicht einmal mehr daran, daß es das erste Mal sein wird, daß Ultraleichtflugzeuge dieses Zeugnis einer 2500 Jahre alten Kultur überfliegen werden. Leistungsdenken ist heute fehl am Platz; es zählt nur noch die Begegnung unserer Drachensegel aus Dacron-Fasern mit diesen weißen Marmorblöcken und unserer Aluminiumrohre mit den Säulen, die die Stürme von 25 Jahrhunderten überstanden haben. Unwillkürlich grüßen wir einige Touristen, die in unseren Maschinen die Luftfahrt der Zukunft sehen. Tatsächlich denken wir aber nur an die Vergangenheit... und erleben intensiv die Gegenwart.

Ich weiß, ich darf so lange träumen, bis der Treibstoff in meinem Zehn-Liter-Tank verbraucht ist. Mir kommt Lamartines inständige Bitte aus seinem Gedicht »Le Lac« in den Sinn:

Halt ein mit deinem Flug, o Zeit! Ihr holden Stunden,
O hemmet euren Lauf!
Und laßt genießen uns, die bald wir sein entschwunden,
Die Rosenzeit vollauf!
Unglückliche genug habt ihr hier zu erhören,
Fließt, fließt für sie dahin,
Sie von den Sorgen zu befrei'n, die sie verzehren,
Vergeßt den Glücklichen!

Und an diesem Tag hat mich die Zeit erhört: eine Stunde Flug, eine Minute bewußtes Lenken der Maschine und 25 Jahrhunderte Emotionen!

Die Sonne steht knapp über dem Horizont. Die Steine

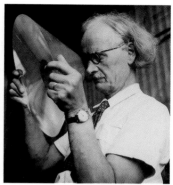

Auguste Piccard, der als erster Mensch in die Stratosphäre flog (1931) und das Tiefseetauchgerät Bathyscaphe erfand (1948), mit seinem Sohn Jacques und seinem Enkel Bertrand im Jahr 1960.

Nach Augustes Stratosphärenflug und den Tiefseetauchgängen von Jacques: Bertrands Erdumrundung im Ballon unter den Blicken der vierten Generation, Estelle, Oriane und Solange.

Weiterentwicklung der Flugbekleidung zwischen 1931 und 1999: Auguste Piccard und Paul Kipfer vor ihrem Stratosphärenflug, Bertrand Piccard und Brian Jones vor ihrer Weltumrundung im Breitling Orbiter 3.

Eine Kindheit, in der Unterseeboote zum Familienleben gehörten.

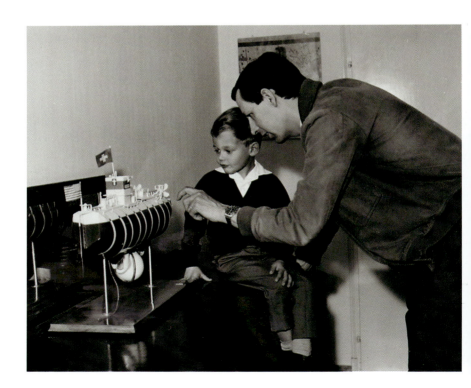

Für das Mésoscaphe-Unterseeboot Ben Franklin begeistert sich Bertrand ebenso wie für die Raumfahrt-Pioniere Wernher von Braun, Scott Carpenter (Mercury 4) und Bill Anders (Apollo 8).

Bertrand erlebt die Starts von Apollo 7 bis Apollo 12 in Cape Kennedy mit den Heroen der amerikanischen Luftfahrt …

… ohne im Traum daran zu denken, dass der Breitling Orbiter 3 dreißig Jahre später in Washington zwischen Apollo 11 und den Flugzeugen von Charles Lindbergh, Chuck Yeager und den Brüdern Wright zu sehen sein wird.

Die Erforschung der inneren Welt durch Hypnose
und der äußeren Welt durch das Fliegen
(hier im Ultraleicht über dem letzten U-Boot des Vaters).

haben einen Goldglanz wie im Jahrhundert des Perikles.

Hier an der Südostspitze Attikas bauten die Athener um den Tempel herum eine Festung, um die Bewegungen ihrer Feinde überwachen zu können, und stellten sie unter den Schutz des Meeresgottes. Heute sind wir ihre Herren, wir beherrschen sie ... zusammen mit Poseidon. Ich bezweifle, daß wir auf festem Boden landen werden, das wird kaum zu machen sein. Die geringe Größe unserer Start-»Piste« macht eine Landung dort aber auf jeden Fall unmöglich: somit bleibt uns nur noch der Strand. Im Augenblick denke ich aber nur an meinen Flug, und selbst darüber brauche ich mir eigentlich keine Gedanken zu machen. Christian hält seinen Flieger immer in fünf Meter Entfernung von dem meinen. Wir drehen Deltaflügel an Deltaflügel unsere Runden. In dieser Harmonie kann nichts unseren Flug stören.

Die Sonne sinkt, die Farbe der Säulen wechselt ins Rote. Auch unsere »Pumas« nehmen ihre Färbung an.

Ich weiß nicht, wie oft ich die antiken Stätten umkreist und mit den Enden meines Gleiters die Geschichte von Jahrhunderten gestreift habe. Ich höre das Geräusch meines Motors nicht mehr; statt dessen vernehme ich Sturm und Gewitter, die Rufe der Wächter, die Stimmen der Orakelpriester; ich sehe, wie ganze Flotten von Triëren auf das Kap, auf »unser« Kap, zuhalten; ich sehe, wie Krieger den steilen Abhang im Sturmangriff erklimmen.

Von all dem ahnen die Touristen nichts. Sie haben ihre 50 Drachmen Eintritt bezahlt und überlassen uns das Träumen. Jedesmal wenn ich über sie hinwegfliege, winkt mir eine junge Frau zu. War sie schon vor 2000 Jahren da? Ich winke zurück; sie ist schön. Ich fliege ganz niedrig und sehe, daß sie mir strahlend zulächelt. Ich spüre, daß ich sie liebe, für die Zeit dieses Fluges, der mir wie ein Jahrhundert voller Schönheit erscheint. Ich weiß aber auch, daß ich sie nie wiedersehen werde. Ich kann sie gar nicht wiedersehen, denn dann würde aus dem Traum triste Wirklichkeit. Übrigens, nur im Flug bleiben die Götter Götter!

Die Sonne geht nun endgültig unter. Plötzlich hüllt Nebel die wenigen Schiffe ein, die sich bisher am Horizont gegen das Unendliche abhoben. Die Säulen sind jetzt ganz schwarz. Die Schlacht nähert sich ihrem Ende. Dichter Rauch hüllt all das vom Feuer Vernichtete ein, das für unser 20. Jahrhundert verloren ist. Da gibt es Kunstwerke, Wandteppiche, Opfergaben, aber auch das Alltagsleben unserer Vorgänger, ihre Ziele und Ideale. Was wird da von unseren bleiben, in diesen kalten Zeiten des Materialismus, in die wir bei unserer Landung zurückkehren werden?

Mein Hinterrad, von dem ich glaubte, daß es durch den Schlag beim Start verzogen worden sei, wird mir bei der Landung keine Probleme machen. Der weiche Sand wird den Aufprall meines »Pumas« auf den Boden dämpfen; ich werde mich nicht mehr bewegen wollen, nicht mehr bewegen müssen. Ich werde Poseidon bitten, die nächsten 25 Jahrhunderte so liegenbleiben zu dürfen, muß dann aber die glücklich gefundene Piste freimachen, damit auch Christian dort landen kann.

Aber all das ist noch weit weg, liegt noch in der Zukunft; die Gegenwart will mich nicht verlassen, und ich ziehe weiter in einem fast willenlosen Zustand meine Kreise über dem Kap und kann meine Augen von diesem zeitlosen Anblick nicht mehr losreißen. Die Sonne ist nun endgültig versunken, so wie all die Festungsmauern, die einst den Tempel umgaben. Auch von ihm sind nur noch 18 Säulen übrig... 18 Säulen und zwei »Pumas«.

Jeden Abend geht in Sunion die Sonne unter, aber jeder Abend ist dort eine Ewigkeit. Und ich schäme mich nicht zuzugeben, daß ich an diesem Abend geweint habe.

KAPITEL 6

Mit Propeller im Wunderland

Hilft die Suche nach Harmonie bei der Suche
nach dem Ewigen?

Neben den weißen Schwimmern meines Ultraleicht-Was-
serflugzeugs sehe ich langsam die Inseln Vabbinfaru und
Thulgaari vorbeigleiten. Dicht über der Oberfläche des
Indischen Ozeans fliegend, bin ich auf dem Weg nach Bandos. Gerade habe ich meinen Motor wieder angeworfen
und dafür nach einer Stunde Flug meinen Walkman ausgemacht. Mir scheint es so, als habe Neil Diamond gerade
für den heutigen Tag seinen Song über die Möwe Jonathan
Livingston verfaßt: »Lost on a painted sky, where the
clouds are hunged for the poet's eyes.« Fast wie in dem
Lied beschrieben, habe ich mit kleinen Cumuluswolken,
die in 1500 Metern Höhe »am Himmel aufgehängt waren«,
gespielt, und dann mit abgestelltem Motor meinen Gleiter
ganz allein einem tropischen Sonnenuntergang entgegen-
segeln lassen. In einigen Minuten wird mein Motordra-
chen in der Lagune wassern; ich werde erzählen können
von der Delphinschule, der ich bei meinem Flug begegnet
bin, von dem Manta, dem ich ein Stück weit zwischen den
Riffen folgen konnte, sowie von den phantastischen Farben der Korallenbänke und vulkanischen Atolle, aus
denen die Malediven bestehen. In einigen Minuten kann

ich über all dies berichten, aber schon jetzt weiß ich, unter welcher Überschrift das Abenteuer, das ich gerade erlebe, zusammenzufassen ist: Mit Propeller im Wunderland!

Dennoch hätte ich in den fünf Wochen, die ich auf Bandos, dieser kleinen Insel mit ihrem Durchmesser von gerade einmal 300 Metern, verbracht habe, einige Male den Titel dieser Geschichte fast durch das Wort »kikurani« ersetzt. »Kikurani« heißt in dem örtlichen Dialekt mit seinen indischen und afrikanischen Wurzeln etwa soviel wie: »Mein Gott, was soll man da tun?« oder »Was kann ich da schon machen?«. Es ist also ein Ausdruck totaler Ohnmacht gegenüber einem unverständlichen oder unbarmherzigen Schicksal. Wie oft mußten wir dieses »kikurani« in der letzten Zeit hören. So als die Nachricht wie ein Fallbeil auf uns herniederfuhr, daß das am Vorabend bestellte Benzin nicht eingetroffen war. So als alle meine Ersatzteile beim Flughafenzoll gestohlen worden waren oder als unser Bakschisch, das wir bei der Fluggesellschaft verteilt hatten, nicht ausreichte, mein Material in dem Laderaum der Boeing 737 verstauen zu dürfen. »Kikurani« war für uns zu einem Schreckenswort geworden, bis wir begriffen, daß es letztlich wir Europäer waren, die sich vom Streß und unseren Vorstellungen von Zeit und Geld auffressen ließen. Denn was machte es eigentlich aus, drei Wochen warten zu müssen, bis mein Ultraleichtflugzeug endlich auf der Insel eintraf? War es nicht unwichtig, ob die Zollformalitäten einen oder zwei Tage dauerten? Spielte es denn wirklich eine Rolle, ob ich heute oder erst morgen flog? Die fünf Wochen auf Bandos waren gerade lang genug, dies zu begreifen, lang genug, »kikurani« schätzen zu lernen und zu bedauern, daß wir diese Lebenseinstellung nicht mit zu uns nach Hause nehmen konnten. Endlich schafften wir es auch, über unsere Erlebnisse so richtig herzlich lachen zu können: über den Koch, der, statt unsere Brote zu schmieren, mit

seinem Kopf auf diesen Broten eingeschlafen war; über
die Hoteljungen, die uns bei 40° C im Schatten versicher-
ten, daß das Eis, das sie vor einer Stunde aus dem Kühl-
schrank geholt hatten, immer noch echte »ice cream« sei;
über das Schild an der Tür des Zahnarztes (von Bandos
aus eine Stunde mit dem Boot): »Es tut uns schrecklich
leid, aber unser Bohrer ist kaputt. Wir werden es nicht ver-
säumen, Sie zu informieren, wenn er repariert ist.« Besag-
ter Zahnarzt, der immerhin ein Jahr Ausbildung hinter
sich hatte, hatte schon einem Mitglied unserer Gruppe
einen Zahn gezogen, mit der Zange in der einen und einer
Taschenlampe in der anderen Hand!

Ursprünglich war es jedoch bei diesem Malediven-
Projekt nicht darum gegangen, über die unterschiedlichen ethnischen Mentalitäten nachzudenken oder unsere
Zeit damit zu verbringen, über Anekdoten zu lachen. Der
Plan war, von einem doppelsitzigen Ultraleichtflugzeug
aus Luftaufnahmen dieser paradiesischen Inseln zu
machen. Sie waren für einen abendfüllenden Film bestimmt... der übrigens nie herauskam: »kikurani«?!

Die Probleme hatten freilich schon in der Schweiz angefangen. Unser Ultraleichtflugzeug sollte über Sri Lanka
verschickt werden. Da verbot ein Schweizer Beamter im
letzten Moment, daß wir dieses »militärische Material,
dessen Ausfuhr in ein kriegführendes Land strikt verboten ist«, in unser Flugzeug einluden, und dies mit einem
starken schweizerdeutschen Akzent und ohne dabei eine
Miene zu verziehen! So mußten wir unsere Kisten mit
einem Transportflugzeug nach Seoul schicken. Dort waren die Vorschriften offensichtlich weniger streng, und so
gelangte unsere Ausrüstung doch noch nach Colombo.
Woran man sieht, daß diese Embargos nur eine Frage
unnütz zurückgelegter Kilometer... und viel verlorener
Zeit sind.

So kam es, daß zu den zehn vorgesehenen Drehtagen

noch drei Wochen des Wartens und der Formalitäten, aber auch des Schwimmens und Tauchens hinzukamen. Wir befanden uns im Reich des Herwarth Voigtmann, des durch seine Vorführungen mit Haien bekannt gewordenen deutschen Tauchlehrers und Unterwasserphotographen. Mit ihm wollten wir einen Großteil der Unterwasserszenen des Films drehen. Tauchen bei Tag und bei Nacht: Den maledivischen Traum gibt es auch unter Wasser, aber ich merkte wohl, daß Herwarth genauso ungeduldig wie wir darauf wartete, endlich fliegen zu können. Als wir schon fast alle Hoffnungen aufgegeben hatten, brachte Air Lanka endlich unsere Ausrüstung nach Male.

Der Zöllner, der zum ersten Mal in seinem Leben ein Ultraleichtflugzeug sah, untersuchte den ganzen Gleiter mitsamt dessen Motor mit seinem Metalldetektor und war so überrascht, als dieser ununterbrochen seinen Pfeifton hören ließ, daß er ihn ausschaltete, weil er annahm, er sei defekt. Die Tatsache, daß uns ein Formular fehlte und wir meinen Puma daher erst am nächsten Tag nach drei weiteren Stunden Bootsfahrt abholen konnten, baute ihn jedoch wieder auf. Bis heute habe ich allerdings nicht begriffen, warum auf einer unserer Kisten ein Lieferschein für griechischen Kaviar angebracht war!

Bei unserer Rückkehr nach Bandos wartete ein ganzer Schwarm Einheimischer auf uns, die unter dem Kommando eines zahnlosen alten Herrn standen. Dutzende von starken Armen trugen unseren Gleiter vom Boot und halfen uns auch dabei, ihn in Windeseile startklar zu machen. Wir warteten ungeduldig darauf, endlich loszufliegen zu können. Der alte Malediver hatte schnell begriffen, daß die harte Handarbeit eher etwas für die jungen Leute war, und statt dessen kurzerhand die Aufgaben eines »Chief Petrol« übernommen, einen Beinamen, den er sicherlich auch heute noch mit Stolz trägt. Von da an brachte er uns täglich den Treibstoff, den wir zwei Tage zuvor bestellt hatten, oder vielmehr diese eigentümliche Mischung aus Öl, Dreck und Benzin, die unseren Motor laufen und seine Kolben sich festfressen ließ ...

Zwei Stunden später steuere ich endlich auf meinen Schwimmern aus dem Hafen hinaus: ich kann mit dem ersten Start einfach nicht mehr länger warten. Den ersten Versuch will ich allein unternehmen, um alle notwendigen Einstellungen vornehmen zu können. Eine kleine Ruderbewegung bringt mich gegen den Wind, ich gebe Vollgas, der Gleiter richtet sich auf, gewinnt an Geschwindigkeit, ich starte ... Endlich überfliege ich Bandos. Ich traue meinen Augen fast nicht, so schön ist der Anblick des Atolls von oben. Die Übergangszone zwischen dem weißen Sandstrand und dem offenen Meer weist alle Schattierungen von Grün und Blau auf. Es sind sehr viel mehr Inseln, als ich dachte, und jede ist von ihrem eigenen Korallenriff umgeben. Es ist, als sei ich in eine lebensgroße Postkarte geraten. Ich möchte meinen Soloflug nicht zu lange ausdehnen, denn mir ist klar, daß die unten am Strand immer eifersüchtiger werden. Beim Anflug auf das Ufer sehe ich, daß Herwarth schon bis zur Taille im Wasser steht, und kaum bin ich gelandet, springt er schon auf den zweiten Sitz des Gleiters.

Der Zweisitzer braucht eine Strecke von 150 bis 200 Metern, bis er endlich abhebt. Dann allerdings ist die Steigrate groß genug, daß wir mit den Wolken Verstecken spielen können. Die sehen aus wie die Perlen eines Colliers. Es ist wunderbar zu sehen, wie die Inseln zwischen den einzelnen Wolken auftauchen und wieder verschwinden, und wir begeistern uns an dem Schatten, den unser von einem kleinen ringförmigen Regenbogen eingefaßter Flügel auf diese weißen Wattebällchen wirft. All dies ist dermaßen schön, daß ich nicht auf die Zeit achte und uns tatsächlich das Benzin ausgeht! Das Boot, das uns mit neuem Treibstoff versorgt, bringt auch einen neuen Passagier mit, mit dem ich meinen Flug fortsetze. Dieses Mal begegnet uns eine Gruppe Delphine. Die Natur hat soviel Schönheit an diesem einen Ort versammelt, daß es mir vorkommt, als durchflöge ich einen riesigen Vergnügungspark. Ich lasse den Gleiter ein paar Meter über den Delphinen kreisen: sie betrachten uns mit ihrem typischen amüsierten Lächeln. Auf unserem Heimflug folgen wir noch einen Moment einer Fischerfeluke, dann gehen wir vor unseren Bungalows aufs Wasser nieder. Seit unserem Abflug ist der Seegang viel rauher geworden, und prompt verbiegt eine außergewöhnlich hohe Welle unsere Vordergabel und läßt uns beinahe kentern. Dies macht die erste einer ganzen Reihe von Behelfsreparaturen nötig. Der Verantwortliche für den Stromgenerator der Insel läßt mich in seiner Schrottsammlung wühlen, und ich finde tatsächlich ein paar Bolzen und Schrauben, die nicht ganz so verbogen sind wie meine. Da die Reparatur auf dem Wasser stattfinden muß, tauchen mein Passagier und ich abwechselnd nach den Werkzeugen, Schrauben und Muttern, die uns natürlich ständig aus den Händen rutschen. Und da meine Bohrmaschine und all meine anderen Werkzeuge inzwischen wohl die Hütte eines Flughafenzöllners zieren, müssen wir mit der Hand, mit einer Zange den Bohrer haltend, die Löcher in die Versteifungsrohre der Schwimmer bohren. Wir nutzen die Gelegenheit, auch einen Halter für die 35-mm-Kamera anzubringen, die wir schon am Tag darauf benutzen werden.

In dieser Nacht träumen wir von Inseln, Motorgleitern und Delphinen, dabei haben wir das gar nicht nötig, denn der nächste Tag wird schöner werden, als es ein Traum je sein könnte.

Um sieben Uhr lasse ich den Motor an. Herwarth und ich haben vier Photoapparate dabei, als wir gleich nach dem Aufstehen zu unserem grandiosen Morgenflug starten. In 1500 Metern Höhe machen wir eine Aufnahme nach der anderen, wechseln Filme und Objektive in der Luft, um sicherzugehen, daß uns nicht das Geringste von diesem einmaligen Schauspiel entgeht: einer Morgensymphonie aus starken Farben und weißen Wolken in der unendlichen Weite des Indischen Ozeans. Wir wassern in einer Lagune, und nach einem kleinen Schnellfrühstück wechseln wir das Element und dringen in das Innere dieser Welt vor, die wir gerade überflogen haben: Wir tauchen hinunter zum Shark Point in 25 Meter Tiefe. Der Vogel wird zum Fisch. Herwarth schlägt mit dem Messer an seine Sauerstoffflaschen und lockt damit sieben Haie von zwei bis drei Metern Länge herbei, die er zuerst mit der Hand und dann mit seinem Mund füttert. Unzählige farbenfrohe Fische umgeben uns; wir spielen mit ein paar Langusten und streicheln eine große Muräne, die ganz wild darauf ist, daß wir ihr die Meeresflöhe abkratzen, die sie am Kopf piesacken. Es scheint so, als ob die berüchtigsten Räuber ganz zutraulich werden, wenn der Mensch auf sein Dominanzgehabe verzichtet und statt dessen dasselbe Milieu, dasselbe Universum mit all seinen Mitgeschöpfen teilt. Plötzlich gibt es für uns nur noch ein einziges Element, das Reich der Freiheit, und tatsächlich können wir alle Figuren unseres Kunstflugprogramms auch hier unter Wasser ausführen. Wir erleben die drei Dimensionen und ein starkes Gefühl der Verbindung des eigenen Selbst mit dem Raum, der uns umgibt. Es gelingt mir sogar, meine Klaustrophobie zu überwinden und in eine Unterwasserhöhle voller Lion-Fische, die wegen ihrer Giftstacheln gefürchtet sind, hineinzutauchen. Ich folge Herwarth (fast) ohne Zögern, so perfekt ist unsere Verbindung inzwischen geworden.

Nachdem sich die Luft unserer Sauerstoffflaschen in Bewegung und Faszination umgewandelt hat, tauchen wir wieder auf und starten erneut mit unserem Motorgleiter. Dieses Mal dürfen wir nicht sehr hoch fliegen, denn ein zu großer Druckabfall unmittelbar nach einem Tauchgang wäre gefährlich. Wir nützen das aus und machen viele Tiefflugaufnahmen. Das gibt uns auch die Gelegenheit, die verschiedenen Befestigungsvorrichtungen für unsere 35-mm-Kamera zu testen und die ersten Filmspulen zu belichten. Es gelingt uns, Chief Petrol in seinem Pareo-Sarong zu einer Lufttaufe einzuladen. Er versucht gegenüber den jungen Leuten, die voller Bewunderung am Strand auf ihn warten, seine Panik zu verbergen. Er übersteht einen Flug rund um die Insel zwar mit Bravour, will dann aber nicht warten, bis ich ihn zum Ponton bringe, sondern springt gleich nach unserer Wasserung ins seichte Meer. Als er wieder an Land ist, erklärt er stolz seinen Freunden:»No problem!« Doch ich bezweifle stark, daß die ihm das abnehmen.

Tatsächlich war ich es, der bei diesem Flug ganz schöne Probleme hatte. Durch die Einwirkung des Meerwassers hatte es einen Kurzschluß gegeben. Über Zündung und Schalter stand plötzlich die ganze Struktur meines Gleiters unter Strom: Ich bekam plötzlich solche Stromschläge in meinen Arm, daß ich zeitweise den Steuerbügel nicht mehr festhalten und Gas geben konnte! Wenn Chief Petrol das mitbekommen hätte, hätte er vielleicht mit dem Abspringen nicht einmal bis zur Wasserung gewartet!

Mit einer schnellen Behelfsreparatur kann ich den Stromkreis wieder isolieren, aber dies werden nicht die letzten Probleme sein. Mitten im Flug mit einem englischen Touristen gibt der Motor ohne Vorwarnung seinen Geist auf. Glücklicherweise lassen sich Engländer gemeinhin nicht so schnell aus der Ruhe bringen. Mir ist bereits ein Antriebsriemen gerissen, ein Handtuch in den Propeller geraten, und einmal habe ich vergessen, den Benzinhahn zu öffnen; aber jetzt kann ich nichts Abnormales feststellen außer einem Motor, der plötzlich aussetzt und auch nicht wieder anspringen will, obwohl ich wie wild den Anlasser betätige. Ein Trost nur, daß der »Landeplatz« groß genug ist! Wir gehen im offenen Meer nieder, werden dann aber vom Wind, der mit fast zwanzig Knoten bläst, mehr und mehr abgetrieben. Vor uns liegt nur noch eine Insel mit ihrem Korallenriff, dann der Indische Ozean... und dann erst wieder Australien. Als wir schon darüber nachdenken, einfach ins Wasser zu springen, um uns nicht in ein Floß der Medusa zu verwandeln, trägt uns die Strömung auf fast wunderbare Weise doch noch ans Ufer des normalerweise unbewohnten Inselchens. Aber heute sind ein paar Fischer dort ... und sie haben sogar ein Funkgerät dabei. Auf unsere Nachricht hin kommt Herwarth und schleppt uns und unser havariertes Fluggerät zurück nach Bandos. Die Diagnose ist schnell gestellt: ein Kolbenfresser! War es der Dreck im Benzin, oder sind Salz und Sand in den Vergaser geraten? Wir bauen, so schnell es geht, den Ersatzmotor ein, den uns zwei Eingeborene hergebracht haben. Dabei haben sie ihn wie zwei Kopfjäger zwischen sich auf einer Stange getragen. Wenn ich Zeit gehabt hätte, meinen Photoapparat zu holen, hätte das meine Moral wieder ein bißchen gehoben.

Den Rest des Tages verbringen wir mit der Feinabstimmung unseres neuen Motors. Am nächsten Morgen brechen wir dann kühn auf zum nächsten Problem. Der Wind ist zu stark, die Steuerruder sind zu klein: der Gleiter läßt sich auf dem Wasser nicht mehr manövrieren und dreht sich hartnäckig immer wieder in den Wind. Als dann auch noch der Motor aussetzt, muß mein Passagier (ein anderer als am Tag davor!) ins Wasser springen, um uns davor zu bewahren, auf die Riffe aufzulaufen, die den kleinen Hafen begrenzen. Er ertrinkt fast und reißt sich die Haut an den Korallen auf, als er die vollständige Zerstörung der Schwimmer zu verhindern versucht, während ich darauf achte, daß unser Gleiterflügel immer noch etwas Wind bekommt. Als ein Tourist auf uns zustürzt, denken wir zuerst, er möchte uns helfen. Schnell müssen wir aber diese Hoffnung begraben, als er kurz vor uns anhält und seinen Photoapparat hervorholt. Unsere verzweifelten Gesten verstärken noch seine Freude, das erste Ultraleichtflugzeug seines Lebens photographieren zu können.

Jedenfalls müssen wir, nachdem wir fast gesunken sind, erst einmal die Schwimmer reparieren und danach 48 lange Stunden die Glasfasern trocknen lassen. Gott sei Dank habe ich schon vorher Reparaturmaterial aus der Schweiz kommen lassen. Während das Polyester fest wird, können wir unser Unterwasserfestival wiederaufnehmen. Ein Tauchgang bei Nacht ist mir besonders im Gedächtnis haftengeblieben. Laut Drehbuch stürzt der Prinz von Bord seines sinkenden Schiffes und wird von einer kleinen Nixe aufgefangen. In dem Augenblick, als der Schauspieler vom Boot springt, durchdringt das Licht des Mondes und der Sterne das Wasser wie ein Funkenschwarm. Wir befinden uns mit unseren Kameras und Scheinwerfern ganz unten auf dem Meeresgrund. Es herrscht eine beißende Kälte, und doch fühle ich mich wohl; ich liebe diese Einheit von Wasser und Himmel, von Licht und Schatten, während mich schlafende Fische und schlagende Herzen umgeben. Der Film geht weiter: Aus den vom Schiffbruch aufgerissenen Schatzkisten regnet es Goldstücke und Juwelen. Die Korallen glänzen wie am hellichten Tag, die Kameras laufen, die kleine Nixe wird bald ihren jungen Prinzen retten. Ich liebe diesen Augenblick und diesen Ort; ich bin dankbar für alles, was mich hierhergebracht hat, und für alles, was mir erlauben wird, darüber zu berichten. Die Erzählung ist in gewisser Weise eine Verlängerung der erlebten Gegenwart; dies ist wahrscheinlich der Grund, warum ich so gerne schreibe.

Ich beginne zu spüren, wie sehr die Erfahrungen, die ich hier auf den Malediven mache, ein Hin und Her sind zwischen Traum und Wirklichkeit, zwischen Ekstase und plötzlichem Erwachen. Ich bin deshalb nicht übermäßig überrascht, als ich beim Auftauchen mitten in eine Teerlache gerate, die irgendein Tanker abgelassen hat. Auch wenn unsere Haut pechschwarz ist, bleibt doch der Glanz in unseren Augen.

Dieser Glanz nimmt am Tag darauf noch zu, als es gilt, das Königreich, in dem der Prinz Schiffbruch erlitt, von oben zu filmen. Flüge in großer Höhe und Tiefflüge wechseln einander ab. Die Kamera ist ganz vorne am Gleitergestell montiert, und der Kameramann liegt auf dem Vordersitz flach auf dem Bauch, während ich vom Rücksitz aus die Maschine steuere. Dadurch ist der Schwerpunkt so sehr nach vorne verschoben, daß der Steuerbügel am Anschlag ist und ich die Höhenregulierung nur noch mit dem Gashebel bewerkstelligen kann. Die pure Notwendigkeit läßt uns zu Akrobaten werden, aber wir fühlen uns viel zu wohl, als daß wir auch nur den Anflug eines Schwindelgefühls empfinden würden.

Während meiner Flüge sehe ich, wie mein kleines Paradies alle Farbschattierungen der unterschiedlichen Tageszeiten, vom Sonnenaufgang bis zum Sonnenuntergang, durchmacht. Für unseren Film stellen wir Kulissen an den Ufern auf und chartern von einheimischen Fischern ein paar ihrer Feluken. Ich fliege von Insel zu Insel, folge einer Delphinschule, einem Mantarochen, und wir belichten dabei ganze Rollen 35-mm-Film, bis am letzten Tag ein Gewitter losbricht. Um mit dem Film im Zeitplan zu bleiben, versuche ich einmal zu oft zu starten und werde brutal in die Wirklichkeit zurückgeholt, als eine Welle die vordere Aufhängung der Schwimmer abreißt. Der Gleiter kippt nach vorne ab, und wir müssen mit unserem ganzen Gewicht dagegenhalten, um zu verhindern, daß wir uns überschlagen. Diesmal sind die Schäden mit unseren Bordmitteln nicht mehr zu reparieren, und während das Gewitter immer stärker wird, fangen wir an, unsere Ausrüstung für die Rückreise zu verpacken. Am Ende zerfetzen die Windböen noch unsere Kulissen, und es bleibt eine Landschaft zurück, in der es so trostlos aussieht wie in unserem Innern.

Als ich dann aber in der DC 8 Male – Zürich sitze, habe ich nicht diese traurigen Bilder vor Augen. Ich sehe mich vielmehr wieder in meinem Motorgleiter sitzen, mit nacktem Oberkörper, in der Badehose und ohne Helm. Die Rückreise in die Schweiz war genauso einfach, wie die Herfahrt kompliziert war. Meine ganze Ausrüstung wurde als Begleitgepäck an Bord gebracht! Freilich spielten dabei auch die Gepäckarbeiter am Flughafen eine gewisse Rolle. Sie stellten unsere größte Kiste, die 250 Kilogramm wog, auf ihre Waage, deren Anzeige aber nur bis 200 Kilogramm ging. Folglich machte der Zeiger eine komplette Drehung, bis er wieder auf Null stand, und zu meiner großen Verblüffung trug der Vormann der Einheimischen auf der Frachtliste als Gewicht ... null Kilogramm ein! Danach mußten seine zwölf Träger ihre ganze Kraft aufwenden, um die Kiste im Flugzeug verstauen zu können!

Der Flugkapitän hatte noch nie im Bauch seines eigenen ein anderes Flugzeug befördert. Daher entwickelte sich gleich ein lebhafter Kontakt zur Besatzung, und ich verbrachte einen Gutteil des Fluges vorne im Cockpit. Wir tauschten Photos aus und erzählten uns gegenseitig unsere Erlebnisse und Träume. Ich schwärmte gerade von Atollen und Delphinen, als plötzlich – wir befanden uns gerade über dem Libanon – ein Kampfjet unsere Bahn kreuzte. Ich weiß nicht, ob es ein Israeli oder ein Syrer war. Auch in dieser Maschine gab es einen Piloten, dem es Spaß machte, am Steuerknüppel zu sitzen, der aber gerade ein paar Bomben auf ein anonymes Ziel abgeworfen hatte. Tatsächlich sahen wir unter uns Rauchwolken aufsteigen. Als ich später in Zürich meine Freundin begrüßte, brannte das Napalm vielleicht sogar noch. Ich mußte wieder an die zerrissenen Kulissen, den kaputten Kolben und meine gestohlenen Werkzeuge denken: wie lächerlich! Während ich geflogen war, um zu spüren, daß ich lebe, flogen andere, um Tod und Verderben zu säen. Es war meine erste Begegnung mit dem Krieg. Vor zwei Tagen spielte ich noch in aller Sorglosigkeit mit den kleinen Haufenwolken, die meine Paradiesinseln zierten, und war dabei doch nur vier Flugstunden entfernt von diesem zerrissenen Land gewesen. Das Leben der einen schließt den Tod der anderen nicht aus, so wie der Krieg die unbekümmerte Sorglosigkeit nicht verhindern kann. Aber wenn die beiden Extreme zu brutal aufeinanderprallen, erfordert es die Ehrlichkeit, die eigenen Maßstäbe zu überprüfen.

Auf dieser Erde hängen das Paradies und die Hölle eng zusammen. Das eine gibt es nicht ohne das andere. Sie können nur gemeinsam existieren, sie ergänzen sich wie Tag und Nacht, Sommer und Winter, links und rechts, Wurzel und Pflanze... Yin und Yang. Alles, was uns umgibt, wird von zwei gegensätzlichen Kräften beherrscht. Die Chinesen wissen das seit Jahrtausenden, nur wir im Westen haben es vergessen. Was ist dann aber der Platz des Men in diesem Spiel?

In nicht einmal zehn Stunden hatte ich Schöpfung und Zerstörung, Freude und Trauer, die Natur in ihrer vollsten Harmonie und den Nahen Osten in seiner vollsten Tollheit gesehen. Und da, im Cockpit dieser DC 8, begriff ich, daß das eine wie das andere vollkommen zwecklos ist. Der Schrecken hat noch kein menschliches Wesen vom Schrecklichen abgehalten, und Harmonie hat noch keinem dauerndes Glück gebracht. Der Mensch gleicht einem Hampelmann, dessen Fäden sich anscheinend verwirrt haben. Ich hatte fünf Wochen in einer Welt gelebt, in der die Haie und Muränen mit den Tauchern spielten und die Wolken die Perlen eines riesigen himmlischen Colliers waren. Mutter Natur war dort so wunderschön, daß ich annahm, sie sei ewig. Dabei ist sie so zerbrechlich, so flüchtig wie das Glück, das ich dort empfand. So flüchtig, daß man sie beim Anblick des folgenden Schreckens für unnütz halten könnte. Die Harmonie, in der ich gelebt hatte, hatte mir die Begegnung mit dem Leiden nicht erspart: Was konnte sie mir also außer einem kurzlebigen Vergnügen verschaffen? Sicher am allerwenigsten die Vorstellung, daß es Ziel des Lebens sei, ein Maximum an Lust zu empfinden, denn das wäre so, als ob man Medaillen sammelte, die nur eine Seite haben.

Mein frühester Kindertraum kommt mir wieder in den Sinn: die Zeit anzuhalten und so die intensivsten Momente verlängern zu können. Und vielleicht war es, weit über die von den Malediven mitgebrachten Filme hinaus, diese Überlegung, die mich am meisten bereichert hat: Wenn ein Augenblick im Bewußtsein des Menschen nicht ewig sein kann, muß es noch eine andere Form des Bewußtseins geben, die tatsächlich von Dauer ist. Hilft also das Suchen nach Harmonie bei der Suche nach dem Ewigen?

Mein Glaube an Karma und Reinkarnation haben lange Zeit meine Vorstellungen von Gut und Böse bestimmt: Nun gehe ich aber einen Schritt darüber hinaus, denn ich spüre, daß man all seine Erfahrungen im Hier und Jetzt machen muß und nicht in irgendeinem zukünftigen Leben; dann tut sich im eigenen Innern eine Welt von unvermutetem Reichtum auf, zu der man den Kontakt nicht mehr abreißen lassen darf. So kann der Mensch Yin und Yang gleichermaßen einen Sinn verleihen ... indem er die Gegensätze überwindet und seine Sicht der Transzendenz mit dem Erlebnis purer Gegenwart versöhnt.

Dann wird er seinen Platz und seine Aufgabe in diesem Leben finden: die Extreme zu vereinen. In diesem Sinne verstehe ich auch den auf chinesischem Gedankengut fußenden Text des französischen Alpinisten Jean-Michel Asselin:

Der Himmel ist Schauplatz der geistigen Welt,
Die Erde ist Schauplatz der körperlichen Welt,
Der Weg, das Tao, bedient sich des Menschen als Pforte.

Bei dieser Betrachtungsweise vergeuden die Pazifisten genauso ihre Kräfte, wenn sie glauben, den Krieg tatsächlich abschaffen zu können, wie die Umweltschützer bei der Rettung der Natur. Bei seiner Suche nach Erkenntnis und Dauer wird der Mensch seinen Platz jenseits der Extreme finden. Wenn wir es schaffen, die Hölle und das Paradies in uns zu versöhnen, dann können wir endlich den langen Weg beginnen, für den wir geboren wurden.

KAPITEL 7

Zurück aus weiter Ferne

Offenwerden für das Leben selbst

Ich humple etwas beim Gehen, ganz in meine Gedanken versunken. Das Leben hat für mich schlagartig eine neue Wichtigkeit bekommen. Jedes Alltagsgeschehen erscheint einem lächerlich und banal, wenn man einmal die Grenze zwischen Leben und Tod gestreift hat. Ich fühle mich müde, erschöpft, fast als ob ich fremd wäre auf dieser Erde. Ich empfinde sogar so etwas wie Schuld, daß ich meine alten Gewohnheiten von »vorher« wiederaufnehme, so sehr scheinen sie für mich jetzt jede Bedeutung verloren zu haben. Die Zeit »vorher« dauerte bis zum letzten Samstag, 18 Uhr 05. »Vorher« war vor dem letzten Looping, gefolgt vom letzten Spin. Die Zeit »danach« fing an mit meiner Notlandung mit dem Fallschirm. Was aber passierte in der Zeit »dazwischen«?

Ich war sehr ruhig und freute mich aufs Fliegen. Der Schlepp hinter Alains Ultraleichtflugzeug hatte prima geklappt, und ich hatte gerade eine Rauchpatrone gezündet, um am Himmel für meinen Freund Patrice Barcouda eine Spur zu hinterlassen. Er war es nämlich gewesen, der mich vor zwei Jahren für einen Weltrekord bis auf eine Höhe von 4500 Metern über Lyon geschleppt hatte. Und

82

so war ich selbstverständlich gekommen, um bei dem Jahrestreffen, das er im Département Drôme ausrichtete, mein Kunstflugprogramm vorzuführen.

Zu Beginn meiner Vorführung wechselt rasend schnell vor meinen Augen das Weiß der Wolken über mir und das Grün der Vercors-Berge unter mir. Ich spüre beim ersten Looping die Erschütterungen in meinem Gleiter und in meinem Körper. Ich bin glücklich. Es ist etwas schwierig, die Trudelbewegung korrekt zu beginnen, da ich nach dem Ende des Überschlags meine Geschwindigkeit nicht genug zurückgenommen habe. Nach anderthalb Drehungen im Spin bleibe ich für die nächste Figur im Sturzflug. Da wird mein Flash urplötzlich immer schneller und fängt zu vibrieren an. Ich drücke sofort meinen Steuerbügel nach vorne, aber es hilft nichts. Aus Erfahrung weiß ich, daß dieser Gleiter im Sturzflug von Zeit zu Zeit etwas unstabil ist und manchmal erst verspätet reagiert. Aber diesmal wird mir schlagartig klar, daß die Situation anders ist als sonst. Die Maschine fängt mit einer wilden Bewegung an, die man im Fliegerdeutsch »Tauchstampfen« nennt, wodurch mein Aufhängeseil nachgibt und ich die Kontrolle verliere. Die Geschwindigkeit nimmt immer noch zu, die ganze Konstruktion fängt an, sich zu verbiegen. Der Gleitwinkel ist gar nicht einmal so steil, aber der Gleiter fällt schneller als mein Körper, der dadurch völlig seine Balance verliert. Den Tod vor Augen, entscheide ich mich, meinen Rettungsfallschirm zu benutzen, wobei ich kaum einen Gedanken an das totale Scheitern meiner Flugvorstellung verschwende. Aber in dem Moment, als ich eine Hand ausstrecke, um den Auslösehebel zu betätigen, gerät der ganze Flugdrachen in extreme Resonanzschwingungen und bricht auseinander in einer wahren Wolke aus Metallrohren und Seilen.

Die nächsten 55 Sekunden sind jenseits aller Worte, jenseits der Angst... und fast jenseits des Lebens. Ich falle wie eine gelenklose Stoffpuppe zusammen mit den Trümmern meines Gleiters Richtung Erdboden, drehe mich, überschlage mich. Mir ist meine Lage vollkommen bewußt. Ich weiß, daß der Himmel mich mit mehr als 150 km/h ausspeit und daß ich gegen diese Gewalt absolut nichts tun kann. Wie ein Faustschlag trifft mich die Erkenntnis, daß es Situationen gibt, die absolut unumkehrbar sind und in denen in einem Augenblick das ganze Leben auf der Kippe steht. Und dieses Mal bin ich es, dem das passiert. Mein Gesicht tut mir weh. Ein Stück des Steuerbügels hat es wohl verletzt. Ich kann keine klaren Gedanken mehr fassen und verliere jedes Zeitgefühl; ich begegne dem »Großen kosmischen Zufallsgenerator«, der über Leben und Tod entscheidet. Aber ich will nicht sterben, auch wenn zum ersten Mal mein Leben jetzt wirklich auf dem Spiel steht. Durch die rasende Rotation der Trümmer habe ich mitten in der Luft eine Vision, die ich nie vergessen werde, die sich aber unmöglich beschreiben läßt. Mitten in der Vision reißen mich Michèle und Estelle, meine sechs Monate alte Tochter, aus dieser Erstarrung heraus. In einem kurzen Moment, der mir aber doch ewig vorkommt, ergreift mich ein starkes Schuldgefühl. Ich will sie nicht allein lassen, ich will nicht akzeptieren, daß ich in ein paar Sekunden zerschmettert am Boden liege; ich wehre mich gegen diese Situation, die beweist, daß das Drachenfliegen gefährlich, sogar sehr gefährlich ist, trotz allem, was ich bisher darüber erzählt habe.

Aber für solche Gedanken ist in dieser für mich so bedenklichen Lage keine Zeit. Die durch meinen Sturz ausgelösten unkoordinierten Schleuderbewegungen haben mich jede Orientierung verlieren lassen. Plötzlich jedoch löst dieses Kreisen einen Effekt aus, wie ich ihm vor Jahren bei einer Tanzzeremonie der Derwische begegnet bin: Ich ziehe mich ganz ins eigene Selbst zurück, und alles, was mich umgibt, fällt von mir ab, der Boden, der mir rasend schnell näherkommt, die Metallrohre, die mich verletzen, und plötzlich finde ich auch den Auslösegriff meines Rettungsfallschirms. Nun gilt es, den kleinen Sack, der das Fallschirmtuch umhüllt, aus seinem Behältnis herauszuholen und ihn so weit es geht wegzuschleudern. Der Behälter sperrt sich, und ich ziehe mit der ganzen Kraft meiner rechten Hand an ihm, während ich mich mit meiner Linken an den Resten der Gleiterstruktur festhalte, um meine Bewegungen zu stabilisieren. Durch die Zentrifugalkraft entgleitet mir der Fallschirmcontainer und beginnt zu fallen, wobei sich der Haupttragegurt entrollt.

Alles, was ich je über eine solche Situation gelesen und gehört habe, kommt mir in den Sinn. Ich weiß, daß ich den Gurt erwischen muß, um notfalls die Fallschirmkappe herausziehen zu können, wenn sie sich im Gleiter verheddern sollte, kann ihn aber nicht finden. Der Absturz geht weiter, ich sehe nichts mehr, und ich fühle mich, als schwämme ich in der Luft. Ich hätte nie geglaubt, je etwas so Gewalttätiges, eine solche Hölle erleben zu müssen. Jedes Wort erscheint nur noch lächerlich, wenn einem klar wird, daß man bald am Boden zerschellen wird und man in sich schon die Gewalt des Aufpralls zu empfinden vermeint: alles ist da, alles ist gegenwärtig, in einem einzigen Moment, in einem einzigen Gefühl. Mein Leben zieht nicht an mir vorbei, ich schreie nicht, aber ich bete laut. Wie in einem Alptraum erlebe ich eine unwirkliche Atmosphäre, aus der ich bald erwachen müßte. Es fällt mir schwer zuzugeben, daß dies die absolute Wirklichkeit ist. Diese völlige Machtlosigkeit ist kaum zu ertragen.

Bis jetzt sind gerade einmal elf Sekunden vergangen.

Plötzlich spüre ich einen schwachen Stoß, in dessen Folge sich die Rotationsbewegung verlangsamt. Das läßt mich hoffen, daß sich der Fallschirm endlich richtig entfaltet hat. Ich habe ihn seit dem Auslösen nicht mehr gesehen, und ich habe auch fast nicht mehr an ihn gedacht, nachdem ich ihn mit aller Macht versucht habe auszuwerfen. Der Sturz schwächt sich ab, und ich sehe eine weiße, von einem orangefarbenen Streifen eingefaßte Fallschirmkappe sanft am Ende ihrer gelben Verbindungsleine pendeln. Ein Stück des zerborstenen Gleiters verdeckt mir den Rest des Himmels. Ich liege ausgestreckt auf dem Rücken auf meinem Gleitsegel, mit den Füßen in der Luft. Ich bin so erleichtert, daß sich der Fallschirm endlich korrekt geöffnet hat, daß ich einen Augenblick lang vergesse, daß ich immer noch mit dem Kopf nach unten hänge. Ich sehe auf dem Boden einen Weinberg, eine elektrische Leitung und einige Baumgruppen auf mich zukommen, habe aber überhaupt keinen Einfluß auf meine Flugbahn. Ich bewege mich so lange in meinem Hängegurt hin und her, bis ich meine Füße freibekomme, aber ein Bein hängt immer noch in den Seilen fest. Blitzartig erkenne ich: es handelt sich um einen Teil der vorderen Verstrebung, denn ich sehe dort kleine gelbe Bänder hängen, die beim Start die Windrichtung anzeigen sollen. Ich drücke sie vorsichtig mit der linken Hand zur Seite, um meinen Fuß herausziehen zu können, ohne die Schlinge, die meinen Schuh festhält, zu sehr anzuziehen. Danach stehe ich wieder aufrecht und finde endlich das Verbindungsseil, an das ich mich festklammere. Gleichzeitig schiebe ich mit der linken Hand ein Stück des Gleiters weg, das immer wieder gegen den Fallschirm schwingt.

Plötzlich ist alles still; kein Laut ist mehr zu hören, aber die Erde nähert sich schnell. Unter mir gibt es nur noch Grün, ich sehe keine Bäume und keine Leitungen mehr. An den Weinbergen hat der Wind mich vorbeigetrieben. Im Bruchteil eines Augenblicks ist dann der Boden da. Die Landung ist sehr hart, ich spüre den Aufprall vom

Kopf bis zu den Füßen und breche in den Trümmern meines Hängegleiters zusammen.

Schon nach kurzer Zeit komme ich wieder zu mir. Meine Arme und Beine kann ich problemlos bewegen; nur mein Gesicht tut weh, und ich blute ein bißchen. Mein Schutzengel hatte heute wahrlich viel zu tun! Alain, der den ganzen Unfall von seinem Ultraleichtflugzeug aus verfolgt hat, nähert sich mir im Tiefflug. Leicht schwankend stehe ich auf und signalisiere ihm, daß alles in Ordnung ist. Danach kippe ich wieder um. Leute eilen herbei, dann kommt der Krankenwagen. Alle hatten große Angst um mich, aber ihr Leben geht jetzt weiter wie bisher, während sich in meinem etwas verändert hat. Ich habe den Eindruck, aus weiter Ferne zurückzukehren und nicht mehr derselbe zu sein wie »vorher«.

Seitdem humple ich etwas beim Gehen, versunken in meine Gedanken. Mein Leben erscheint mir gleichzeitig so wesentlich wie lächerlich. Ich habe alles getan, um es zu bewahren, und nachdem ich in mir einen solchen Überlebenswillen verspürt habe, finde ich meine alltäglichen Beweggründe oft von bestürzender Banalität. Ich war gleichzeitig zu weit weg und doch nicht weit genug. Ich habe mein Leben für den Spaß an einer Kunstflugvorführung aufs Spiel gesetzt und gehe aus diesem Erlebnis nicht einmal mit der Weisheit hervor, die mir diese Erfahrung hätte verschaffen können.

In mir bohrt der Zweifel: Nachdem ich doch bisher die Tugenden einer Begegnung mit der Gefahr gepriesen habe, weiß ich plötzlich nicht einmal mehr, ob das, was ich in diesem Buch geschrieben habe, richtig oder falsch ist. Ich habe den Eindruck, mich im Kreis zu drehen: meine Kunstflugerfahrung hat mir dabei geholfen, mich aus einer Situation zu befreien, in die ich gar nicht erst gekommen wäre, wenn ich diesen gefährlichen Sport nicht betreiben würde! Es gibt in jedem Leben Momente, wo man alles in Frage stellt, Zeiten der Krise, ohne die wir uns immer in denselben falschen Sicherheiten wiegen würden.

Die alten Chinesen wußten das sehr wohl, sie, die über die Zweifel, die sie in diesen Phasen ihres Lebens beschlichen, nicht jammerten, sondern sie als Herausforderung begriffen. So ist ihr Schriftzeichen für das Wort »Krise« zusammengesetzt aus den Zeichen für »Gefahr« und für »Chance«.

Nach meinem Unfall fühle ich mich in einem Gleiter wieder wie ein Anfänger, so als ob ich in den letzten sechzehn Jahren einen Kreis vollendet hätte, der mich nun wieder an meinen Ausgangspunkt zurückgebracht hat. Aber ich habe eine andere Sicht auf mein Leben bekommen, oder, besser, ich erkenne bei mir zwei Leben: Zunächst das eines Alltags, in dem wir so viel Energie vergeuden im Bemühen, dieses zweite Leben zu vergessen, das doch so wesentlich ist, weil es uns mit einer Welt verbindet, die über die unsere hinausgeht. Aber jetzt fühle ich mich direkt schuldig, weil ich dem Banalen immer noch so viel Bedeutung beimesse, obwohl ich dem Wesentlichen begegnet bin. Wenn ich mich über 30 Jahre lang abgestrampelt hätte, reich und berühmt zu werden, hätte ich doch nichts davon am letzten Samstag, 16 Uhr 05, mitnehmen können, jedenfalls nichts außer meinem Wissen über den Sinn des Lebens, da vielleicht auch nach dem Tod eine gewisse Form des Bewußtseins weiterexistiert.

In meiner langen Beschäftigung mit der Faszination, die von der Gefahr ausgeht, hatte ich Gelegenheit, allmählich einiger fundamentaler Werte gewahr zu werden. Nach diesem Erlebnis sehe ich nur noch einen einzigen: das Leben. Aber ein Leben mit einem anderen Ziel als »vorher«. Nicht mehr nur zu fliegen, um zu spüren, daß ich fliege, sondern zu leben, um zu spüren, daß ich lebe. Ohne unbedingt gleich auf meine verrücktesten Träume zu verzichten, will ich sie doch vorerst einmal von weitem betrachten, damit ich ab und zu auch über sie lachen kann.

Wenn ich früher den Ariadnefaden aufgewickelt habe, um der leisen, wundersamen Atmosphäre des Kindes wiederzubegegnen, das sich der Welt öffnet, bin ich bei meinem Unfall diesem Faden bis zur Quelle des Lebens selbst gefolgt. Aber seitdem passiert es mir auch, daß ich mit all denen nichts mehr anfangen kann, die vergessen haben, daß die Tatsache allein, daß wir leben, wesentlich und wunderbar ist. In der Idee des Seins selbst kreuzen sich die Wege von uns allen. Ohne es zu wissen, teilen wir dieselbe Existenz, als ob wir alle das gleiche Wasser aus der gleichen Quelle tränken. Allzuoft vergessen wir dies und laufen dann Gefahr, daß die Differenzen und Widersprüche die Oberhand über die Harmonie gewinnen und die Menschen die Bedeutung des Wortes »Liebe« vergessen. Denn was ist die Liebe für seine Mitmenschen anderes als das Bewußtsein, daß jeder auf seine Art, besser oder schlechter, leichter oder schwerer, denselben Weg zu gehen hat, und zwar vom gemeinsamen Ursprung bis zu einem Ziel, das wir alle noch nicht kennen. Und dies mit all der Demut und Nachsicht gegenüber unseren Erfolgen, unseren Irrtümern und Fehlschlägen, die dieser Weg erfordert.

Es ist leicht, jemanden zu lieben, der reich, brillant und obendrein sympathisch ist; aber ist es diese Liebe, von der alle Religionen sprechen? Wenn man das Gefühl bekommt, mit den anderen das Wertvollste zu teilen, wird es einem möglich, etwas anderes zu lieben als das Äußerliche, selbst bei denen, die man eigentlich gar nicht schätzt. Ein Verhalten mag hassenswert sein, eine Person erbärmlich, aber jeder muß seinen schwierigen Weg gehen, mit den Mitteln, die er besitzt, so gut er kann, meist ohne zu verstehen, wie er überhaupt hierhergekommen ist. Manchmal gelang es mir, Personen, die mir Unrecht getan hatten, oder Kriminelle, die bei mir in Behandlung waren, aus diesem Blickwinkel heraus zu betrachten. Dabei ließ mich diese unterschiedliche Sicht in meinem Innern jedesmal ein befreiendes Gefühl von Nachsicht wahrnehmen, ein wenig, als ob uns die wahre Liebe einen direkten Nutzen brächte, ein verändertes Bewußtsein für unseren Platz in der Welt. Ich bin noch weit davon entfernt zu verstehen, was sich alles durch diese Erfahrung in meinem Leben verändern wird. Selbst jetzt, da ich diese Zeilen schreibe, weiß ich noch nicht, ob ich jemals wieder einen Kunstflug mit einem Deltagleiter machen werde oder nicht, aber ich weiß auch, daß sich mir nun die Gelegenheit bietet, dem wahren Sinn des Lebens etwas näherzukommen. Vielleicht haben meine extremen Vorführungen bei den Flugschauen dazu geführt, daß ich mich selbst genug lieben gelernt habe, um jetzt auch die anderen wirklich lieben zu können, in diesem Strom des Lebens, der uns alle trägt. Ich mag zwar beim Gehen humpeln, aber ich weiß nun, daß ich damit sogar weiterkommen kann. Denn ich bin ja aus weiter Ferne zurückgekommen.

KAPITEL 8

Intuition und Wissenschaft

Die Existenz einer Welt, die uns übersteigt

Bis jetzt war ich in diesem Buch mit denen, die mir zu folgen bereit waren, unterwegs zwischen den Tiefen des Meeres und den Gipfeln der Alpen, zwischen der modernen Technologie und den Spuren der Vergangenheit. Aber jenseits von Ort und Zeit ließ ich im Grunde meine eigenen Überlegungen Revue passieren. Ab und zu verweilte ich etwas bei so unterschiedlichen Themen wie der Gefahr, dem Schicksal, dem Bewußtsein oder Dauer und Ewigkeit. Ich wollte jedoch auch kein Buch über Philosophie schreiben; ich habe mich im Gegenteil darauf beschränkt, einige meiner Erlebnisse zu erzählen, denn ich glaube, daß das Leben selbst das schönste Buch und das fabelhafteste Versuchsfeld darstellt, allerdings unter der Bedingung, daß man es auch wirklich lebt. Ich hatte auch nicht vor, meine Ideen zu beweisen, sondern habe mich damit begnügt, sie zu beschreiben, denn wie befriedigend die Suche nach dem letzten Beweis auch sein mag, tötet sie doch die Intuition; sie löscht den inneren Funken aus, der uns dazu zu bringen vermag, unsere eigenen Standpunkte zu überprüfen und uns selbst die Frage zu stellen:»Und wenn es doch noch etwas jenseits unserer sicheren Erkenntnis gäbe?«

Manchmal mißtraue ich einer Wissenschaft, die ihre Erkenntnisse nur durch das Messen, das Berechnen und die logische Betrachtung gewinnt und so Gefahr läuft, uns aller Entdeckungen in den »nicht meßbaren« Gebieten zu berauben. Die nur noch an das glaubt, was man sieht, als ob dies nicht nur die Spitze des Eisbergs wäre. Für einige Wissenschaftler hat eine Erscheinung nur dann ein Recht darauf zu existieren, wenn sie nach allen Regeln der Kunst vermessen und bewiesen wurde. Für mein Leben habe ich eine andere Maxime gewählt: Ich möchte, daß man mir beweist, daß eine Sache *nicht* existiert, bevor ich aufhöre, daran zu glauben. Auf gewisse Weise ist dies Pascals Wette, übertragen auf ein Studium des Lebens im allgemeinen. Mir scheint wirklich viel gewonnen, wenn man unerklärliche Phänomene und Naturgesetze für möglich hält, die sich unserem Verständnis entziehen und infolgedessen unseren Geist erweitern. Das reine Verstandesdenken ist nur ein Teil des Erkenntnisprozesses, eine Ergänzung zur Intuition. Ich mag den Satz des Mathematikers Euler sehr, der lautet: »Wissenschaft ist das, was man macht, nachdem man richtig geraten hat.« Während es durchaus Zeiten gab, wo es an wissenschaftlichem Denken fehlte, glaube ich, daß es gegenwärtig eher nötig wäre, die Bedeutung der Intuition aufzuwerten. Ich bin immer wieder bestürzt, wenn ich sehe, wie viele Leute in ihrer rigorosen Weltsicht erstarrt sind und sich weigern, sich anderen Denkströmungen zu öffnen. Sie glauben, sie könnten ein ruhigeres Leben führen, wenn sie sich auf ihre vorgeblichen Sicherheiten zurückzögen, anstatt eine größere Empfänglichkeit für das zu entwickeln, was über ihren Horizont geht. Sie sind ein bißchen wie Leute, die darauf verzichten, ein Diamantkästchen zu öffnen, einfach weil ihnen die Form des Schlüssels nicht gefällt.

Auch wenn ich so etwas sage, glaube ich doch nicht, leichtgläubig oder naiv zu sein. Es ist eine andere Geisteshaltung, die mich interessiert. In Interviews hat man mich oft gefragt, ob ich an dies oder jenes glaube. Ich denke, es ist nicht wichtig, an diesem oder jenem Glauben festzuhalten, denn die eigenen Meinungen ändern sich im Laufe des Lebens. Wesentlich ist es, bereit zu sein, die eigene Aufnahmebereitschaft zu erweitern, das Undenkbare zu denken und das Unannehmbare anzunehmen. Man muß aufhören, sich an das zu klammern, was man für unverzichtbar hält, dann kann man Geschmack daran gewinnen, Neues zu entdecken und dadurch die eigene Existenz zu bereichern. Der Bruch mit alten Gewohnheiten verschafft einem den Zutritt zu einer anderen Welt.

Auch wenn meine Haltung in dieser Frage sich von der meines Vaters oder Großvaters unterscheidet, habe ich doch den Eindruck, daß mein Forscherdrang sich gut in die Familientradition einfügt. Der eine wie der andere akzeptierten nicht, daß der Mensch sich damit begnügen müsse, auf festem Boden zu bleiben, und haben so das Meer und den Himmel erforscht. Die Grenzen der Wissenschaft haben sich erweitert, aber ich stelle fest, daß sie Grenzen geblieben sind. Ich glaube, im tiefsten Innern lehne ich diese Grenzen ab, ich will nicht akzeptieren, daß ich mich mit Erde, Himmel und Meer begnügen soll, denn für den Menschen gibt es eine noch faszinierendere Welt zu entdecken, wenn er sich aus seinen gewöhnlichen Dimensionen zu befreien versteht.

Die Freiheit gewinnen wir nicht, indem wir unsere Grenzen erweitern. Sie besteht nicht darin, immer höher zu fliegen oder immer tiefer zu tauchen, sie besteht darin zu fühlen, wie man fliegt, zu fühlen, wie man taucht. Sie besteht nicht darin, so gut wie möglich zu leben, sie besteht darin zu spüren, daß man lebt, zu wissen, was man lebt, zu wissen, warum man lebt. Die wahre Freiheit kann nur eine innere sein; es ist die einzige Freiheit, die uns die äußeren Geschehnisse nicht wegnehmen kann. Dennoch habe ich zuerst so etwas wie Freiheit gesucht, als ich mit dem Drachenfliegen anfing. Bei meinen ersten Starts, dann, als ich die Flüge in großer Höhe entdeckte, in den Aufwinden, die es mir erlaubten, mit Adlern meine Kreise zu ziehen, bei jedem Looping bei Sonnenuntergang, an einem Himmel voller Heißluftballons oder noch zwischen Bandos und Thulgaari, in all diesen Fällen sagte ich mir, daß ich endlich Augenblicke wahrer Freiheit erleben würde. Tatsächlich hatte ich Freiheit mit Faszination verwechselt.

Ein Minimum an Ehrlichkeit ließ mich wenigstens anerkennen, daß wir in der Luft und auf dem Boden alle von äußeren Zwängen abhängig sind. Auch auf die Gefahr hin, Sie zu schockieren, würde ich doch sagen, daß wir nicht frei handeln, sondern »reagieren«. Es sind die Launen des Wetters, die festlegen, ob ich mit meinem Drachen fliege oder ins Kino gehe; beim Flug sind es Thermik, Bodenrelief, Hindernisse und die Gesetze der Aerodynamik, die mein Glück bedingen; es ist die Befriedigung meiner gewöhnlichen Vergnügungen, die mich lächeln oder die Stirn runzeln läßt. Auch wenn ich mir dessen nicht bewußt bin, sind es die äußeren Umstände, die für mich entscheiden werden, und es ist mein Glaube an eine utopische Freiheit, die mich daran hindert, das Mechanische meines Alltagslebens zu sehen. Beim Versuch mich zu befreien, habe ich als erstes erkannt, wie sehr ich eigentlich ein Sklave der Verhältnisse war.

Trotzdem, auch wenn wir nicht die Freiheit haben, beim Fliegen alles zu »machen«, was wir wollen, haben wir doch die Freiheit zu »sein«, einen ganz speziellen Zustand zu erleben, und wir haben die Freiheit, diesen Zustand auch nach der Landung weiterzusuchen.

Eine Abhandlung wie diese wäre mir noch vor fünfzehn

94

Jahren absurd erschienen. Aber nachdem ich versucht habe, mich mit Hilfe aller nur möglichen fliegerischen Mittel frei zu fühlen, stelle ich nun fest, daß Freiheit etwas ganz anderes, viel weniger spektakuläres ist, als ich anfänglich glaubte. »Freiheit« ist eines der trügerischsten Wörter der menschlichen Sprache. Es rechtfertigt eine innere Verweigerungshaltung, Kämpfe gegen die Natur, Revolten gegen das eigene Schicksal und selbst Kriege gegen den Nachbarn, aber es führt nur ganz selten dazu, daß man seine eigenen Verhaltensweisen und seine eigene Natur in Frage stellt.

Dennoch läßt sich das Wesen des Menschen durch gewisse psychoanalytische Ansätze in seiner Tiefenstruktur erforschen. Man weiß zum Beispiel seit Beginn des 20. Jahrhunderts, daß die Psyche des Menschen aus zwei Teilen, einem bewußten und einem unbewußten, besteht und daß eine Beschäftigung mit diesem Unbewußten es uns erlaubt, unsere Wünsche, unsere Reaktionen, unsere Beziehungsformen, kurz, unser ganzes Alltagsverhalten besser zu verstehen. Unsere Persönlichkeit ist damit in gewisser Weise das Ergebnis all dessen, was wir bis zum heutigen Tag freiwillig oder unfreiwillig erlebt haben. So haben wir kaum einmal die Möglichkeit, unsere Existenz völlig umzukrempeln. Eigentlich gelingt das nur bei großen Krisen, die »von außen« über uns hereinbrechen.

Der Erkenntnisbeitrag von Philosophen wie G. I. Gurdjieff besteht darin, das normale Bewußtsein nicht als etwas aufzufassen, das optimal funktioniert, sondern im Gegenteil als einen lethargischen Zustand, abhängig von der Umwelt und unseren mechanisch ablaufenden Gedankengängen. Im Gegensatz dazu steht ein Wachheitszustand, den man als »Überbewußtsein« bezeichnen könnte. Wenn die Analyse unseres Unbewußten uns hilft, unsere Persönlichkeit zu verstehen, würde die Wahrnehmung unseres »Überbewußten« es uns erlauben, der

Funktionsweise dessen, was uns transzendiert, näherzukommen.

Aber da das wissenschaftliche Denken kein Mittel besitzt, dieses »Überbewußte« zu zergliedern, und es ihm auch nicht gelingt, es mit seinen Begriffen von Gesetz und Kausalität zu erfassen, hält es das ganze Konzept für eine Fabel für Naive, für elitäre Esoterik oder, wenn es gut gelaunt ist, für nette orientalische Geschichtchen.

Und doch ist das Leben voller Zeichen und Botschaften, die die Existenz einer Welt beweisen, die unser Vorstellungsvermögen weit übersteigt: erklärende Träume oder Vorahnungen, sogenannte Zufälle, »unvermutete« Begegnungen oder Geistesblitze. All dies ist so wenig zu erklären wie die Tatsache, daß wir neuen Ideen, aber auch den symbolischen Spuren ursprünglicher Traditionen oft genau zum richtigen Zeitpunkt begegnen. C. G. Jung beschrieb diese »zeitlichen Koinzidenzen von zwei oder mehr Ereignissen ohne Kausalzusammenhang, aber mit identischem oder analogen Sinn« und gab ihnen den Namen »Synchronizität« oder »signifikante Koinzidenzen«. Von dieser Warte aus könnte man die Astrologie bezeichnen als Studium des Zusammenhangs zwischen der Welt der Planeten und dem menschlichen Mikrokosmos. Und das I Ging wäre danach die simultane Offenbarung gewisser universeller Gesetze, die sich gleichzeitig in der offenen Fragestellung des Ratsuchenden wie in dem spielerischen Fallen der Orakelstäbchen zeigen.

Eine andere Art, die Dinge zu betrachten, ist die intuitive Erkenntnis, daß die Ereignisse unserer Existenz nicht von Ursache und Wirkung bestimmt werden, sondern nur simultane Manifestationen des All-Einen sind, dessen zugrundeliegenden Sinn wir nur nicht erfassen können. Mit anderen Worten suchen wir immer dann nach der Ursache eines unserer Erlebnisse, wenn wir nicht fähig sind, dessen tieferen Sinn zu begreifen, und laufen so

Gefahr, alles zu verwerfen, was uns gemäß unserem Kausalitätsdenken als unwahrscheinlich erscheint. Ein interessantes Beispiel dafür ist ein Erlebnis, das ich nach meinem Ultraleichtflug über den Poseidontempel hatte. Während einer Diskussion über Astrologie fragte mich eine Freundin, die mich schon früher durch ihre Kenntnisse auf diesem Gebiet beeindruckt hatte, ob ich im Juni 1983 etwas Besonderes erlebt hätte. Sie hatte in meinem Horoskop entdeckt, daß gerade zu dieser Zeit in meinem XII. Haus der Planet Neptun in Konjunktion mit dem Saturn meiner Geburt trat. Weil der Saturn für mich von zentraler Bedeutung ist, da er meinen Aszendenten beherrscht, und Neptun der lateinische Name des griechischen Gottes Poseidon ist, kam mir sofort mein Flug über das Kap Sunion am 28. Juni 1983 in den Sinn. Ich war verblüfft über die Übereinstimmung dessen, was auf verschiedenen Ebenen geschehen war: während ich Neptun begegnete, als ich seinen Tempel aus meinem Gleiter photographierte, fand auf einem ganz anderen Feld, auf meinem Sternenhoroskop, einer Art »Photo« meines persönlichen Himmels, eine ganz ähnliche Begegnung statt. Und die Position des Saturn in meinem XII. Haus würde sogar die Art erklären, wie ich diese Erfahrung später beschrieben habe, denn eine solche Planetenstellung konnte bei mir bewirken, daß ich »Bildern des Unterbewußtseins oder inneren Zwängen eine konkrete, visuelle oder auditive Form gebe«: So war ja auch der Text über das Sunion-Erlebnis schon während des Fluges in meinem Kopf entstanden und noch am selben Abend in einem Zug niedergeschrieben worden.

Keinen mittelalterlichen Alchimisten, der die Smaragdtafel des Hermes Trismegistos kannte, hätte mein Erlebnis überrascht, denn dieser Schlüsseltext, der wahrscheinlich von der chinesischen Kosmologie beeinflußt ist, war ihm sicherlich vertraut: »Was unten ist, ist wie das, was oben ist; was oben ist, ist wie das, was unten ist, um die Wunder des Einzigen Dings zu bewirken.« Aber als ich meiner Freundin, der Astrologin, zuhörte, mußte ich einfach von der hellsichtigen Anwendung eines der ältesten, a priori hermetischen Gesetze beeindruckt sein: Das, was im Astralhimmel meines Horoskops geschah, hat sich gleichzeitig am Himmel von Sunion ereignet – die Begegnung von Saturn und Neptun. Natürlich habe ich nicht wegen der Planetenstellung auf meinem persönlichen Horoskop am 28. Juni 1983 Kap Sunion überflogen, aber doch stellte es sich heraus, daß ich gleichzeitig auf zwei verschiedenen Ebenen die identische Erfahrung gemacht habe. Einmal auf einer praktischen und begreifbaren, zum anderen auf einer subtilen, unbegreiflichen Ebene, die aber trotzdem »photographierbar« ist ... auf meiner Himmelskarte.

Und dennoch, gibt es etwas Offensichtlicheres als diese Wechselbeziehungen zwischen oben und unten? Wenn wir ein wenig über unsere Umgebung nachdenken, sehen wir dann nicht, daß alle Glieder dieser Ereigniskette, vom kleinsten bis zum größten, vom Atom bis zum Kosmos, eine vergleichbare Struktur haben? Und sie unterliegen wahrscheinlich auch denselben universellen Gesetzen, aber nicht denen, die wir zu kennen glauben, sondern denen, die wir kennen könnten. Betrachtet man ihre Wechselwirkungen mit dem Universum, hört die Idee des Mikrokosmos auf, eine rein theoretische und metaphorische Erscheinung zu sein. Die Atome wie die Sonnensysteme bestehen aus Partikeln (Elektronen oder Planeten), die um einen zentralen Kern kreisen. Das menschliche Wesen besteht gleichfalls aus einem körperlichen Kern, der von Energiefeldern, vergleichbar den Elektronenbahnen um den Atomkern, umgeben ist. Selbst die Medizin fängt an, beim Menschen die Existenz nicht nur eines einzigen, sondern zweier Körper zuzugeben, eines physischen und eines energetischen. Die jüngsten

Erkenntnisse der modernen Physik treffen sich in vielem mit den ältesten Vorstellungen der Kosmologie. So beginnt man heute wieder von einer Gleichwertigkeit von Materie und Energie, des Größten und des Kleinsten zu sprechen, und man wird vielleicht auch bald wieder zugeben, daß der Mensch durch seine Betrachtung dieser Extreme die Verbindung zwischen ihnen erst sicherstellt.

Daher wird es auch zu einer Rehabilitierung der alchimistischen Forschung kommen, die ja, kurz gesagt, Gott im eigenen Innern suchen oder sogar empfangen wollte, indem sie die universellen Gesetze und ihre analogen Anwendungen im Allergrößten wie im Allerkleinsten studierte. Es gilt, das Göttliche in uns zu erkennen durch die Beschäftigung mit der Welt, die uns umgibt, so als ob man aus Blei Gold machen würde.

Wenn mich die Alchimie so fasziniert, deren einer Pfeiler ja die Astrologie ist, dann deshalb, weil es ihr gelingt, Physik, Psychologie und Spiritualität zu einer Einheit in der Dreiheit zusammenzufassen, die fähig ist, den tiefsten Sinn aller Dinge zu erklären.

Freilich hätte ich wie viele Kartesianer diese Vorstellungen von Anfang an in Bausch und Bogen ablehnen können. Dann hätte ich mit meiner Freundin nie über Astrologie geredet und dann wäre mir vieles entgangen. Dann hätte ich auch nie verstanden, daß der Unterschied zwischen einem billigen Tageshoroskop und einem persönlichen Astrohoroskop genauso groß ist wie der zwischen einem Taschenrechner und einem Computer.

Ich hätte dann auch nicht zu empfinden gelernt, daß das menschliche Wesen Teil eines Ganzen ist, daß es von Gesetzen bestimmt wird, die sein Verständnis übersteigen, und daß deren Wahrnehmung sein Bewußtsein erweitert, anstatt seine Freiheit zu begrenzen, und daß es Milliarden Sterne wie unsere Sonne gibt, aber der Mensch sich immer noch für den Mittelpunkt des Universums hält.

Es gibt Gedanken, die sind im Wortsinne schwindelerregend, und ich halte es auch für wahrscheinlich, daß zu viele falsch gestellte Fragen zu Depressionen führen können, wobei es egal ist, welches Niveau diese Fragen haben. Dies gilt um so mehr, wenn es sich um Fragen nach dem Sinn des Lebens handelt. Es ist daher leichter, die Augen fest zu verschließen, alle Bande, die es mit dem Unbekannten geben könnte, zu kappen und sich in die vermeintliche Sicherheit zu flüchten, die die moralischen, wissenschaftlichen und religiösen Dogmen bieten. Da scheint es beruhigender zu sein, den Trugbildern des täglichen Lebens nachzujagen und zu vergessen, daß alle unsere Aufgeregtheiten unvermeidlich mit unserem Tod zur Ruhe kommen werden.

Auf einige Fragen wird es nie eine Antwort geben, sie werden immer Gründe für psychische Krankheiten und Verdrängungen bleiben, es sei denn, ein Funke klaren Verstands bringt uns dazu, bei der Suche nach Erkenntnis unsere Vorurteile zu überwinden und die Kluft zu überbrücken, die uns von einem globaleren Verständnis der Dinge trennt. Denn oft in Zeiten tiefsten Zweifels, wenn plötzlich jeder Bezug zum gewöhnlichen Leben abbricht, in Momenten, in denen man jeden Grund hat zu glauben, daß man verloren ist, geschieht etwas, das ich gerne als den »großen Bruch« bezeichnen möchte. Man bricht mit dem bisherigen festgefügten Lebensschema, man bricht mit seiner Trauer und Angst und mit seiner Furcht vor dem Nichts. Der Zusammenhang zwischen einer Welt, die wir kennen, und einer unbekannten, die aber Lösungen zu bieten vermag, zerbricht. Der Bruch mit dem Alten ermöglicht dann neue Ansichten und Entwicklungen.

Die erwähnte »Kluft« kann jene sein, in der die physisch und psychisch Kranken jahrelang eingesperrt bleiben, die sich dem, was das Leben ihnen bringt, verweigern und darum kämpfen, in ihren vorherigen Zustand zurückkehren zu können. Sie kann aber auch der Ort sein, wo der meditierende Buddha die Antworten auf seine Fragen bekommt. Aber für all die, die weder krank noch Buddha sind, ist sie unter Umständen der Beginn einer gewissen Form von Klugheit, die darin besteht, daß man plötzlich wie Sokrates erkennt, daß man eigentlich gar nichts weiß. So wird der Zweifel zum Vorläufer einer anderen, direkten Art der Erkenntnis: der Intuition.

Ich für meinen Teil habe dieses Gefühl, den Boden unter den Füßen zu verlieren, schon mehrmals erlebt, vor allem in Momenten der inneren Einkehr, die mich zwangen, schlagartig all meine vorgefaßten Meinungen und Ansichten aufzugeben. Jedesmal war dieses Loslassen erst nach mehreren Tagen voller Angst und tiefen Zweifels möglich, die mich aber auch immer empfänglicher für ein genaueres Verständnis des Lebens werden ließen. Ich glaube, die stärkste Erfahrung dieser Art machte ich beim Begräbnis meiner Mutter. Zuerst stürzte mich die Vorstellung, überhaupt nichts mehr zu verstehen und nichts mehr zu haben, was mich wirklich trösten konnte, in tiefe Verzweiflung. Dann aber empfand ich plötzlich, fast gegen den eigenen Willen, jenseits dieser völligen Hoffnungslosigkeit eine innere Ruhe, die mir den Zugang zu Stärken meiner Seele eröffnete, von deren Vorhandensein ich vorher keine Ahnung hatte.

Anscheinend gelingt es dem Menschen nur durch das ständige Infragestellen seiner Gewißheiten, seinen Platz in der Welt, wenn auch tastend und unsicher, herauszufinden. Mit etwas Demut wird er sich dann den Kräften und Gesetzen öffnen können, die den Kosmos, von dem er ein Teil ist, regieren.

Und dann wird er auch Antworten auf seine Fragen erhalten...

Trotzdem hatte ich an jenem Tag, als ich die Trümmer des zerstörten Flugdrachens betrachtete, keine schlüssige

Erklärung oder Antwort parat. Ich wußte nicht einmal, ob ich je wieder fliegen würde oder nicht. Ich verstand nicht den Sinn dessen, was mir widerfahren war, und so begann eine Zeit des Zweifelns, wie ich sie schon einige Male erlebt hatte. In meinem Leben hatte sich ein Kreis geschlossen. Es war Zeit, mit etwas Neuem zu beginnen, aber dies wußte ich noch nicht. Alle meine Ideen und Pläne – so versuchte ich zum Beispiel, eine Expedition mit Ultraleichtflugzeugen nach Ägypten zu organisieren – fielen nacheinander ins Wasser, bis ich sie schweren Herzens endgültig aufgeben mußte.

Meine Tätigkeit als Psychiater begann damals für mich wichtiger zu werden, und ich nutzte dafür fortan die Zeit, die ich bislang in meine Flugunternehmungen gesteckt hatte. Meiner Frau fiel sogar auf, daß ich anfing, mit ihr mit demselbem Enthusiasmus über meine Behandlungen zu sprechen (natürlich unter Wahrung des Arztgeheimnisses), mit dem ich ihr bisher von meinen Flugtagen erzählt hatte.

Aber dann eines Abends spielte das Schicksal mir einen der Streiche, deren Geheimnis wir nicht verstehen können. Es war einer der unglaublichen Momente, wenn eine alltägliche Kleinigkeit das Leben auf den Kopf stellt und plötzlich allem, was vorher passiert ist, einen speziellen Sinn verleiht.

Da ich zu einem Bankett der Piloten von Château-d'Œx zu spät kam, setzte ich mich auf den einzigen Platz, der in dem Saal mit seinen 400 Personen noch frei war. Mein zufälliger Tischnachbar war ein belgischer Ballonfahrer, den ich ein wenig kannte, da er mich zwei oder drei Jahre vorher einmal von seinem Ballon, der die Form eines Schlumpfs hatte, abgesetzt hatte: Wim Verstraeten. Unser Gespräch drehte sich bald um den Plan eines Transatlantik-Ballonrennens, das die Firma Cameron Balloons und der Automobilhersteller Chrysler anläßlich des 500. Jahrestags der Entdeckung Amerikas durch Christoph Kolumbus veranstalten wollten. In seiner Eigenschaft als Vertragshändler für Heißluftballons der Firma Cameron sollte Wim daran teilnehmen, mußte aber noch einen Mitstreiter finden.

»Du solltest Bertrand mitnehmen«, platzte es da plötzlich aus Wims Nachbarin heraus. »Ein Mediziner an Bord ist doch ideal.«

»Exzellente Idee, einen Psychiater dabeizuhaben«, setzte Wim noch einen drauf, der augenscheinlich die Bedeutung des menschlichen Faktors bei einer solchen Unternehmung hoch einschätzte.

Genau sechzig Jahre vorher war mein Großvater mit einem belgischen Kopiloten in die Stratosphäre aufgestiegen und dabei auch noch vom belgischen Nationalfonds für wissenschaftliche Forschung unterstützt worden. Was für ein phantastisches Gedenken daran wäre das, wenn ich mit Wim mitführe!

Trotzdem verwirrte mich dieser Vorschlag etwas. Ich war gewohnt, meinen Flugdrachen millimetergenau zu steuern, indem ich auf den Windzug auf meinem Gesicht achtete, und meine Flugroute und meinen Landeplatz selbst bestimmen zu können. Und nun schlug man mir plötzlich vor, mich über einen 5000 Kilometer breiten Ozean treiben zu lassen, ohne eine wirkliche Steuerungsmöglichkeit zu haben. Man muß bedenken, daß man im Hängegleiter genau weiß, wo man landen wird, während man beim Ballonfahren nur seinen Startplatz kennt! Darüber hinaus haben die Ballonpassagiere ständig das subjektive Gefühl, völlig stillzustehen, da der Ballon sich mit derselben Geschwindigkeit, wie die Luftmassen, die ihn antreiben, vorwärtsbewegt. Als Drachenflieger hätte mich somit Wims Vorschlag nicht im entferntesten interessieren dürfen, aber bei all den Zweifeln, die ich hatte, war ich da überhaupt noch ein echter Drachenflieger?

Ich war immer schon fasziniert gewesen von der Geschichte des Nordatlantiks, dieser riesigen Wasserfläche, die die Alte von der Neuen Welt trennt und vor der sich bis 1492 die Europäer gefragt hatten, was sich wohl dahinter verberge. Nach Christoph Kolumbus hatten immer wieder ganze Wellen von Abenteurern auf der Suche nach einem neuen Leben oder einem sagenhaften Eldorado diesen Ozean überquert. Später gab es den Wettbewerb um das Blaue Band des schnellsten Dampfers, es gab Charles Lindberghs Alleinflug, aber auch die 14 vergeblichen Versuche, mit einem Ballon über den Atlantik zu fahren, bis dies dann 1978 der Double Eagle II tatsächlich gelang.

Dies war nun ein Moment in meinem Leben, wo sich mein Schicksal mit einem Ja oder Nein entscheiden würde. Ich hätte natürlich nein sagen und diese Einladung, die mir das Leben bot, ablehnen können und wäre dann stur bei einer Fliegerei geblieben, bei der mir der Wind um die Nase wehen würde. Aber in dem Vertrauen darauf, etwas anderes entdecken zu können als das, was ich schon kannte, sagte ich ja. In den folgenden Monaten gab es Zeichen genug, aus denen ich ersehen konnte, daß meine Entscheidung richtig gewesen war.

Auf einer Studienreise nach Shanghai, wo ich verschiedene Aspekte der traditionellen chinesischen Medizin kennenlernen wollte, ging ich in meiner Freizeit in ein Antiquitätengeschäft. Dort fielen mir einige Talismane und Medaillen auf von der Art, wie sie die Chinesen früher häufig gebrauchten. Ohne wirklich zu wissen, warum, nahm ich eine der Medaillen und bat den Verkäufer, mir die vier Schriftzeichen darauf zu übersetzen. Zu meiner allergrößten Überraschung begann er mit den Worten:

»Weht der Wind in dieselbe Richtung, in die dein Weg führt...«

Ich hatte das Stück schon gekauft, bevor der Verkäufer fertig übersetzen konnte:

»...bringt er dir großes Glück.«

Woher kam diese Botschaft? Nachdem ich 18 Jahre mit dem Flugdrachen und dem Motorgleiter geflogen war, wo man Gegenwind brauchte, einem der Wind ins Gesicht blies und man bei den Kunstflugfiguren oft genug mit Turbulenzen und abrupten Stößen zu kämpfen hatte, wurde mir nun bedeutet, daß die Zeit gekommen war, den Rückenwind zu suchen und sich vom Atem der Natur tragen zu lassen.

Als guter Wissenschaftler hätte ich jetzt die Anzahl der Schriftzeichen in der chinesischen Sprache und die Zahl der in China in den letzten 200 Jahren hergestellten Medaillen mit der Summe der Antiquitätenläden kombinieren können, um die Chance auszurechnen, zufällig auf gerade diese Botschaft zu treffen. Und ich hätte dabei doch nichts verstanden! Statt mich der Bedeutung dieses Erlebnisses zu verschließen, indem ich irgendwelche statistischen Wahrscheinlichkeiten aufbot, erinnerte ich mich an eine Metapher, die ich bei einem Gespräch aufgeschnappt hatte: »Der Zufall ist die Sprache der Götter!«

Selbst wenn ich nicht wußte, woher diese Antwort auf all die Zweifel kam, in die mich mein schwerer Unfall gestürzt hatte, so sprach diese Botschaft doch für sich selbst, und zwar in einem solchen Maße, daß sogar Wim später zu mir sagen würde: »Deinetwegen werde ich auch noch abergläubisch!« Aber was ist denn der Aberglaube ursprünglich anderes als das Gefühl, nicht allmächtig zu sein, sondern im Gegenteil von universellen Kräften und Gesetzen beeinflußt zu werden, die die unseren weit übertreffen und sich gerade deshalb wissenschaftlichen Definitionen entziehen.

Wie um mir zu beweisen, daß ich auf einem guten Wege war und ich diesen Talisman nicht aus statistischem Zufall gefunden hatte, hatte ich vor meinem Abflug nach Bangor, dem Startort des Transatlantikrennens, ein spektakuläres Erlebnis von Synchronizität. Als ich am Flughafen zum Rest der belgischen Mannschaft stieß, hatte ich drei Koffer in den belgischen Nationalfarben dabei: schwarz, gelb und rot! Wim konnte kaum glauben, daß ich das nicht absichtlich gemacht hatte. Als Psychiater fragte ich mich natürlich zuerst, ob sich dies mit einer unbewußten Überlegung von mir erklären ließe. Aber bei näherer Betrachtung konnte das auch nicht der Fall sein. Ich hatte den roten Koffer genommen, weil er der größte war, den ich hatte, und mein Sponsor hatte mir Werbetaschen geschickt, von denen nur eine, die gelbe, abschließbar war. Den schwarzen hatte meine Frau im letzten Moment aus dem Keller geholt, nachdem sich die ursprünglich vorgesehene Reisetasche als zu klein für den Rest meiner Ausrüstung erwiesen hatte.

Auf jeden Fall konnte ich klar erkennen, daß ich in diesem Jahr etwas Wichtiges mit Belgien zu tun haben würde. Daher auch mein großes Vertrauensgefühl sowie die Tatsache, daß sich alle Hindernisse meiner Teilnahme an dem Chrysler Challenge eines nach dem anderen in Luft aufgelöst hatten.

Ich erzähle diese Beispiele gerne, denn ich sehe in ihnen eine konkrete Verbindung zwischen der sichtbaren und der unsichtbaren Welt, wie auch zwischen dem Zustand der Lethargie, in dem wir gewöhnlich leben, und dem eigentlichen Wachzustand, in dem uns der Sinn des Lebens klar wird. Aber unsere fehlende ganzheitliche Sicht der Dinge macht es uns fast unmöglich, diese Phänomene zu verstehen. Und so merken wir oft nicht, daß Ereignisse und Empfindungen, die uns isoliert erscheinen, nur verschiedene Ausprägungen eines gemeinsamen

Ganzen sein können, so wie einzelne Punkte, die wir durch eine Lupe sehen, mit Abstand betrachtet oft eine komplexe Figur ergeben. Wir leben gewöhnlich auf allen vieren, mit der Nase dicht an den Teppichmustern unseres Lebens, und vergeuden unsere Zeit damit, uns mit jedem Detail ausführlich zu befassen. Wir könnten also theoretisch die Intuition als den Wunsch definieren, Abstand zu gewinnen, die Verbindungen aufzudecken, die es zwischen den Phänomenen gibt, die die Wissenschaft nicht erklären kann, und diese in eine ganzheitliche Idee zu integrieren. Es ist diese Intuition, die uns dazu bringt, hinter den Vorhang des Sichtbaren und Rationalen sehen zu wollen. Indem sie die sektiererischen und konfessionellen Dogmen und Ideen überwindet, grenzt diese Zusammenschau des Unterschiedlichen in gewisser Weise an ein Wunder. Sie ist eine Art vierter Dimension, die die verschiedensten Wege vereint und sie auf ein gemeinsames Endziel, einen gemeinsamen Sinn hinführt.

Aber ich glaube, daß sich diese Bewußtwerdung nicht von alleine einstellt, ohne äußeren Anstoß oder Schmerz. Es erscheint unmöglich, Abstand zu gewinnen, Distanz zu bekommen, ohne dabei den bestürzenden Zustand unserer gewöhnlichen Lebensweise in seiner ganzen Nacktheit festzustellen. Dann aber fallen sie wie ein Kartenhaus zusammen, die Illusionen, die wir bisher hegten, die Erklärungsmuster, mit denen wir die verschiedenen Bildpunkte willkürlich zu einem Gesamtbild zusammenzwangen, kurz, die künstlichen Bezugspunkte, die bisher unser Leben als Kurzsichtige erst möglich machten. Dann gerät unser Wertekanon ins Wanken, und wir beginnen zu ahnen, daß das, was wir den freien Willen, das freie Urteil nennen, letztlich nur mehr oder weniger automatisch ablaufende Reaktionen auf die Ereignisse in unserem Leben sind, daß Liebe oft nur eine identifikatorische Projektion ist, Freiheit eine akzeptierte Sklaverei und

Moral nur ein allgemein anerkannter Verhaltenskodex. Wir erleben dies nicht als ekstatische Erleuchtung, sondern als eine schmerzhafte Erkenntnis. Denn wenn man noch nicht die Mittel besitzt, um vorwärtszukommen, aber auch nicht umkehren möchte, kann das Gefühl, zwischen zwei Stühlen zu sitzen, unerträglich werden. Aber unser Normalzustand, eine Form von Selbstvergessenheit, die durch das illusorische Glück unseres kurzen Lebenswegs ermöglicht und durch unser Leugnen einer höheren Wirklichkeit genährt wird, schützt uns normalerweise vor diesem Leiden; wir werden dazu getrieben, diese Ideen, die unser Gleichgewicht bedrohen, auf Anhieb zurückzuweisen. Unsere Abwehrmechanismen sind meist so stark, daß wir mit unserem gewöhnlichen Leben weithin zufrieden sind. Aber manchmal entstehen »Risse«, die entweder zu einer neuen spirituellen Entwicklung oder aber in die Depression und den Wahnsinn führen können.

Ich glaube, daß sich manchmal gewisse Psychosen, die nach der Einnahme von Drogen auftreten, so erklären lassen. Wie soll man auch akzeptieren, sein »neues Paradies« verlassen zu müssen, wenn man einmal brutal und ohne Vorbereitung auf den Zustand totaler Illusion gestoßen ist, der uns normalerweise beherrscht. Wie kann man wieder in die Dunkelheit von Platons Höhle hinabsteigen, wenn man einmal das Licht der Sonne erlebt hat. Deshalb sind auch die Drogen und andere »mystische Kurzschlußhandlungen« so gefährlich, und darum kann jede Entwicklung nur nach ihrem eigenen Rhythmus ablaufen, und man muß aufpassen, nicht vorschnell die Schutzmechanismen niederzureißen, die uns doch nur vor dem Schock der Realität bewahren sollten.

Aber warum sollten wir dann für den Wunsch, uns zu ändern, so viel Energie verschwenden, nur um uns danach in der unbehaglichen Lage wiederzufinden, alles verloren und bisher noch nichts gewonnen zu haben? Nun, gerade wegen der intuitiven Einsicht, daß doch irgendwo ein wahrhaftiger Wille, eine wahre Liebe und eine vollkommene Freiheit existieren; und wegen der Intuition, daß es noch eine andere Form des Wissens, einen anderen Seinszustand geben muß, von dem wir manchmal durch blitzartige Einsichten eine Ahnung erhalten: wie von kleinen Lichtern, die von der anderen Seite der Wüste, die wir durchqueren müssen, herüberscheinen.

Denn ganz konkret kann man die Intuition in den von mir bereits beschriebenen Momenten des Zweifels und totalen Bruchs mit dem bisherigen Sein erleben und in sich spüren, wie einen Strom des Lebens, der den Menschen dazu bringt, sich weiterzuentwickeln. Wenn uns die Wissenschaft hilft, unser materielles Leben zu leben, so führt uns die Intuition zum Wissen, wie wir leben, wie wir hinhören und wie wir die Grundlagen unserer Existenz aufdecken sollen, um die Richtung zu finden, die es einzuschlagen gilt. Wenn unser Gehör sehr empfindlich ist, dann gibt uns die Intuition oft Antworten auf Fragen, die wir noch gar nicht stellen mußten.

Zu lernen, wie man sein Leben leben soll, ist sicherlich ein Hauptgrund für die Prüfungen, durch die wir alle hindurchmüssen. Wenn wir erst einmal die Utopie von einem irdischen Paradies verloren haben und an dem Zweifel fast zerbrechen, in den uns das labile Gleichgewicht zwischen unserem Glück und unserer menschlichen Existenz voller Leiden und Sterben stürzt, können wir uns endlich anderen Werten zuwenden und es wagen, unsere falschen Sicherheiten, Vorurteile und anderen inneren Begrenzungen zu überwinden.

Die Spur, der ich am Himmel gefolgt bin, hat mich hierher geführt, von den Loopings mit meinen Flugdrachen über die Beschäftigung mit der chinesischen Kosmologie und Philosophen wie Gurdjieff und Krischnamurti hin zu einem starken Interesse am Studium des Menschen im allgemeinen und der Medizin im speziellen. Wollte ich aber meinen Weg weiterverfolgen, mußte ich mit etwas Neuem beginnen. Ich mußte aufbrechen ins Unbekannte. Ich mußte verstehen lernen, daß Zweifel, Krisen und Brüche normale Bestandteile eines großen Abenteuers sind: dem Abenteuer des Lebens. Genau dies gelang mir durch meine Erfahrungen beim Ballonfahren.

KAPITEL 9

Wenn der Wind in deine Richtung weht ...

Das Unbekannte wird zum Freund

Ein Schritt ins Unbekannte, das war dieses Ballonrennen über den Atlantik für mich, aber auch für alle anderen Piloten, die Chrysler eingeladen hatte: Ballon-Prototypen, die zum ersten Mal unterwegs waren, eine für die damalige Zeit extrem hochentwickelte Elektronik, die wir für mehrere Hersteller testen sollten, ein neues empirisches System der meteorologischen Routenplanung und vor allem, vor allem!, 5000 Kilometer Ozean, den wir tage- und nächtelang überqueren mußten. Zu dieser Zeit gab es mehr Astronauten, die die Mondoberfläche betreten, als Ballonfahrer, die den Atlantik bezwungen hatten.

Die Mannschaften waren ihrerseits von den Organisatoren auf recht seltsame Weise zusammengestellt worden, denn in jeder Gondel aus Kevlar befand sich ein Händler der Firma Cameron Balloons mit einem Kopiloten, den man im wesentlichen unter dem Gesichtspunkt seiner Bekanntheit in den Medien ausgesucht hatte. So wurde in der deutschen Mannschaft Erich Krafft vom ehemaligen Formel-1-Piloten Jochen Maas begleitet. Bei den Engländern hatte Don Cameron den Journalisten Rob Bayly dabei, und bei den Holländern war der damalige Europa-

111

Repräsentant von Chrysler, Evert Louwman, Kopilot von Gerhard Hoogeslag. Die Mannschaft des amerikanischen Ballons bestand aus Troy Bradley und Richard Abruzzo, dem Sohn von Ben Abruzzo, der als erster Ballonfahrer den Atlantik überquert hatte; so war es für Richard mehr als ein pures Abenteuer, sondern eine Rückkehr zu den eigenen Wurzeln. Für den Chrysler 1 hatte mich Wim Verstraeten zwar wegen meiner Flugerfahrung und meiner Fähigkeiten, die die seinen ergänzen würden, vorgeschlagen, aber die Organisatoren hatten sich bestimmt mehr für meinen familiären Hintergrund interessiert als für meine Qualitäten als Psychiater und Hypnotherapeut.

Nach unserer Ankunft in Bangor im Nordosten der USA betrachteten wir Teilnehmer uns gegenseitig nicht sehr lange als bloße Konkurrenten. Zwar war die ganze Veranstaltung für die Medien primär ein harter Wettbewerb, aber für uns änderten sich die Gegebenheiten wegen der schlechten Wetterbedingungen völlig, durch die unser Start um fünf Wochen verzögert wurde. Da wir im selben Hotel wohnten und uns zusammen auf eine so faszinierende wie gefährliche Expedition vorbereiteten, konnten wir gar nicht anders, als Freunde zu werden. Diese fünf Wochen des Wartens, in denen sich Alarm und dessen Absage, Hoffnung und Enttäuschung die Hand reichten, prägten unseren Gemütszustand so sehr, daß sie hier eigentlich viel ausführlicher beschrieben werden müßten. So kam es auch, daß wir gegen den Willen der Organisatoren, die uns die jeweilige Position der Ballone nicht mitteilen wollten, die Verabredung trafen, uns gegenseitig über Funk zu helfen.

Die täglichen Briefings brachten nur schlechte Nachrichten, bis zu dem Morgen, als uns Rennleiter Alan Noble gegen alle Erwartungen für den gleichen Abend Alarm gab. Die Organisatoren schaffen es nicht länger, die Journalisten und die aufgeregten Leute im Publikum zu beru-

Erste Höhenflüge mit 16 Jahren,
als die Hängegleiter in Europa Einzug hielten.

Aufnahme in die Welt der Ballonfahrer: die ersten Starts mit einem Hängegleiter von einem Heißluftballon. Mehrfach springt ein Fallschirmspringer von Bertrands Flugdrachen. »Ich wollte im Wehen des Windes zu weiteren Erkenntnissen gelangen, um meine Rolle als Arzt und Mensch auf dieser Erde noch besser ausfüllen zu können.«

Spuren am Himmel:
»Es entstand eine neue Beziehung
zur Natur, zu den Vögeln,
aber vor allem zu mir selbst.«

Der Looping, diese mythische Figur, bei der einen Augenblick lang nicht die Erde, sondern der Mensch sich dreht.

Vor dem Abheben im Hängegleiter:
schon den Himmel vor Augen.

higen, die in großer Zahl auf die mit Fahnen und Luftballonen geschmückte Pferderennbahn strömen. Plötzlich könnte man meinen, mitten im amerikanischen Präsidentschaftswahlkampf gelandet zu sein.

Für uns Teilnehmer sind die nächsten Stunden voller unvergeßlicher emotionaler Anspannung. Ich bin mir fast sicher, daß ich mich noch in ferner Zukunft an jeden Augenblick meiner Vorbereitung, an jeden Gedanken und jede Bewegung erinnern werde. Endlich können wir alles anwenden, was wir in den letzten fünf Wochen immer wieder geübt haben. Wie lange haben wir davon geträumt, diese fiebrige Anspannung vor dem Start erleben zu dürfen. Vor uns gibt es jedoch nur den großen, dunklen Vorhang einer pechschwarzen Nacht, in die es bald einzutauchen gilt.

Begleitet vom schrillen Pfeifen der Heliumventile, beginnen fünf große weiße Schemen zu zittern und sich auf dem Boden zu winden. Mit jedem Kubikmeter Gas, das in sie hineinströmt, scheinen sie mehr an Gestalt zu gewinnen: ein märchenhaftes Schauspiel, das sich da im unwirklichen Licht der Scheinwerfer vor uns abspielt. Uns klopft das Herz angesichts unserer Ballone, die anfangen, ihr eigenes Leben zu entwickeln. Irgendwie sind wir schon nicht mehr auf dem Boden dieser Erde, aber auch noch nicht richtig am Himmel.

Als ich dann aus der Pressestelle heraustrete, wo ich meine philatelistische Spezialpost abstempeln ließ, stehe ich vor den fünf nun voll aufgepumpten, sauber aufgereihten Ballonen. Irgendwie habe ich Schwierigkeiten mit der Tatsache, daß sie für uns dastehen, daß das unser Abenteuer sein soll. Ich habe plötzlich Angst, in meinem Bett aufzuwachen und zu entdecken, daß dies alles nur ein Traum ist.

Es bewegt mich besonders, diesen Moment mit Richard teilen zu können, denn ich kann mir leicht vorstellen, was in ihm vorgeht, ihm, der einst seinen Vater zum Startplatz des Double Eagle II begleiten durfte. Mir kommt es vor, als ob dieses Rennen für uns beide ausgerichtet wird. Er wird über dem Atlantik seinem Vater wiederbegegnen, so wie ich meinem Großvater. Was hier passiert, ist Teil unserer Familiengeschichte, und ich hoffe von ganzem Herzen, daß wir beide Erfolg haben werden. Er scheint sichtlich überrascht, daß ich mit ihm über ein so persönliches Thema spreche. Er hat sich nie von dem Schock des Todes seiner Eltern erholt, die bei einem Flugzeugunglück starben. Auch wenn er gewöhnlich seinen Schmerz hinter einem mürrischen Gesichtsausdruck verbirgt, so erzählt doch sein fester Händedruck mehr von seinen Gefühlen, als Worte es je gekonnt hätten.

Während ich zu meiner Ballonkapsel gehe, bin ich viel zu aufgeregt, um wirklich auch nach außen ruhig erscheinen zu können. Dann geht alles sehr schnell. Der Bürgermeister von Bangor überreicht uns die Stadtschlüssel und gibt dann das Startzeichen. Wim löst die Leine, die uns am Boden festhält, und wir verschwinden in die Nacht.

Einen Augenblick lang verbindet uns noch ein letztes Band mit Bangor: die Sicht auf den hellen Bass Park, wo sich die vier anderen Monster in die Nacht erheben. Wir können noch den Start von Erich und Jochen beobachten, bevor uns die Dunkelheit verschlingt. Plötzlich haben wir das seltsame Gefühl, uns in einer großen Blase zu befinden, die sich gänzlich von der Erde löst, um uns in eine andere Welt zu bringen. Wir haben uns oft gefragt, was wir wohl im Moment des Starts empfinden werden, und nun, da dieser Augenblick gekommen ist, verleiht er den letzten langen Wochen des Wartens plötzlich eine tiefere Bedeutung. Alles, was wir dort erlebt haben, ergibt nun einen Sinn, und erst jetzt begreifen wir völlig, daß wir nun tatsächlich auf dem Weg sind. Der Eindruck ist so stark, daß wir alles, was uns geschieht, in einer eigentüm-

lichen Klarheit und inneren Ruhe erleben: die pech-
schwarze Nacht, in die wir eintauchen, die ersten Feuerstöße des Brenners, das VHF-Funkgerät, mit dem wir die
ersten Nachrichten empfangen, die Enge in unserer Ballonkapsel, all die vielen Geheimnisse auf unserem Weg ...
Es wird gerade hell, als wir die Küste erreichen. Wie sehr
haben wir auf diesen Augenblick gewartet, wenn wir das
Festland verlassen würden und der ganze Ozean vor uns
läge. Nun, da es soweit ist, sind wir viel zu unruhig und
mit Arbeit eingedeckt, als daß wir ihn so richtig genießen
könnten. Klar, wir kennen uns in der Theorie gut aus, aber
jetzt müssen wir auf einen Schlag die ganze Praxis beherrschen: die Navigation mit Hilfe des GPS-Systems, die
Reaktionen unseres Ballons, die Kommunikationsmittel.
Wir gehen herunter bis fast auf Meereshöhe, fahren über
die letzten Inseln und spüren deutlich im Magen, daß alles
noch viel schwieriger werden wird als geglaubt. Einige
Fischer- und Sportboote geben uns noch das Geleit und
grüßen uns mit ihrem Nebelhorn. Ich glaube, wir haben
das Festland in der Nähe des kleinen Hafens verlassen,
wo wir noch drei Tage zuvor die letzte Hoffnung verloren
hatten, jemals starten zu können. Die Sonne geht auf und
beginnt unsere Ballonhülle aufzuheizen. So brauchen wir
die Brenner nicht mehr. In vollkommener Stille treibt uns
der Wind aufs offene Meer hinaus, und wir werden fast
magisch von der Horizontlinie angezogen; da drüben ist
es, in weiter Ferne, in südöstlicher Richtung: dazwischen
5000 Kilometer Wasser ...
    Wir haben alle Boote hinter uns gelassen und schauen
nun zurück und hoffen, daß unser Blick noch an irgend
etwas Bekanntem hängenbleibt. Von der Meeresoberfläche dringen seltsame Blasgeräusche an unser Ohr. Als
wir uns weit über den Rand unserer Gondel lehnen,
haben wir plötzlich einige Wale und eine Menge Delphine vor uns. Voller Würde strafen sie uns mit Verach-

tung und spielen weiter in dieser Natur, die für lange Zeit unsere einzige Gesellschaft sein wird. Über unser Funkgerät meldet sich zum letzten Mal eine amerikanische Stimme:

»Boston Airport an Chrysler 1, Sie verlassen den amerikanischen Luftkontrollraum. Gute Fahrt und viel Glück!«

Wir fahren aber nicht Richtung Europa, sondern Südafrika! Die Wetterstation in Bangor bestätigt uns, daß es eher die Höhenströmungen sind, die in die nordöstliche Richtung wehen, und so lassen wir unseren Ballon bis zur Prallhöhe steigen, wozu wir nur die Erwärmung durch die Sonne gebrauchen. Doch in Wahrheit ist die Windrichtung hier oben noch ungünstiger als unten knapp über dem Wasser, denn jetzt fahren wir sogar direkt nach Süden. Aber bevor wir irgendeine Lösung dieses Problems überhaupt erst in Betracht ziehen können, schreckt uns ein unheilverkündendes langes Knakken und Knistern auf, gefolgt von noch ein paar kürzeren Reißgeräuschen. Einen Moment lang glaube ich, mein Herz steht still. Als wir den Kopf heben, sehen wir, daß die Nähte des Appendix durch die Dehnung der Ballonhülle zu sehr belastet werden und so das überschüssige Helium nicht mehr ungehindert ausströmen kann. Würde nun der Stoff unter dem zunehmenden Gasdruck zerreißen? Es bleibt uns nicht die Zeit, lange darüber nachzudenken, denn wir werden von einer ganzen Reihe weiterer lauter Geräusche unterbrochen, die klingen, als risse man ein Seidentuch mittendurch. Mir zittern die Knie vor Angst, und es schnürt mir die Kehle zu. Ich werfe einen Blick auf die Leinen, an denen wir ziehen müssen, sollte der Ballon explodieren, um uns mit dem Fallschirm retten zu können. Wir werden sehr schnell reagieren müssen. Urplötzlich wird mir klar, wie schwierig, ja gefährlich dieses Abenteuer tatsächlich ist. Ich fühle mich nicht gut, ich bin müde, denn ich habe die ganze Nacht seit unserem Start nicht eine Minute geschlafen, und ich glaube, daß es auch Wim nicht viel besser geht.

»Leg deinen Fallschirm an und ruf Cameron über VHF; ich überwache solange die Ballonhülle.«

Erich wird mir später erzählen:

»Schade, daß du deine Stimme am Funkgerät nicht hören konntest, als du uns mitgeteilt hast, daß es euren Ballon zerreißt.«

3300 Meter unter uns gibt es nur eisiges Wasser ... und die Öffnung unserer Kapsel ist so eng, daß wir nicht zur gleichen Zeit abspringen können. Don versteht zwar nicht, wo die Geräusche herkommen, hat aber anscheinend Vertrauen in die Haltbarkeit seiner Konstruktion. Eine andere Mannschaft hat ihm gerade dieselben Probleme gemeldet, aber auch ihr Ballon ist bisher immer noch unterwegs ... Es wäre möglich, daß sich etwas Reif oder Eis gebildet hat und den Appendix verstopft. In diesem Fall wird durch den steigenden Druck entweder der Ballon platzen, oder die Blockade des Appendix löst sich und die Gaszirkulation funktioniert wieder. Glücklicherweise scheint die zweite Möglichkeit einzutreffen, und tatsächlich sehen wir, wie sich nach einigen letzten furchteinflößenden Geräuschen der Schlauch wieder aufbläht und das Helium wieder ausströmt. Wir haben es tatsächlich geschafft! Aber trotz unserer Erleichterung haben wir keine Lust, noch länger in dieser Höhe zu bleiben, und lassen mehrmals über das Ventil so viel Helium ab, bis wir wieder fast bis auf Meereshöhe gesunken sind: Über Funk haben wir von den anderen Mannschaften erfahren, daß hier unten der Wind eher in die von uns gewünschte Richtung bläst. Tatsächlich fängt unser Gefährt in 40 Metern Höhe an, noch Nordosten abzubiegen. Wir fahren mit einer Geschwindigkeit von 18 km/h. Das ist zwar sehr langsam, aber es geht wenigstens in die richtige Richtung.

Wenn es so weitergeht, würden wir elfeinhalb Tage für unsere Überfahrt brauchen, was zwei Tage mehr als die längstmögliche vorgesehene Flugdauer wäre! Na ja, umkehren können wir nicht mehr.

Wir spüren die Beinahehavarie noch in unseren Knochen, da taucht schon wieder ein neues Problem auf: Um unseren Ballon auf einer horizontalen Bahn halten zu können, müssen wir trotz Sonne unsere Brenner benutzen, was darauf hindeuten könnte, daß wir ein Leck in unserer Hülle haben. Wenn dies der Fall ist, müssen wir uns darauf gefaßt machen, in Neuschottland notzulanden, denn unser Weg wird uns wahrscheinlich über diese kanadische Provinz führen. Bestürzt schauen wir uns an. Der ganze Aufwand für eine Fahrt von nicht einmal einem halben Tag! Man kann sich unsere Enttäuschung überhaupt nicht vorstellen. Ich fange sogar an, mich zu fragen, ob es nicht besser wäre, in meinem Bett in Bangor aufzuwachen und festzustellen, daß das Ganze nur ein Alptraum war. Wir bemühen uns, den Ballon auf einer Höhe von 40 Metern zu stabilisieren, aber ein eigentümlicher Nebel zieht über dem Ozean auf und macht es uns unmöglich, irgendwelche Entfernungen abzuschätzen. Einen Moment lang treibt sogar die Antenne unseres Hochfrequenzfunkgeräts im Wasser. Bisher hatten wir keine Zeit gehabt, etwas zu essen. Ich gerate fast in einen Zustand der Unterzuckerung und beginne schon optische Trugbilder zu sehen. Plötzlich packe ich Wim am Arm und schreie ihn an:

»Schau, unter uns steigt gerade ein Flugzeug auf und wird uns gleich rammen!«

Ich stehe da wie angewurzelt und sehe keine Möglichkeit, wie man die Kollision noch vermeiden könnte. Wir sind noch etwa 20 Meter voneinander entfernt. Das Motorengedröhn zieht auch Wims Aufmerksamkeit auf sich, aber es handelt sich gar nicht um ein Flugzeug! Es ist ein Fischereischiff, und es steigt auch nicht auf, sondern wir sind es, die in den Nebel hinabtauchen. Ich komme mir furchtbar dumm vor, aber vor allem begreife ich, daß meine Wahrnehmungsfähigkeit unter meiner Müdigkeit stark gelitten hat.

Dieser erste Tag ist schwierig, wir gehen durch ein Wechselbad der Gefühle, und langsam fange ich ganz gegen meinen Willen an, mich zu fragen, ob ich nicht sogar erleichtert wäre, wenn wir in Neuschottland, das wir gegen Mittag erreichen werden, landen müßten.

In der Zwischenzeit hat sich auch die Bahn unseres Ballons verstetigt, und wir beginnen wieder Mut zu fassen.

Wir haben nun wieder Lust, alles auf eine Karte zu setzen, weiterzumachen, auch auf die Gefahr hin, später auf dem Wasser niedergehen zu müssen, und wir wollen auf keinen Fall freiwillig aufgeben. Wir fahren wieder über Festland, die Richtung stimmt, und ich zwinge mich, zum ersten Mal etwas zu essen, auch wenn es mir den Magen umdreht: etwas Brot mit Thunfisch und Käse und ein paar Trockenfrüchte. Wim dagegen will nichts essen und übernimmt eine Zeit allein das Kommando, damit ich ein bißchen schlafen kann.

Vor Antritt der Fahrt studierte ich in medizinischen Fachzeitschriften verschiedene Studien über das Schlafverhalten in Extremsituationen, das heißt, wenn die Nachtruhe immer wieder durch Perioden höchster Aktivität unterbrochen wird, und habe mir folgende Punkte notiert:

Die besten Schlafzeiten sind nachmittags zwischen 14 und 16 Uhr und nachts zwischen 23 und 7 Uhr, und dort vorzugsweise zwischen 3 und 5 Uhr morgens.

Am ungünstigsten, da am wenigsten erholsam, ist der Schlaf am späten Vormittag und abends zwischen 20 und 22 Uhr.

Wenn man den Schlaf nicht in einem Stück nehmen

kann, ist es besser, wenn er mindestens 30 Minuten und nicht mehr als eine Stunde dauert.

Da wir zu zweit waren, hatte ich zwei nächtliche Schlafschichten von 22 bis 4 Uhr oder von 4 bis 10 Uhr und nachmittags zwei Ruhephasen von 13 bis 15 oder von 15 bis 17 Uhr vorgesehen. Dies schien mir ein guter Kompromiß zu sein und sollte es jedem von uns ermöglichen, acht Stunden am Tag, aufgeteilt in zwei Phasen, zu schlafen. Tatsächlich werden wir dieses Programm nie einhalten können, da wir beide meist viel zu sehr damit beschäftigt sind, den Ballon zu steuern und zu navigieren. Oft sind wir aber auch nur viel zu fasziniert von allem, was uns an Abenteuerlichem auf dieser Fahrt begegnet, als daß wir unsere Zeit mit Schlafen vergeuden wollten! Am Schluß ist unser Verständnis füreinander so groß, daß wir nur unseren Erschöpfungszustand zu vergleichen brauchen, um festlegen zu können, wer von uns beiden am ehesten eine Ruhepause benötigt.

Obwohl er letzte Nacht beim Aufpumpen der Ballone kein Auge zugemacht hat, ist Wim noch nicht müde, und so ist es an mir, die Schlafkoje einzuweihen. Schon immer hatte ich einen sehr leichten Schlaf, der durch Licht und Geräusche einfach zu stören ist. Deshalb fürchtete ich bei einer Expedition wie dieser die Auswirkungen übergroßer Müdigkeit auf meine Leistungsfähigkeit. War Don Camerons Atlantiküberquerung von 1978 nicht kurz vor dem Ziel gescheitert, weil dessen Urteilsvermögen auf Grund seiner totalen Erschöpfung stark beeinträchtigt war? Da ich an Schlafmittel nicht gewöhnt bin, wollte ich sie nicht in einer Situation zum ersten Mal ausprobieren, wo ich in den Wachperioden meine ganze Aufmerksamkeit benötigte, und so zog ich es vor, mich mit Selbsthypnose zu beschäftigen. Die Öffentlichkeit, vor allem die Presse, begann sich sichtlich für dieses Thema zu interessieren, aber ich konnte nicht sicher sein, daß diese

Methode tatsächlich funktionierte. Diese erste Siesta würde also als Test dienen.

Ich bedauere richtig, mich von dem einmaligen Schauspiel der Fahrt über Neuschottland losreißen zu müssen, steige aber doch in die Kapsel hinunter. Dort lege ich mich hin und beginne mit der Entspannungsprozedur: ich schließe die rechte Hand zur Faust, balle diese Faust fester und fester, dadurch steigt auch die Körperspannung immer mehr an, bis sie unerträglich wird; dann lokkere ich schlagartig meine Muskeln. Gleichzeitig richte ich die Augen nach innen, atme tief ein und ganz langsam aus. Sofort bin ich total entspannt. Ich konzentriere mich ganz auf die Regelmäßigkeit und Tiefe meines Atems, ich zentriere alle meine Empfindungen in meinem Unterleib und befreie so meinen Kopf von seinem Verlangen, nichts von dem, was draußen passiert, zu verpassen. In diesem entspannten Zustand fokussiere ich all meine seelische Energie auf mein Ruhebedürfnis. Dann erst bin ich zum Einschlafen bereit. Dennoch schaffe ich es nicht, das Geräusch des Funkgeräts völlig auszublenden, und obwohl ich den Eindruck habe, daß mein Körper sehr schnell eingeschlafen ist, bekommt mein Geist noch alle Botschaften mit, die Wim mit den anderen Besatzungen austauscht. Ich entdecke so eine Art bewußten Schlafs, die ich bisher noch nicht erlebt habe: Mein Körper befindet sich in tiefer Ruhe und hat sich völlig von meinem Kopf abgekoppelt, der weiterhin wachsam bleibt. In diesem Zustand verharre ich volle vier Stunden. Um mich herum ist es brütend heiß. Die Innenverkleidung aus Aluminiumfolie macht die Kapsel zu einem Solarofen, in dem die Temperatur bis auf über 40° C ansteigt. Mir kommt es vor, als ob ich koche, aber ich möchte vor allem wissen, wie unsere Lage ist. Ich konzentriere mich also wieder auf mich selbst, fange an, meine Armmuskeln zu bewegen, lasse meine Empfindungen an die Oberfläche zurückkehren und öffne die Augen. Durch die Öffnung der Kapsel kann ich das Abendrot am Himmel sehen. Die Sonne ist schon tief am Horizont und wird gleich untergehen; die heitere Ruhe dieses Augenblicks steht in starkem Kontrast zu den angstvollen Stunden, die wir am Anfang der Fahrt durchmachen mußten. Wim sitzt ganz entspannt mit dem Photoapparat in der Hand auf dem Rand seines Cockpits und lächelt. Der Ballon fährt gut und behält jetzt auch ohne Brenner seine Höhe bei, so daß keine Rede mehr ist von einer Notlandung. Der Ursprung des Problems wird für immer mysteriös bleiben.

Die Gefühle des vergangenen Tages fallen uns wieder ein. Unsere Angst mischt sich mit einem gewissen Fatalismus, wie er für die Philosophie des Ballonfahrens typisch ist. Es ist der Wind, und nur er allein, der unsere Route bestimmt, und wir können nur unsere Höhe ändern, um eventuell eine günstigere Luftschicht zu finden. Wir sind gestartet, der Wind nimmt uns mit, und so treiben wir unaufhaltsam dem Unbekannten entgegen. Unsere jeweiligen Stimmungen können daran überhaupt nichts ändern. Da uns dies allmählich immer mehr bewußt wird, fängt unsere Angst an nachzulassen; der Teil unseres Selbst, der gewohnt ist, auf eine gefährliche Situation automatisch mit Angst zu reagieren, ist dabei, seinen Platz etwas viel Tieferem zu überlassen: einer Art von Vertrauen, das alles akzeptiert, was uns widerfährt.

Als wir den rötlichen Horizont betrachten, wird uns klar, daß die Sonne jeden Abend über dem Atlantik untergeht, daß der Wind weht, wohin er will, und daß uns niemand gezwungen hat, unser Schicksal herauszufordern. Wir sind es, die sich dem Lauf der Natur anpassen müssen, und nicht umgekehrt. Wenn wir an diesem ersten Tag gelitten haben, dann deshalb, weil wir aus Gewohnheit versucht haben, uns dem, was uns begegnete, entgegenzustellen. Seit der Verzauberung durch diesen Sonnenuntergang fangen wir an, aus unserer Fahrt Nutzen zu ziehen, jeden Moment davon zu genießen und endlich das Abenteuer zu erleben, für das wir so viele Opfer gebracht haben. Denn nun endlich akzeptieren wir den unaufhaltsamen, unabänderlichen Charakter dieses Winds, der uns aufs offene Meer hinausträgt.

Ganz im Gegensatz zur gängigen Auffassung besteht man Abenteuer nicht mit hocherhobenem Haupt und wehenden Bannern. Abenteuer sind vielmehr immer eine Begegnung mit den eigenen Zweifeln und Emotionen. Deshalb glaube ich, daß der wahre Abenteurer im Innern gar nicht anders als bescheiden und menschlich bleiben kann. Von Zeit zu Zeit greife ich an die linke Tasche meiner Fliegerkombi, um sicherzugehen, daß mein chinesischer Talisman immer noch da ist. Aber es ist gar nicht so einfach,»den Wind in deine Richtung« wehen zu lassen.

Uns umgibt nun völlige Nacht, und wir haben unsere Positionslichter angemacht. Es steht uns nur wenig Raum zur Verfügung: Unsere Habseligkeiten stecken alle unter unseren beiden Liegen, und so kann selbst die Suche nach einem so gewöhnlichen Gegenstand wie einer Gabel oder einer Zahnbürste ein paar Minuten dauern. Jede Mahlzeit, jeder Kleiderwechsel, jeder kleine Toilettengang gestaltet sich äußerst schwierig, und wir stellen fest, daß nichts ohne die Mithilfe des anderen Piloten geht. Wenn einer in die Ärmel seines Pullovers schlüpfen will, muß der andere seinen Kopf einziehen. Einer muß sich in die Ecke der Kapsel drücken, wenn der andere einen Eimer auf den Boden stellt, um ihn als WC zu benutzen. Nach einigen Tagen haben wir den Eindruck, als hätten wir nur einen Körper für uns beide!

Nun ist Wim mit Schlafen an der Reihe, und ich sitze ganz allein vor dem roten Knopf, der die Brenner elektrisch zündet. Auch wenn ich in Vorbereitung dieser Wettfahrt das Ballonfahren gelernt habe, habe ich doch meinen Ballonführerschein noch nicht gemacht und auch noch nie einen Ballon bei Nacht gesteuert. Wims Vertrauen in mich gibt mir Mut, aber ich weiß auch, daß Übelwollende hinterher sagen könnten, er habe den Atlantik mit einem »Passagier« an Bord überquert. Folglich kann ich mir keinen Fehler erlauben. Es geht darum, den besten Kompromiß zwischen Geschwindigkeit und Fahrtrichtung zu finden und dann vor allem beizubehalten, vor allem aber eine möglichst horizontale Fahrt ohne ständige Höhenwechsel zu bewerkstelligen. Ein Feuerstoß des Brenners, der etwas zu lang ist, würde den Ballon zu hoch steigen lassen und wir würden wieder nach Süden abdrehen. Ist der Stoß zu kurz, bremst er die Sinkgeschwindigkeit nicht genug, so daß wir schlimmstenfalls auf dem Wasser niedergehen. Im Augenblick fahren wir in einer Höhe von 500 Metern über der Meeresoberfläche, die wir aber wegen des Nebels von hier oben nicht sehen können. In diesem Zustand totaler Konzentration bekomme ich plötzlich das Gefühl, daß da draußen gar nichts mehr existiert, daß wir inmitten einer großen, leeren Kugel schweben, deren Bewegungen ich nur durch die Flüssigkristalle eines Bildschirms verfolgen kann. Aber in Wirklichkeit verbinden mich acht Satelliten mit der Außenwelt. Was für ein Kontrast! Und wenn ich meinen Kopf durch die enge Kapselöffnung stecke, bin ich von dem Schauspiel, das sich mir bietet, überwältigt: Milliarden Sterne und ein zunehmender Mond begleiten schweigend unseren Ballon über ein Wolkenmeer, das über dem Ozean hängt. Ich weiß, daß in diesem Augenblick auch die anderen Piloten die gleiche Faszination empfinden und an dasselbe denken wie ich. Bei den Engländern hat sich Don Cameron schlafen gelegt, und Rob Bayly schreibt in sein Logbuch:

*Ich habe noch nie in meinem Leben so viele Sterne gesehen.
Kein künstliches Licht entweiht den Himmel, und mein
Geist schwebt ebenso frei wie der Ballon. Es muß einfach
auf wenigstens einem der Planeten, die sich um die Tausende von Sternen vor mir drehen, Leben geben.*

An Bord der Chrysler 5 wendet sich Troy an Richard mit
den Worten:

*Ich glaube, das Wort »Ehrfurcht« wurde für ein Szenarium
wie dieses geschaffen: eine Sternennacht über dem Meer. Es
ist einfach wunderbar.*

Wenn man den Himmel vom Erdboden aus betrachtet,
sieht man um die Milchstraße herum einzelne isolierte
Sterne. Aber hier, in der absoluten Dunkelheit, die uns
umgibt, ist der ganze Himmel eine einzige riesige Milchstraße!

Ich würde gern all das Michèle erzählen, mein Glücksgefühl mit ihr teilen, sie aber auch beruhigen. Was muß
das für ein Gefühl sein, schwanger mit unserem zweiten
Kind in einem ruhigen Zimmer zu sitzen und sich vorzustellen, wie unser Ballon über den Ozean treibt. Voller
Dankbarkeit für das Vertrauen, das sie mir entgegen-
bringt, tippe ich ein Fax in den Computer und schicke es
über den Satelliten in die ferne Heimat.

Dann wechsle ich einige Worte mit Richard: Er fährt
noch tiefer als wir, alles scheint einwandfrei zu verlaufen.

Die stille Atmosphäre dieser ersten Nacht ist voller
Magie. Wir setzen unseren Weg fort und rücken auf der
Atlantikkarte Millimeter um Millimeter vor, und manchmal verspüre ich sogar schon den Wunsch, daß all dies
niemals enden möge.

Die Stunden vergehen im Rhythmus der minütlichen
drei oder vier kleinen Feuerstöße aus dem Brenner. Mir

gelingt es, den Ballon auf der gleichen Höhe zu halten, und ich lächle bei dem Gedanken, daß diese Übungsstunde nachts inmitten des Ozeans stattfindet, mit mir allein am Steuer. Wims Vertrauen verleiht mir Flügel! Aber beim Schreiben meiner Notizen spüre ich plötzlich meine Müdigkeit; die Zahlen auf den Instrumenten verschwimmen mir mehr und mehr vor den Augen. Daher wecke ich Wim und nehme seinen Platz ein, um danach sofort in tiefen Schlaf zu fallen. Nun kann auch Wim dieses großartige Gefühl erleben, allein unter dem Himmelsgewölbe über den Ozean zu schweben.

Als ich aufwache, beginnt gerade der zweite Tag unserer Fahrt. Das Wolkenmeer umschließt uns fast völlig. Ich versuche, den Ballon an der Obergrenze dieser Wolkenbank so zu stabilisieren, daß nur die Spitze der Ballonhülle der Erwärmung durch die Sonne ausgesetzt ist. Auf diese Weise verhindern wir das Steigen, ohne das Heliumventil zu oft öffnen zu müssen. So spiele ich mit den Wolken und nehme mir auch etwas Zeit für mein Frühstück.

Wir hören dann auf den Rat von Richard und Troy, die in ihrer Höhe von 3000 Metern schneller vorankommen, und lassen unseren Ballon wieder steigen, obwohl unsere Heimatbasis uns immer noch rät, unterhalb von 1500 Metern zu bleiben. Wir erreichen unsere maximale Höhe von 3400 Metern, die »Prallhöhe«, und haben dann zum ersten Mal seit unserem Start nichts anderes mehr zu tun, als zuzusehen, wie sich unsere voll aufgeblasene Ballonhülle mit einer Geschwindigkeit von 25 km/h über dem Wolkenmeer vorwärts bewegt. Bis jetzt waren wir mit Arbeit nur so eingedeckt gewesen: mit der Navigation, der Berechnung unseres weiteren Fahrtwegs, der Höhenregulierung mit den Brennern, der Kommunikation per Fax oder Funk. Dies alles nahm uns so in Anspruch, daß wir nicht einmal Zeit für ein richtiges Essen hatten. Aber dieser Nachmittag ist ein Traum. Der Ballon fährt ganz von alleine in die richtige Richtung, und wir können uns beide mit nacktem Oberkörper auf unseren »Balkon« setzen (so nennen wir die schmale Einfassung der Kapsel, die wir mit Schaumstoff gepolstert haben). Bei der herrschenden Hitze ist es mit der Frische unserer Nahrungsmittel nicht mehr so weit her. Unser Essen aus etwas Käse auf steinharten Brötchen, »verfeinert« durch harte Eier, würden wir im normalen Leben nicht einmal anrühren. Aber hier, abgeschnitten von unserem gewohnten Komfort und Lebensstil, nehmen wir alles, was uns begegnet, so wie es kommt. Der Mensch ist wirklich außerordentlich anpassungsfähig. Wir sind erst 35 Stunden unterwegs, und alles Bisherige ist nichts im Vergleich zu dem, was uns noch erwartet! Dennoch fangen wir schon an, diese Natur im Reinzustand, die uns umgibt, zu lieben: mit ihrer Luft, ihrem Wasser, ihren Wolken und ihrem Licht. Etwa so habe ich mir immer die Schöpfung der Welt vorgestellt

Wenn man im Alltagsleben von Natur spricht, versteht man darunter gewöhnlich die Pflanzen, die Bäume, die Insekten, die Tiere, kurz, alles, was da lebt und sich bewegt. Schon das Reich der Steine und Mineralien zählt man kaum noch dazu. Aber hier, mitten auf dem Atlantik, wohnen Wim und ich der ewigen Veränderung und Verwandlung der Elemente bei, die sich miteinander vereinigen und vermischen und so alle Farbtöne und alle Geräusche und Harmonien erzeugen. Schatten und Licht in ihrem heftigen Liebesspiel befrieden den Ozean oder wühlen ihn auf, so daß uns das Geräusch der Wellen manchmal bis auf 3000 Meter Höhe begleitet. Das ewige Spiel von Luft und Wasser erzeugt, formt und verformt die Wolkengebilde, die dann die Strahlen der Sonne auf ihre Weise bemalen und verzieren können. Hier sind die Elemente wirklich lebendig, und der Mensch ist selbst Teil dieser großen Harmonie.

Niemals habe ich mir vorgestellt, daß das Schauspiel

eines Wolkenmeers, das die ganze Landschaft bedeckt, so abwechslungsreich sein kann. Vielleicht ist es aber auch die Landschaft unseres eigenen Innern, die wir um den Ballon herum zu sehen beginnen. Jedenfalls geht unser Tag sehr schnell, viel zu schnell, vorbei, und nur unser Photoapparat, den wir am Ende einer sechs Meter langen Stange befestigt haben, gestattet es uns, einige dieser magischen Momente auf Dauer festzuhalten.

Am Ende des Nachmittags beginnt das Helium sich durch die Abkühlung der Außenluft zusammenzuziehen, und der Ballon sinkt ganz allmählich fast bis auf die Wasseroberfläche herab, die plötzlich vor uns auftaucht, als wir aus der Wolkenbank herauskommen. Seit unserem Start haben wir die 80 Liter Propan verbraucht, die eine Gasflasche faßt. Die wollen wir nun abwerfen, um den Ballon für die Nacht leichter zu machen. Der Hersteller hat diese Flaschen so konstruiert, daß sie nach dem Abwurf sofort sinken und so keine Gefahr für den Rumpf eines eventuell vorbeikommenden Schiffs darstellen. Wir schneiden den Halteriemen mit dem Messer durch, und schon löst sich unser erster Aluminiumtank von der Gondel und stürzt im letzten Tageslicht in die Tiefe, wo er 300 Meter unter uns auf das Wasser prallt. Die Aufschlagstelle bleibt immer weiter zurück, und wir sind froh, mit eigenen Augen sehen zu können, daß wir wirklich Richtung Europa fahren.

Der Wind frischt nun auf, so wie man es uns seit dem Nachmittag angekündigt hat, und mit dem GPS-System, das uns eine genaue Positionsbestimmung ermöglicht, können wir feststellen, daß wir exzellente Fortschritte machen. Wim strahlt richtig, als er die Anzeigen abliest: Höhe 300 Meter, Kurs 45° (das heißt Nordost) und Geschwindigkeit 55 km/h. Chrysler Base schickt jedem Ballon per Fax Angaben über seine voraussichtliche Fahrtroute, und deren Auswertung zeigt klar: je höher wir fahren, desto mehr werden wir nach Süden abgetrieben, je tiefer wir fahren, desto mehr geht es nach Norden. Das erlaubt uns, unsere Fahrtrichtung etwas besser festzulegen, indem wir unsere Fahrthöhe variieren. Um drei Uhr morgens, als Wim mich weckt, sind wir auf 300 Metern Höhe, und unser Ballon fährt viel schneller als die anderen auf einer Route, die uns von allen am weitesten Richtung Norden führt. Wir wechseln unsere Plätze, und Wim schläft sofort ein. Heute hat er dafür wahrlich keine Hypnose nötig …

Ich fahre jetzt in einer Höhe von 500 Metern, unsere Geschwindigkeit beträgt etwa 70 km/h. Das Rauschen der Wellen ist so laut, daß es bis zu uns heraufdringt, was mir zeigt, daß das Wetter bald umschlägt. Nichts ist mehr zu sehen von dem friedlichen Meer der ersten beiden Tage. Mit Ungeduld warte ich auf den Glanz eines Sonnenaufgangs über dem Ozean, aber durch die Stratuswolkenschicht, die uns einhüllt, dringt nur ein diffuser, leicht grauer Lichtschein, der mich nicht von meinen Aufgaben abzulenken vermag.

Dann möchte ich wissen, wie weiter oben die Lage ist. Wir steigen durch verschiedene Wolkenschichten hinauf bis auf 4000 Meter. Dort haben wir eine großartige Sicht: es sieht aus, als würden wir unser Spielchen mit den Wattespitzen riesengroßer Kumuluswolken treiben. Die wirken, als seien sie lebendig, sie entstehen und vergehen unter dem Einfluß der von der Sonne erwärmten Luftmassen. Unser Ballon ist abwechselnd im Schatten und im Licht. Jeder Brennerstoß treibt uns nach oben ins Freie, so als ob wir Luft holen würden. Danach sinken wir wieder ein Stück, um dann für einen Moment von einem feuchten Wolkenschleier eingehüllt zu werden.

Während der ganzen Überfahrt wird dieses faszinierende Spiel mit den Elementen einer unserer stärksten Eindrücke bleiben.

Unsere Botschaften, die wir über unseren HF-Radiofunk absetzen, werden durch die Relais von Küstenstationen, die auf die Langstreckenkommunikation mit Schiffen spezialisiert sind, ins Telefonnetz eingespeist. So können wir über Ostende Radio in Belgien und Berna Radio in der Schweiz ohne Probleme mit Europa Kontakt aufnehmen. Das ist die technische Seite. Aber das ist alles vergessen, als wir über unseren Lautsprecher die Stimme von Wims Mutter hören. Dies ist ein magischer Moment, in dem Raum und Zeit unwichtig werden und der ganz einfach zum Herzen eines Kindes spricht, das heute zum Piloten eines Transatlantikballons geworden ist. Wim drückt das Mikrofon so fest, daß es fast zerbricht, seine Stimme zittert wie die seiner Mutter, und ich teile schweigend seine Gefühle; in den letzten Wochen habe ich mitbekommen, wie sehr er an ihr hängt. In diesem Augenblick bin ich sicher, daß auch Wim meine Trauer darüber begreift, daß ich meine Mutter nicht mehr anrufen kann. Bei der Chance, die dieses Abenteuer für mich bedeutet, kann ich mir aber auch nicht vorstellen, daß sie nicht vielleicht doch irgendwo noch für mich da ist; von dort, wo sie jetzt ist, nachdem sie uns viel zu früh verlassen hat, paßt sie bestimmt auf meine Familie auf. Ich muß aber auch an all das denken, was passieren mußte, damit der kleine Junge, der ich einmal war, sich jetzt hier befindet, um inmitten eines solch grandiosen Abenteuers mit den Wolken und mit den Radiowellen zu spielen. Da war zuerst meine Leidenschaft für Raketen, als Wernher von Braun und Charles Lindbergh mir in Cape Kennedy die Astronauten vorstellten, die zum Mond fliegen sollten; dann meine ersten Versuche im Drachenfliegen, bevor ich über die Loopings nach dem Ausklinken von einem Ballon zur Welt der Aeronautik fand, wo ich Wim kennenlernte. Wie viele Steinchen müssen vom Schicksal behauen werden, damit sie sich zum Puzzle einer Existenz zusammenfügen las-

130

sen... Ich muß aber auch meinen Eltern sehr dankbar sein, daß sie mir immer alle Freiheit ließen, mich für das, was das Leben mir bot, zu interessieren, und mich nicht in ein vorgeformtes Gedankenmodell preßten; in diesem konkreten Augenblick vermisse ich meine Mutter so sehr wie niemals zuvor, und ich bin wirklich glücklich, Wim mit der seinen sprechen zu hören.

Das Bild vom Helden ohne Furcht und Emotionen, das sich die Gesellschaft fälschlicherweise vom großen Abenteurer macht, löst sich auf, und wir sind froh, dies als Botschaft von dieser Transatlantikfahrt mitnehmen zu können.

Ähnlich intensiv ist etwas später für Wim und mich der Moment, als ich im Radio der französischen Schweiz Michèles Stimme höre.

»Hallo, Bertrand, hier ist Michèle! Mir wird ganz warm ums Herz, wenn ich deine Stimme höre. Wir drücken dich ganz fest, auch das Baby in mir und deine kleine Tochter, die dich daheim erwartet.«

Ich beiße mir auf die Lippen, um die Fassung zu wahren. Ich spüre, daß es sehr egoistisch von mir ist, mein Leben und die Zukunft meiner Familie zu riskieren für die Teilnahme an einem Unternehmen wie diesem, aber ich weiß auch, daß diese Fahrt mich ungeheuer bereichern wird. Ich habe die seltsame Vorstellung, daß mir gar keine andere Wahl blieb, als mich auf dieses Abenteuer einzulassen.

»Michèle, mein Schatz, ich liebe dich. Ich danke dir, daß du mich auf diese Fahrt gehen ließest. Sag Estelle, ihr Papa kommt bald zurück.«

Bald zurückkommen, ist gut gesagt: Wir können ja gar nichts anderes tun, als dem Wind zu folgen, der unseren Weg festlegt...

Es ist ganz schön seltsam, Liebeserklärungen auszutauschen, wenn einige hunderttausend Leute zuhören! Aber unsere ganze Fahrt besteht ja nur aus Gegensätzen: unsere totale Isolierung und unsere Gespräche mit der ganzen Welt; unsere winzig kleine Kabine und die ungeheure Größe des Ozeans; unsere Unruhe und unser völliges Vertrauen. Nach diesem kleinen Kontakt mit der Außenwelt senkt sich wieder das Schweigen auf unsere Kapsel herab, und wir sprechen viele Minuten lang kein einziges Wort, als wollten wir noch ein wenig von der Kraft dieser Momente zehren.

Damit wir diese Nacht nie vergessen, setzt Wim ein Blitzlicht auf seine Kamera, und vom Ende unserer Stange aus durchschneiden ein paar hundertstel Sekunden lang kleine Lichtblitze die Dunkelheit. Dann lege ich mich hin und schlafe mit Hilfe von Selbsthypnose sofort ein. Ich habe es durch Autosuggestion geschafft, alle Außengeräusche auszublenden, aber es wäre wahrscheinlich besser gewesen, mich dazu zu bringen, daß ich überhaupt nichts mehr höre. Denn die nächsten Stunden erlebe ich wieder diese eigentümliche Trennung eines schlafenden Körpers von einem Geist, der alles registriert, was in der Kapsel vor sich geht. Übrigens werde ich in keiner dieser Nächte jemals träumen, wahrscheinlich weil ich gerade irgendwie immer »in« einem Traum bin.

Wim hat kaum Platz, sich zu bewegen, und rempelt mich ein paar Mal unabsichtlich an. Trotz allem muß ich doch in einer Art Schlafzustand sein, denn ich reagiere fast gar nicht darauf. Ich bin ihm auch nicht böse. Im Gegenteil spüre ich eine große Zuneigung, wenn ich mir vorstelle, wie er da so allein im Regen, der gerade anfängt, steht und unseren Ballon steuert. Denn trotz der beruhigenden Faxe, die wir bekommen haben, regnet es doch! Ich höre sogar, wie die Tropfen auf unsere Plexiglashaube prasseln, und ich bekomme all das bereits mit, bevor ich aus meinem Hypnosezustand auftauche.

Der Wind ist noch stärker geworden, und als ich die

jeweiligen Positionen von uns und unseren Konkurrenten berechne, traue ich meinen Augen nicht: Wir sind tatsächlich an der Spitze des Feldes! Ich trage das sofort in mein Notizbuch ein und füge in Klammern und mit einem großen Fragezeichen hinzu:»(Vorläufig?)« Zwar hatten beim Start die Einwohner von Bangor auf uns gesetzt, aber die Experten hatten die Favoritenrolle denen zugewiesen, die die Tücken des Atlantiks schon kannten: Don und Evert. Daher haben wir nichts zu verlieren, und jetzt spüren wir plötzlich, daß wir vielleicht sogar etwas gewinnen können. Aber im Augenblick darf das uns noch nicht in Aufregung versetzen. Unser Ziel bleibt weiterhin, die Atlantiküberquerung zu schaffen, und der Sieg darf dabei nur die Sahne auf dem Kuchen sein. Spontan sage ich mir: »Jetzt haben wir unsere Bewährungsprobe schon bestanden; wir waren wenigstens einen Augenblick lang die Führenden des ersten Transatlantikballonrennens; egal, was uns noch passieren wird, wir werden den Leuten ein bißchen im Gedächtnis bleiben.«

Aber für diese Überlegungen bleibt mir nicht viel Zeit. Jedesmal, wenn ich meinen Kopf nach draußen halte, begegne ich einem stürmischen Ozean. Das Tosen der Wellen dringt bis zu uns herauf, und man könnte meinen, daß das Meer seine Gischt bis zum Himmel schleudern möchte. Wir sind von mehreren drohenden Wolkenfeldern umgeben, die uns die Sicht auf den Horizont versperren, als wollten sie uns den Fluchtweg abschneiden. Ich kann gar nicht glauben, jetzt hier zu sein, mit Wim, in diesem Sturm, in einem winzigen Ballon, der versucht, sich seinen Weg durch die entfesselten Elemente zu bahnen. Aber trotz unserer hohen Geschwindigkeit von 90 km/h geraten wir immer noch nicht in Turbulenzen, da wir uns ja mit dem Wind vorwärtsbewegen. Der Sturm trägt uns, begleitet uns und will uns vielleicht gar nichts Böses.

Im Gegensatz dazu streift der deutsche Ballon, der durch den Regen zu schwer geworden ist, sogar schon die Wellen. Die Kraft der Brenner reicht nicht aus, um ihn in der Luft zu halten, und seine Piloten bereiten sich auf eine Notwasserung vor. Auf unsere besorgten Nachfragen gibt uns das Rennkontrollzentrum aus Rotterdam die Antwort, es könne gar nicht regnen, denn auf den Satellitenbildern sei keine einzige Wolke zu sehen! Dieser bescheuerten Auskunft wird sofort von Luc Trullemans widersprochen, mit dem Wim über das Königlich Meteorologische Institut (KMI) in Brüssel Kontakt aufgenommen hat: vor uns liegt ein Tiefdruckgebiet, das uns bis nach Europa zu begleiten droht, wenn wir nicht sofort so hoch aufsteigen wie möglich. Rotterdam fordert uns seinerseits auf, möglichst weit unten zu fahren. So müssen wir uns jetzt für eine der beiden widersprüchlichen Varianten entscheiden. Ich persönlich bin eher geneigt, dem KMI zu vertrauen, das schon meinen Großvater bei seinen Aufstiegen in die Stratosphäre so gut beraten hat, und so entscheiden wir uns trotz der Gefahr, daß unser Ballon vereist, höher aufzusteigen.

Ein paar Augenblicke sehen wir noch zwischen den Wolken den aufgewühlten Atlantik, dann verschwinden wir in der dicken Schicht aus Nimbostratus-Wolken und haben das unheimliche Gefühl, schlagartig bewegungslos und blind geworden zu sein. Das einzige, was noch zu leben scheint, sind die Zahlen und Anzeigen auf unseren Bildschirmen und unsere Brenner, wenn sie ihre Gasflammen ausstoßen. Wir selbst erstarren unter unserer geschlossenen Schutzhaube und halten fast den Atem an, während wir mit den Augen den grauen und regnerischen Schleier, der uns umgibt, auf der Suche nach den ersten Sonnenstrahlen durchforschen. Ein paar Mal wechselt das Licht, und wir glauben, durch das Wolkenband durch zu sein, aber immer erweist sich das als Irrtum; der

134

Regen hat noch nicht aufgehört. Wenn sich Luc getäuscht hat und wir nicht ins Sonnenlicht hinausgelangen, bevor wir unsere Prallhöhe erreicht haben, haben wir das Spiel verloren. Denn in dieser Höhe und mit einem vereisten Ballon ist der Propanverbrauch enorm, wir würden es dann wahrscheinlich nicht bis Europa schaffen.

Im Geist gehe ich noch mal durch, was alles zusammentreffen mußte, um mich hierher zu bringen, wieviele Hindernisse sich plötzlich in Luft auflösten und wie stark mein Gefühl war, an diesem Rennen einfach teilnehmen zu müssen. Jetzt, in dieser Situation, die zu einem Drama werden könnte, fühle ich mich einerseits ganz klein, andererseits verspüre ich jedoch ein absolutes Vertrauen in dieses Abenteuer. Alles ist schließlich bisher gutgegangen, da kann es doch nicht einfach mit einer Notwasserung in einem Sturm mitten auf dem Atlantik enden. Ohne überhaupt darüber sprechen zu müssen, teilen Wim und ich diese Ansicht. Trotz der großen Anspannung bleiben wir beide ganz ruhig und beobachten im Regen, wie der Zeiger des Höhenmessers sich unermüdlich weiterbewegt. Plötzlich fängt der Regen an, in Schnee überzugehen, während unser Aufstieg sich weiter fortsetzt.

Dann, auf 4000 Metern Höhe, als die Wolken zerreißen und die Sonne herauskommt, zeigt sich ein traumhaftes Bild: Die Schneeflocken glitzern in den Sonnenstrahlen, eine noch höher liegende Wolkenschicht schillert in allen Regenbogenfarben, und von den Leinen unseres Ballons hängen Eiszapfen herab. Unsere Herzen schlagen schneller, aber seit dieses Abenteuer angefangen hat, wissen wir, daß es gefährlich ist, seiner Euphorie freien Lauf zu lassen. Es scheint, daß wir unsere Wette gewonnen haben, aber wir steigen trotzdem weiter, um über die Schneefallzone hinauszugelangen. Bei 4900 Metern erreicht der Ballon seinen Prallpunkt auf der Höhe der obersten Wolken, und wir überholen allmählich die Wetterfront. Unsere

Geschwindigkeit liegt jetzt bei 85 km/h, und durch die eisige Sonne dehnt sich unser Helium gerade so viel aus, daß wir unsere Brenner nicht mehr zu zünden brauchen. Wegen der großen Höhe benutzen wir unser Sauerstoffgerät.

Den ganzen Tag lang surfen wir quasi vor der Schlechtwetterfront her, die uns bis zum Abend begleiten wird. Im Norden von uns bleibt sie immer sichtbar, und sie wird uns jedesmal überholen und den Himmel verdunkeln, wenn wir aus Unachtsamkeit unseren Ballon wieder etwas sinken lassen. So gelingt es uns sogar, mit einer drohenden Barriere von Nimbostratus-Regenwolken zu spielen, die, anstatt uns aufzuhalten, uns nur noch schneller Richtung Europa treiben wird!

Zu dieser Zeit ist Richards Ballon schon 5000 Meter hoch, da er sofort, als die Niederschläge begannen, aufgestiegen ist. In dieser großen Höhe treiben ihn die Windströmungen Richtung Marokko. Er weiß noch nicht, was das für ihn bedeuten wird. Seine Stimme im Funkgerät wirkt völlig ruhig, er lenkt seinen Ballon absolut professionell, während er in Wirklichkeit mit jedem Zünden seines Brenners sein ganzes Familienerbe ausspielt.

Erich und Jochen mußten gerade wassern, und das bei Wellen von sieben Metern Höhe. Sie werden von einem Öltanker geborgen, der sie, Gipfel des Pechs, nach Amerika zurückbringt. Wim und ich sind erschüttert. Auch wenn sie bei guter Gesundheit sind, haben wir doch den Eindruck, zwei gute Freunde verloren zu haben. Das Rennen wird nun ohne sie weitergehen, ohne ihre freundschaftlichen Faxe und Funksprüche und vor allem ohne daß ihnen die Erfüllung unseres gemeinsamen Traums gelungen wäre: den Atlantik zu überqueren.

Uns beginnt wieder die Furcht zu quälen, die Schlechtwetterfront könnte uns noch einmal einholen, und so verbringen wir den ganzen Spätnachmittag und frühen

Abend damit, den Horizont genau zu beobachten. Dies um so mehr, als wir ja den offiziellen Anweisungen der Rennleitung nicht Folge geleistet haben.

Die Zeit der Kontaktaufnahme zu unseren Familien ist gekommen, und im Lautsprecher des Funkradios ist zwischen all den Störungen die Stimme von Wims kleinem Sohn Laurent zu hören. Ich greife zur Videokamera, um diesen Moment festzuhalten. Wim hat seine vor lauter Rührung beschlagene Sonnenbrille abgenommen und spricht flämisch, aber in solchen Augenblicken kann man jede Sprache der Welt verstehen.

Während mich die leise Stimme von Laurent, der seinen Vater ausfragt, richtig einlullt, lehne ich mich mit dem Oberkörper aus der Kapselöffnung, um zuzuschauen, wie die untergehende Sonne mit den rötlichen Wolkenfetzen spielt. Dabei empfinde ich eine Mischung aus Furcht und Faszination. Ich sage mir, daß man der Natur unmöglich böse sein kann, daß sie versucht hat, unsere Freunde zu vernichten. Sie geht unbeirrt ihren Weg, ob mit oder ohne sie, mit oder ohne uns, und es ist nur der Mensch selbst, der sich dem Wolf in den Rachen wirft. Und warum das alles? Warum wollen wir unbedingt mit unseren lächerlich schwachen Fähigkeiten im Reich der Elemente wandeln? In diesem Augenblick fällt nicht ein Schatten des Zweifels auf meine Antwort, sie liegt klar zutage. Warum wollen wir den Ozean überqueren? Wegen dieses unglaublichen Gefühls, das wir gerade erleben, nämlich einer totalen Verbundenheit mit der Natur, der Technik, mit uns selbst und unserem Gegenüber. Wir haben unsere Alltagsrealität verlassen, um uns mitten im Mythos vom ewigen Kampf zwischen Mensch und Natur wiederzufinden. Aber plötzlich sehen wir mit erstaunlicher Klarheit, daß es keinen Streit, keinen Kampf mehr geben muß, sondern uns im Gegenteil eine tiefe Zuneigung, vielleicht sogar Liebe erfüllt für alles, was uns umgibt. Es gibt kei-

nen Gegensatz mehr zwischen Humanismus und Technologie, zwischen Intuition und Elektronik, Mensch und
Natur, Himmel und Ozean. Alles gehört zusammen, und
wir können auf nichts davon verzichten. Alle Vorurteile
verlieren schlagartig an Bedeutung, und vor der Pforte
zum Unsichtbaren habe ich plötzlich das Gefühl, wirklich
ich selbst zu sein. Ich sehe jetzt mein tägliches Leben und
die sozialen Konventionen aus solcher Entfernung, aus
solcher Höhe, daß ich mich wirklich fragen muß, warum
ich normalerweise diesen lächerlichen Einzelheiten so
viel Beachtung schenke. In diesem Augenblick trägt mich
der Strom des Lebens, der seit Milliarden Jahren fließt,
schon lange bevor das erste menschliche Wesen entstand.
Ich spüre mein Leben in seiner ganzen Fülle mit einer solchen Bewußtheit und einer solchen Kraft der Empfindung, daß ich dieses Gefühl für mein ganzes Leben in
mir bewahren möchte.

Aber, mein Gott, wie schwer ist es doch, diese blitzarti-
gen Einsichten in Worte zu fassen! Ich lege das offizielle
Logbuch für einige Zeit beiseite und sitze jetzt vor den
leeren, weißen Seiten meines persönlichen Tagebuchs. Darin versuche ich mehr schlecht als recht meine Eindrücke
zu beschreiben und meine Gedanken festzuhalten. Dies
wird es mir später erlauben, unsere phantastischen Erlebnisse noch einmal nachzuempfinden oder sie vielleicht
sogar jemand anderem mitteilen zu können. Denn das extreme Abenteuer, das wahre, nicht dasjenige, das sich mit
öffentlicher Wichtigtuerei begnügt, ist weder ein Fall von
Eskapismus noch der bewußte oder unbewußte Wunsch,
sich durch Adrenalinstöße zu berauschen. Das extreme
Abenteuer erlaubt uns vielmehr, über den Umweg von
Gefühlen, die wir im täglichen Leben selten empfinden,
zu einer sehr viel tieferen Beziehung zu uns selbst zu
gelangen. Und auch zu einer viel authentischeren, denn
im Angesicht der unermeßlichen Größe, die uns umgibt,

ist kein Schummeln mehr möglich. Es ist wie ein Spiegel, in dem man sich zur Gänze sieht, und gleichzeitig eine Gelegenheit, bei sich neue innere Kräfte zu entdecken.

Die Feststellung bestürzt mich immer noch, daß wir anscheinend gewöhnlich nur ein Zehntel unserer Denk- und Gefühlskapazitäten gebrauchen. Wie erfüllend könnte das Leben sein, wenn der Mensch sich seiner wahren Natur öffnen und seine gewohnten Bahnen verlassen würde! Nein, Abenteuer ist wirklich nichts, was man einfach so tut, es ist etwas, was man durchlebt, erfühlt, erleidet.

Unsere Lage ist in höchstem Maße paradox. Einerseits sind wir völlig abhängig von dem Wind, der uns vor sich hertreibt, sind also fast Gefangene der Wetterverhältnisse, und andererseits sind wir völlig frei, wir selbst zu sein, so als ob wir plötzlich von Vergangenheit und Zukunft, die uns normalerweise beherrschen, losgelöst wären. Jede Sekunde wird von uns nun intensiv erlebt, und wir empfinden in jedem Augenblick dieses unerhörte Gefühl, als ob es bald keine Zeit mehr gäbe. Es ist also alles andere als eintönig, den Ozean, der uns umgibt, zu betrachten, denn wir sehen dabei auch, wenn auch noch ganz unscharf und von Ferne, vor unserem geistigen Auge eine neue Art des Lebensentwurfs. Wir könnten stolz darauf sein, das erste Transatlantikrennen anzuführen, wir könnten sogar so tun, als ob wir dies für gar nichts Besonderes hielten, ich könnte Wim meine medizinischen Ideen aufdrängen, und er könnte mir gegenüber seine Stellung als Bordkommandant ausspielen, aber nichts davon geschieht. Der Wind treibt uns vor sich her, und dabei verfliegen unsere gewöhnlichen Reflexe, unsere eingefahrenen Denkschemata und unser normales Alltagsverhalten. Dieser Rückzug auf uns selbst hilft uns, Toleranz und Verständnis für all diejenigen aufzubringen, die anders denken und leben. Plötzlich geht es nicht mehr darum, wer recht oder unrecht hat oder was positiv oder negativ ist, denn alles Geschehen auf dieser Erde ist nur eine der zahlreichen Facetten des Lebens in seiner Gänze. Die Tatsache des Lebens selbst wird wesentlich: zu spüren, daß wir alle aus derselben Quelle trinken, auch wenn die Art des Trinkens unterschiedlich ist.

Aber ich weiß wohl, daß dieses außerordentliche Gemeinschaftsgefühl nur möglich ist durch die künstliche Situation, in der wir uns befinden; unser Ballon hat sich in Bangor von der Erde gelöst, und am Ende werden wir wieder in die Alltagswelt zurückkehren. Und diese Perspektive macht uns nicht einmal etwas aus, denn sie ist ein notwendiger Bestandteil dieser Erfahrung. Unser Wind wird uns unausweichlich in unser kleines Alltagsleben zurückwehen, wo unser normaler Weg dann weitergehen wird. Aber dank dieses Ozeans, dem wir einige Tage so nahe sein durften, dank des besonderen Kontakts, den wir mit unserem eigenen Selbst aufnehmen konnten, wird dieser Weg vielleicht doch nicht mehr der gleiche sein wie zuvor. Dieser Geschmack am Leben, den wir hier bekommen haben, wird uns sicherlich noch mehr Lust darauf machen, noch eifriger nach dem Platz des Menschen in der Natur zu suchen. Denn alles, was wir jetzt empfinden, kann nur ein Vorgeschmack des wahren Abenteuers sein, das auf den Menschen wartet: zu lernen, sich seinem inneren Leben zu öffnen. In der täglichen Routine stößt dieser Weg auf Vorurteile und irrationale Ängste, die es verhindern, daß wir uns selbst in Frage stellen. Aber hier, zwischen Meer und Himmel, zwischen Amerika und Europa, zwischen Ungewißheit und Geheimnis, wird das Unbekannte zum Verbündeten.

Da wir zu keinem Zeitpunkt wissen, was die Zukunft bringt, und wir uns auf alle Eventualitäten vorzubereiten haben, müssen Wim und ich mit offenem Geist und Herzen an unsere Aufgaben herangehen. Offen gegenüber dem Unvorhersehbaren, dem Sturm, einem Brennerausfall oder einem Ventilversagen, einer Notwasserung, offen also für den Erfolg oder das Scheitern. Dieser Zustand einer totalen geistigen Offenheit läßt uns hellsichtig, wachsam und konzentriert bleiben, und wir sind gezwungen festzustellen, daß wir selbst viel leistungsfähiger als in unserem gewöhnlichen Leben sind. In der Tat ist das Unbekannte, das uns gewöhnlich so angst macht, nun ein Verbündeter und kann selbst zu einem Freund werden.

All diese Gedanken sind nur meine Überlegungen am vierten Abend unserer Fahrt, und natürlich weiß ich da noch nicht, wie dieses Abenteuer ausgehen wird. Vielleicht werden diese Aufzeichnungen noch einmal unter diesem drohenden Himmel, der uns im Norden weiterhin begleitet, im Wasser versinken. Übrigens gibt es schlechte Neuigkeiten. Chrysler 4 wurde vom Regen eingeholt, und Evert schildert uns später die Situation:

Die Lage war wirklich nicht einfach; man hatte uns geraten, sehr tief zu fahren, und wir waren 50 Meter, nur 50 Meter, über dem Wasser. Es war völlig dunkel, es regnete und das Wetter war schlecht, aber wir kamen sehr schnell voran. Es war schrecklich. Jedesmal wenn wir die Luke öffneten, konnten wir das Brausen des Sturms hören, als ob uns der Ozean zurufen wollte: »He, kleiner Ballon, komm her, ich will dich fressen!« *Die Hülle wurde schwerer und schwerer, und Gerhard tat alles, was er konnte, um uns auf 50 Meter Höhe zu halten. Dann ließen die Niederschläge nach und es gelang uns, in einem Moment schönen Wetters aufzusteigen. Da stellten wir fest, daß wir zum belgischen Ballon aufgeschlossen hatten, und wir beschlossen, Funkstille zu halten, um den Überraschungseffekt zu bewahren.*

In der Zwischenzeit hat sich Wim von Laurent verabschiedet und Ostende Radio mir ein Gespräch mit Michèle vermittelt. Ich habe ihr so viel zu erzählen; doch es beschleicht mich das Gefühl, daß alles, was ich ihr sage, Banalitäten sind. Ich wünschte, ich könnte meine Erlebnisse mit ihr teilen, aber sie scheint mir sehr unruhig zu sein; das ist kein Wunder angesichts der Fernsehnachrichten, die ständig an die Zahl der Atlantiküberquerungen erinnern, die in der Vergangenheit dramatisch endeten!

Die Sonne ist jetzt hinter der Regenfront verschwunden, und Wim hat sich nun hingelegt, um ein paar Stunden zu schlafen. Das Radio und das Faxgerät gönnen uns keine Ruhepause. Ständig bekommen wir Anfragen von den europäischen Medien, und jeder Wetterbericht, den wir erhalten, verursacht bei uns allergrößte Aufregung. Wim dreht sich auf seiner Liege hin und her und findet keinen Schlaf. Schließlich bittet er mich, ihm mit Hypnose zu helfen.

Ob es nun am Kaffee liegt, den wir uns auf dem kleinen Campingkocher zubereitet haben, am ständigen Geräusch unserer Bordinstrumente oder an einer verständlichen Spannung, die zunimmt, je mehr wir uns unserem Ziel nähern, auf jeden Fall sind die Stunden, in denen wir mal Zeit zum Schlafen haben, viel zu selten, als daß wir uns erlauben könnten, sie zu vergeuden. Im Vertrauen auf meine Fähigkeiten muß ich mir einen Ruck geben, um die Sache nicht zu verpatzen. Wir sind ja nicht im bequemen Behandlungsraum eines Psychiaters, sondern hängen an einer Heliumkugel mitten über dem Ozean, und so weiß ich nicht, ob es gelingen wird. Ich versetze mich innerlich zurück in ein Hypnoseseminar, das vor ein paar Monaten stattfand, und nehme alle meine Konzentration zusammen.

»Wim, du könntest zum Beispiel deinen Blick auf die Mitte deines Daumens richten... halte ihn über deine Horizontlinie. Genau... das ist sehr gut so. Dein ausge-

streckter Arm spannt sich an ... und möglicherweise wird
er etwas schwerer ... vielleicht sogar immer schwerer ... -
wie deine Augenlider ... die wollen endlich von selber
zufallen ...«
Ich spreche nur, wenn er ausatmet, indem ich meine
Atmung der seinen anpasse. Alle 15 Sekunden zünde ich
einen kleinen Brennerstoß, um unser Helium in der eisigen Nacht, die uns nun umgibt, etwas zu erwärmen.
»Das Geräusch, das du jetzt hörst, stört dich nicht ... ich
bin jetzt der Pilot ... du hast nichts zu tun ... dein Atem
wird schwer ... wie dein Arm ... wie deine Lider ... gut so.
Der Arm fällt ganz allein runter ... genau so ... so ist es
sehr gut ...«
Wim liegt jetzt ausgestreckt auf dem Rücken, mit
geschlossenen Augen und entspannter Miene.
»Ich bin der Pilot; du kannst dir also ruhig vorstellen,
daß der Ballon von alleine fährt ... ohne daß du irgend-
was tun mußt.«
Nach der Entspannungsphase muß ich die Dissoziation
induzieren, eine künstliche Bewußtseinsspaltung herbei-
führen, das heißt, ich muß ihm einreden, suggerieren,
daß er nicht mehr im Ballon ist und sich deshalb auch
keine Sorgen mehr zu machen braucht. Wenn er sich
dann ganz befreit fühlt, wird er einschlafen können.
»Stell dir vor, daß der Ballon sich jetzt auf einen Regenbogen zubewegt ... alles ist in Ordnung, alles geschieht
ganz sachte. Die weiße Ballonhaube fängt jetzt an, sich
mit den Regenbogenfarben zu vermischen ... du kannst
sehen, wie sie erst durchs Rot hindurchgeht ... das Rote
ist deine Aufgeregtheit, die bald völlig verschwinden
wird. Dann bewegt sich der Ballon durch das Orange ...
das Gelb ... und wird noch etwas ruhiger. Dann kommt
das Grün ... grün wie die riesengroßen Wiesen, wo sich
gar nichts mehr bewegt. Ganz am Ende der Wiese verschwindet der Ballon allmählich im Blau ... es ist etwas

143

kälter, noch etwas schwerer, noch etwas dunkler. Der Regenbogen wechselt ins Violette, in das der Ballon verschwindet. Alles hat jetzt für dich aufgehört, und du kannst jetzt ruhig schlafen. So lange du willst, denn ich lenke jetzt den Ballon. Alles ist jetzt hinter dem Violett verschwunden, in die Schwärze der Nacht... in der du schläfst.« Für mich ist das der Augenblick der Wahrheit. Ich habe ein bißchen Angst, daß er seinen Kopf hebt und mich fragt:»Ist es schon vorbei?«! Er dreht sich auf die Seite, und ich schaue, ob er seine Augen wieder aufmacht. Aber nein. Ein tiefer Seufzer zeigt mir, daß er schon schläft, die Hände immer noch zur Faust geballt. Ich bin glücklich wie ein Kind, das sein erstes Puzzle zusammensetzen konnte. Mag Wim nun ruhig und entspannt in dieser wohlwollenden Welt weilen, in die ich ihn versetzt habe, bei mir ist das etwas ganz anderes. Es gelingt mir nicht, mich von den Milliarden von Sternen, die um mich herum funkeln, verzaubern zu lassen, da ich immer noch Angst habe, wieder in die Regenfront zu geraten. Ich suche den ganzen Horizont vom Nordwesten bis zum Nordosten mit den Augen ab, um dort doch noch irgendwelche Sterne zu finden, vergeblich. Die Nacht verbirgt die Wolken, aber ich spüre, daß sie da sind.

Die Temperatur ist noch weiter gesunken, sie liegt jetzt bei minus 22° C. Ich habe versucht, die Luke zu schließen, aber an der Aluminiumverkleidung der Wände schlägt sich dann die Feuchtigkeit nieder und fängt an herunterzurieseln. Es ist also besser, ich lasse sie offen: die beißende Kälte weckt die Lebensgeister, und ich lehne mich sogar mehrfach nach draußen, als wollte ich mit der Dunkelheit verschmelzen. Die Sterne scheinen noch stärker zu strahlen als sonst. Es scheint so, als gebe es plötzlich keine Probleme mehr, ich schwinge mich innerlich zum gestirnten Himmel empor und möchte am liebsten in ihm aufgehen. Eine halbe Stunde nach Mitternacht geht der Mond auf, und sein Licht zeigt, daß es aufgeklart hat. Keine einzige Wolke stört die Lichtreflexe des Atlantiks, und es scheint, als stünde uns der Weg nach Spanien weit offen. Plötzlich muß ich daran denken, daß ich dabei bin, mit dem Ballon dem Weg des Golfstroms zu folgen, den mein Vater vor 23 Jahren mit seinem Unterseeboot erforscht hat. Von Florida aus hat er sich mit einer Mannschaft von sechs Wissenschaftlern in dieser warmen Strömung an der Ostküste der USA entlangtreiben lassen und war erst einen Monat später vor Neuschottland wiederaufgetaucht. Aber der Golfstrom ist da ja noch nicht zu Ende. Ich höre noch meinen Vater dem Kind, das ich damals war, erzählen, daß es theoretisch möglich wäre, sich untergetaucht weiter über den ganzen Atlantik treiben zu lassen bis nach England und dann Spanien. Und in der Tat setze ich nun seine damalige Forschungsreise fort. Damals war ich noch zu jung, um zu begreifen, was er in diesen 30 Tagen erlebt haben muß, aber ich werde nie vergessen können, wie er strahlte, als er die Wassergarben der Feuerschiffe erblickte, mit denen New York die Ankunft seines Mesoscaphes feierte. Diese Expedition erbrachte eine beeindruckende Ausbeute an meereskundlichen, biologischen und chemischen Erkenntnissen, aber sicherlich auch einen unglaublichen Reichtum an erlebten Gefühlen, die auch ich jetzt endlich kennenlernen darf.

Mein Vater hat mir auch den Schlüssel zum Erfolg eines so langen Aufenthaltes auf engstem Raum mitgeteilt: bei schwierigeren Diskussionen nicht das letzte Wort haben zu wollen und danach zu warten, bis sich die Spannungen ein wenig gelegt haben, was es dann den Protagonisten beim zweiten Mal ohne Frustration und Empfindlichkeiten erlaubt, ihre Meinung oder Entscheidung vielleicht doch noch etwas zu modifizieren. Während unserer psychologischen Vorbereitung in Bangor haben Wim und ich auch darüber gesprochen, und ich habe mich ein bißchen als Erbe des Golfstrom-Abenteuers gefühlt.

Jeder Mensch kann nur das Ergebnis all dessen sein, was er vorher erlebt hat, und es ist nutzlos zu erwarten, er werde anders reagieren als nach den Gewohnheiten, die sich in seinem bisherigen Leben herausgebildet haben. Je nach der Situation, in der sie sich befindet, wird eine Besatzung notwendigerweise zu unterschiedlichen Einschätzungen kommen. Wenn man diese selbstverständliche Einsicht leugnet, wie es leider in zwischenmenschlichen Beziehungen laufend geschieht, heißt das, daß man dem anderen das Recht auf sein Anderssein verweigert. Vor allem ist es dann für einen selbst eine stete Quelle der Enttäuschung, ja des Grolls. In der Tat, wenn man von seinen Partnern ein ganz bestimmtes Verhalten erwartet, wenn man seine Wünsche auf sie projiziert, kann man ja nur von der Wirklichkeit enttäuscht werden. Andererseits eröffnet das Akzeptieren der gegenseitigen Meinungsverschiedenheiten den Weg zu Dialog und Verständigung. Das scheint so selbstverständlich zu sein, daß ich mich frage, warum ich es überhaupt noch niederschreiben soll; und doch ist es eine Erklärung für die meisten Beziehungsprobleme.

Wenn ich an der Expedition meines Vaters wenigstens ein wenig beteiligt war, vor allem durch meinen Kinderstolz, einen kleinen Teil des U-Boot-Rumpfes angemalt zu haben, so war das bei den Aufstiegen meines Großvaters in die Stratosphäre natürlich nicht der Fall. Außerdem war ich in seinen letzten Lebensjahren viel zu jung, als daß er mir hätte schildern können, was er in seiner winzigen Druckkapsel wirklich erlebt hatte. Alles, was man mir dann später darüber erzählte, war gefärbt durch das außergewöhnliche Aufsehen, daß dieser erste Flug Richtung Weltall ausgelöst hatte. Hergé war nur das Sprach-

rohr der öffentlichen Meinung, als er die Wirkung der ersten Stratosphärenflüge mit den ersten Schritten auf der Mondoberfläche verglich. All das wußte ich sehr wohl, denn man hatte es mir immer und immer wieder erzählt, aber die Empfindung meines Großvaters, als erster Mensch die Erdkrümmung zu sehen, das unglaubliche Gefühl, plötzlich Teil des Weltraums zu sein und nicht mehr gänzlich unserem Planeten anzugehören, nicht zu wissen, wo man wieder in die gewohnte Welt eintreten würde, von all dem hatte ich nicht die mindeste Ahnung. Beim Anhören alter Tondokumente war ich immer wieder erstaunt über die totale Emotionslosigkeit seiner Erzählungen. Alle seine Beschreibungen waren äußerst präzise und immer sehr technisch; es war unmöglich, zwischen den Zeilen zu erraten, was er dabei wirklich empfunden hatte. Wie zum Beispiel nach dem Zwischenfall bei dem ersten Aufstieg in die Stratosphäre, als die Ventilleine, die den Wiederabstieg des Ballons bewirken sollte, sich erst verhedderte und dann abriß. Ein Journalist versuchte ihm das Eingeständnis zu entlocken, daß er Angst gehabt habe, als er in knapp dreißig Minuten bis auf eine Höhe von 16 000 Metern hochkatapultiert wurde, ohne den Ballon noch irgendwie steuern zu können:
»Warum Angst haben? In der ganzen Geschichte der Aeronautik ist es kein einziges Mal passiert, daß ein Ballon nicht wieder heruntergekommen wäre!«

So habe ich von meinem Großvater ein eigenartiges Bild entwickelt, nicht das eines gewöhnlichen Menschen, sondern das eines Wissenschaftlers, fast einer Erfindungsmaschine. Dieses Bild blieb bestehen bis zu unserem Start in Bangor, bis zu jener ersten Nacht, in der sich unser Ballon aufzulösen schien. Da gewann ich die Gewißheit, daß auch er nicht nur durch seine Berechnungen zu ergründen war. Nein, er muß anderes erlebt haben. Empfindungen, von denen er nie erzählt hat, über die er vielleicht nicht zu sprechen wagte, die ich plötzlich aber wie er entdecke. Fast bewegungslos unter dem Himmelsgewölbe, hänge ich am Faden meines guten Geschicks, auf halbem Wege zwischen zwei Welten, und sehe, wie sich die 60 Jahre auflösen, die uns trennen. Vor meinem Aufbruch zum Transatlantikrennen erhielt ich von einem Freund einen Brief, der mir Mut machen sollte; in ihm hieß es:

»Vielleicht kannst du von da oben mit deinem Großvater sprechen.«

In der Tat, ich fühle mich ihm jetzt sehr nahe und kann mir vorstellen, was er empfunden haben mag. Ich schaue auf dieselben Sterne wie er, aus einer Ballonkapsel, die mich, wie ihn, durch viele Emotionen führt.

Bislang habe ich mich mit großer Nostalgie an die fabelhaften Jahre meiner Kindheit erinnert, als ich mich mit den Abenteuern und Erfahrungen meiner Familie gleichsam vollsog. Nachdem ich mich für die Medizin entschieden hatte, fragten mich viele Freunde, warum ich etwas anderes machen wolle als mein Vater oder Großvater. Obwohl ich zutiefst davon überzeugt war, daß diese Entscheidung die richtige sei, war es nicht leicht für mich, sie zu treffen. Und jetzt ist es sogar so, daß mich Wim als seinen Mitfahrer ausgesucht hat, gerade weil ich Arzt bin, es also exakt diese Entscheidung war, die mich zur Familientradition des Ballonfahrens gebracht hat!

In dieser Nacht verspüre ich zum ersten Mal keine Unsicherheit mehr, kein Schwanken über den Weg, den ich zu gehen habe; ich habe im Gegenteil den Eindruck, plötzlich alles miteinander vereinbaren zu können: mein eigenes Leben und das meiner Familie, das Ballonfahren und die Medizin, die Wissenschaft und das Wehen des Windes. Es kommt mir ein bißchen so vor, als ob ich gerade meine Schulden an meine Vorfahren zurückzahlte, die es mir erlaubten, endlich ich selbst zu werden.

Ich schaue nach Wim, der immer noch friedlich schläft.

Ein Belgier und ein Schweizer wieder im gleichen Ballon, im gleichen Abenteuer. Ich empfinde ihm gegenüber eine ungeheure Zuneigung. Immerhin hatte er so viel Vertrauen in mich, daß er mich zu seinem Reisegefährten gemacht hat. Wenn es das Schicksal war, das uns zusammengeführt hat, ist daraus jetzt auch eine neue Freundschaft entstanden, und darüber bin ich froh. Jede Empfindung, die sich meinem Gedächtnis und meinem Körper unauslöschlich einprägt, gibt mir nun das tiefe Gefühl, wirklich zu leben. Ich weiß schon jetzt, daß der Reiz dieser Nacht für mich unvergeßlich bleiben wird, so wie die beißende Kälte auf meinem Gesicht, das weiche Licht des Mondes über dem Atlantik, all diese geheimnisvollen Wahrnehmungen, durch die der Augenblick zur Ewigkeit wird und sich im Wehen des Windes plötzlich mein ganzes Lebensgefühl konzentriert.

Jetzt fehlt nur noch der Sonnenaufgang, damit der Osten erglüht, auf den wir zutreiben. Aber ich bin mir nicht sicher, ob ich die drei oder vier Stunden noch durchhalte. Vor Müdigkeit fange ich an, mich beim Navigieren zu verrechnen. Nach einigem Zögern entschließe ich mich, Wim aufzuwecken und mich selber hinzulegen:

»Wim, deine Atmung wird flacher, oberflächlicher; der Ballon kommt auf dich zu, und du kommst wieder an Bord. Jetzt kannst du aufwachen und das Kommando übernehmen.«

Nachdem er sich ein paar Mal gestreckt hat, meint er nur:

»Warum hast du mich nicht früher geweckt, Bertrand? Ich fühle mich, als ob ich die ganze Nacht geschlafen hätte.«

Das Experiment war also geglückt. Die zwei Stunden, die Wim unter Hypnose geschlafen hat, haben ihn so erfrischt wie sonst eine ganze durchschlafene Nacht. So tritt er nun also seine Wache an, zuerst bei den Brennern, um dann einen der schönsten Sonnenaufgänge seines Lebens zu genießen, wie er mir später erzählen wird.

Als ich nach einigen Stunden unter Selbsthypnose wieder erwache, läßt der Blick, der sich uns bietet, jeden Gedanken daran verblassen, eigentlich an einem Wettkampf teilzunehmen: ohne Sonnenbrille ist es unerträglich hell, und von dem Ozean mit seinen silbernen Lichtreflexen heben sich die kleinen Haufenwölkchen deutlich ab, über denen wir schweben. Tatsächlich sind alle Wolken tiefer als wir, und der Hintergrund dieses Bildes ist so klar, als ob man Luft und Wasser ausgetauscht hätte und nun der Himmel unten und der Atlantik oben läge. Und ganz dahinten, noch sehr weit weg und doch fast in Reichweite, eine Wolkenbank, die vielleicht den Rand des Kontinents markiert! 400 Kilometer vor uns kondensieren die ersten thermischen Aufwinde der portugiesischen Küste und werden zu Wolken. Doch so beruhigend es auch ist zu spüren, daß man ankommt, so frustrierend ist es, nicht erkennen zu können, ob das Ziel tatsächlich näher kommt. Den ganzen Tag scheint diese Wolkenlinie in gleicher Entfernung zu verharren, wie ein unerreichbares Bild. Es kommt noch hinzu, daß wir immer langsamer vorankommen. Um die Mittagszeit hat unsere Geschwindigkeit bis auf 40 km/h abgenommen, und da bekommen wir plötzlich mit, daß uns die Holländer weiter im Norden mit 75 km/h überholen.

Diese Geheimniskrämer! Während sie gegenüber den anderen Ballonen eine fast vollständige Funkstille einhielten, wagten sie es, sich nach Norden abtreiben zu lassen, wodurch sie uns quasi den Weg abschnitten, denn unsere Route führt wieder eher Richtung Süden. Da wir keine Nachricht von ihnen hatten, erfragten wir ihre Position bei der Rennbasis und lesen nun völlig verblüfft das Fax, das aus dem Drucker kommt. Was für eine unglaubliche Umkehrung der Verhältnisse! Es ist erst ein paar Stunden

150

her, daß wir uns über ihre Lage Sorge gemacht haben, und jetzt sind sie dabei, uns einzuholen. Mit dieser Geschwindigkeit haben sie alle Chancen, den Norden Spaniens noch vor uns zu erreichen. In gewisser Hinsicht könnte es schrecklich ärgerlich erscheinen, so kurz vor dem Ziel noch abgefangen zu werden und im letzten Moment den ganzen Vorsprung einzubüßen, den wir in vier Tagen Fahrt gewonnen haben; aber andererseits darf das in keiner Weise unsere Einstellung und unsere Rennstrategie beeinflussen. Wir haben uns ganz bewußt entschieden, nicht zu versuchen, nach Norden zu steuern, da über den Britischen Inseln heftige Winde vorausgesagt wurden, und die Aussicht, das Rennen zu verlieren, darf daran jetzt nichts mehr ändern. Das fabelhafte Schauspiel, das sich vor uns auf Tausenden von Quadratkilometern bietet, darf uns unser oberstes Ziel nicht vergessen lassen: den europäischen Kontinent zu erreichen, sei es als Sieger oder als Verlierer, aber vor allem lebendig und trockenen Fußes. Chrysler 4 wird vielleicht gewinnen, wir aber wollen auf keinen Fall das verlieren, was uns als schönster Tag unseres Lebens erscheint, und nicht versuchen, ihnen unsererseits den Weg abzuschneiden, indem wir unseren Ballon tiefer absinken lassen.

Die Amerikaner werden weit nach Süden abgetrieben, aber von den Holländern trennt uns jetzt, am Ende dieses unglaublichen Rennens, das sie uns geliefert haben, nur noch ein winziger Abstand. Sie fahren nun auf unserer Höhe, eilen aber mit einer Geschwindigkeit, die doppelt so hoch ist wie die unsrige, auf den vordersten Punkt Spaniens zu. Im Kontrollzentrum in Rotterdam halten die Organisatoren und Journalisten den Atem an, aber die allgemeine Spannung und Aufregung steht im seltsamen Kontrast zu der absoluten Stille, die rund um unseren Ballon herrscht. Aus einer Höhe von mehr als 5000 Metern sehen wir den Ablauf der Ereignisse wie in einem Film, und wir sind die Zuschauer des Rennens, nicht mehr die Teilnehmer. Sicherlich wollen wir gewinnen, wollen es sogar sehr, aber wir spüren deutlich, daß der Sieg nicht von uns abhängt. Wir mobilisieren noch einmal unser ganzes Vertrauen und lassen dem Wind und den Kräften, die die Elemente beherrschen, ihren Lauf. Wir fügen uns dem, was geschieht, wir fügen uns dem, was ist, und lassen uns treiben, wie groß auch immer unsere Ungeduld sein mag, diese ferne Küste zu erreichen, und unsere Unruhe, nicht dorthin zu gelangen.

Wim und ich sind beide auf dem »Balkon« und versuchen noch einmal alle Einzelheiten dieses grandiosen Panoramas in uns aufzunehmen. Jede Wolke wird ein Gedanke, jeder Lichtreflex eine Empfindung, jeder Farbton eine Emotion, und die Sonne, die über dem Atlantik untergeht, verschafft uns davon Tausende, als sei es ein letztes Abschiedsgeschenk. Die Kraft unserer Gefühle übersteigt dieses Mal alles, was man mit Worten ausdrücken kann. Der Eindruck von Höhe und Leichtigkeit, das totale Wohlgefühl, das Glück, integraler Bestandteil unserer ganzen Umgebung zu sein, verklärt die verrinnende Zeit. Bis jetzt haben wir die Sonne über Europa aufgehen sehen; heute abend geht sie, wie zum ersten Mal, über Amerika, woher wir kommen, unter. Bangor liegt von jetzt an »auf der anderen Seite«.

Europa ist da, vor uns, fast mit den Händen zu greifen, aber die Nacht hindert uns jetzt daran, unser Vorankommen mit den Augen zu verfolgen. Als der Faxdrucker losrattert, denken wir sofort, daß man uns den Sieg von Evert und Gerhard verkünden will. Immerhin hätte dieses Abenteuer ohne Evert Louwman nie stattgefunden. Außerdem wäre es für ihn eine Bestätigung, vor allem nach seinem gescheiterten Versuch von 1985.

Tatsächlich ist es das KMI, das uns mitteilt, daß der holländische Ballon in höchster Not über der Biscaya treibt, wohin ihn der Sturm verschlagen hat. Seine Piloten würden sich darauf vorbereiten, aufs Wasser niederzugehen, und hätten gerade ein Notsignal abgesetzt. Armer Evert, das hat er nicht verdient.

Wir strecken sofort unsere Köpfe aus der Luke, um zum x-tenmal die Nacht zu durchforschen, und tatsächlich befinden wir uns direkt vor einer etwa 100 Kilometer langen Lichtbarriere. Die ganze Küstenbeleuchtung von Vigo bis Porto durchdringt die Dunkelheit. Zum ersten Mal sehen wir unser Ziel vor uns, und wir zittern vor Aufregung. Wir packen uns an den Armen und beobachten dann, ohne etwas zu sagen, mit wachsender Besorgnis diese Lichter, die uns einfach nicht näher kommen wollen. Über das VHF nehmen wir Kontakt auf mit den Flughäfen von Lissabon und Madrid, deren Anflugszonen wir kreuzen, während der HF-Funk ständigen Kontakt mit Radio Ostende hält, das uns einen Anruf nach dem anderen übermittelt. Wir hängen uns regelrecht über Bord und lauern auf den Moment, wo wir die ersten Lichter einer Stadt unter uns sehen.

Und jetzt ist es endlich soweit! Wir befinden uns exakt über Viana de Castelo, und dies ist der Augenblick, den wir so sehr erhofft haben, ohne zu wagen, wirklich daran zu glauben. Schließlich haben wir unser fast wie ein Traumbild erscheinendes Ziel doch noch erreicht.

Wir haben uns immer vorgestellt, wir würden uns weinend vor Freude um den Hals fallen, aber fast zu unserer Überraschung kommt es nicht dazu. Was doch eigentlich der schönste Moment des Rennens sein müßte, ist tatsächlich nur das Ende dieser Geschichte. Wie gelähmt sehen wir, wie unter unserer Kapsel sehr langsam die Straßen der Hafenstadt vorbeiziehen, empfinden aber dabei nicht die emotionale Befreiung, die wir erwartet hatten. Fünf Monate Vorbereitung, fünf Wochen Warten und fünf Tage totaler Konzentration finden in diesem Augenblick ihr

Ende. Wir haben das erste Transatlantikrennen gewonnen, aber diese Geschichte liegt jetzt schon hinter uns. Wir werden fast gegen unseren Willen landen und aus diesem Traum heraustreten müssen. Wir empfinden beide ein ungeheures Glücksgefühl und gleichzeitig eine gewisse Trauer. Alle Bilder vermischen sich in dieser Nacht, die von portugiesischen Lichtern durchschnitten wird. Als es wieder hell wird, sind wir mitten in den spanischen Bergen. Die Sonnenstrahlen versuchen sich einen Weg durch die Spitze einer Schlechtwetterfront zu bahnen, die uns eingeholt hat, und die Farben dieses kalten Lichts beunruhigen uns etwas. Ein leichter Nebel liegt über den Talgründen, aber die Form der Wolken täuscht nicht: In der Höhe herrscht ein sehr starker Wind. Man könnte wirklich meinen, daß die Natur einige Augenblicke lang noch an sich hält, bevor sie losbricht und sich ihrer Fesseln entledigt. Waren wir bislang unsicher, ob wir unsere Fahrt abkürzen sollen oder nicht, zerstreut der bedrohliche Anblick, der sich uns jetzt bietet, die letzten Zweifel. Schweren Herzens zünde ich die Brenner, um diesen Ballon, der uns so treu über den Atlantik getragen hat, zum allerletzten Mal zu steuern. Chrysler 1 ist uns zum Freund geworden. Mit ganz kurzen Flammenstößen lasse ich ihn ins Tal sinken und versuche so, unsere Bahn etwas nach Süden zu verlegen und dadurch der Gefahr zu entkommen, in das Bergmassiv getrieben zu werden, wo eine Landung unmöglich wäre. Wir fahren einen Moment lang an einer Autobahn und einer Hochspannungsleitung entlang. Wie Außerirdische sind wir überrascht über den Lärm und die Geschwindigkeit der Autos.

Wim wählt ein Feld bei einem Dorf aus und läßt den Ballon niedergehen. Als wir auf den letzten Metern etwas zu stark bremsen, spüren wir, wie der Ballon wieder etwas an Höhe gewinnt, und uns mißlingt die Landung. Wie wir scheint er noch keine Lust zu haben, die Fahrt zu beenden!

Wir warten, bis wir über das nächste Dorf hinweg sind, und versuchen es noch einmal. Diesmal klappt alles: Wir setzen ganz sacht in einer kleinen, windgeschützten Mulde auf, und der Ballon bleibt in der Macchia stehen. Ich habe überhaupt keine Lust aus der Kapsel zu steigen, genausowenig wie Wim. Wir wissen genau, daß der erste, der den Ballon verläßt, auch der erste sein wird, dessen Traum zu Ende geht! Wir werden dann wieder dieser Welt voller Kriege und Tragödien angehören, dieser Welt, die genauso geblieben ist, wie wir sie verlassen haben, während wir glauben, uns sehr verändert zu haben. Wir haben auf winzigem Raum in perfekter Harmonie gelebt, während die Menschen sich selbst in den Wüsten um Dollars und um Erdöl schlagen.

Das Unwetter bricht schon los. Ein heftiger Wind packt die Hülle und schüttelt sie in alle Richtungen, was einen infernalischen Lärm macht, als sei es eine letzte Äußerung lauten Protests. Die Reißbahn ist offen, das Gas entweicht, und bald zuckt Chrysler 1 nur noch ein wenig wie im Todeskampf. Auf dem Boden ist ein Ballastsack umgefallen, amerikanischer Sand beginnt sich mit der spanischen Erde zu vermischen. Und dies ein halbes Jahrtausend nach der Entdeckung der Neuen Welt.

Wir haben immer noch das Rauschen des Ozeans im Ohr und die Lichtreflexe des Atlantiks in den Augen, als wir auf dem Genfer Flughafen als »Helden« ankommen. Die Zeitungen tragen Titel wie: »Sieg über den Atlantik«, »Piccard und Verstraeten bezwingen den Ozean«, »Belgisch-Schweizer Triumph«. Wim und ich schauen uns etwas verlegen an. Wir haben nicht das Gefühl, irgend etwas besiegt, geschweige denn bezwungen zu haben. Während dieser Fahrt von rund 5000 Kilometern hat sich zwischen dem Ozean und uns ein enger Kontakt entwickelt. Wir haben fünf Tage und fünf Nächte damit verbracht, mit ihm besser vertraut zu werden; wir haben ihn unter den rötlichen Sonnenspiegelungen einschlafen sehen, wir haben ihn aufwachen und sogar toben sehen. Seine Winde trieben die Wogen vor sich her, und seine Wolken entluden sich voller Zorn. Und am letzten Tag, als wir in 5700 Metern Höhe über einer friedlichen Natur schwebten, hat er uns den Weg nach Europa geöffnet.

Nein, wir haben bestimmt nichts und niemanden besiegt; wir haben es nur zugelassen, daß er uns trägt, und wenn der Atlantik uns am Ende gehen ließ, dann weil wir Freunde geworden waren. Die Bescheidenheit und unsere Dankbarkeit gebieten es, dies klarzustellen, ebenso wie unser Wunsch, das Bild des Menschen, der versucht, die Natur zu beherrschen, zu zerstören.

In der ersten Zeit wollte ich in diesen Bildern und Eindrücken verbleiben, die mich so bereichert hatten. Ich wollte nicht zugeben, daß die Fahrt zu Ende war, das ganze Abenteuer vorbei und ich mein normales Leben wiederaufnehmen mußte.

Aber mein Leben würde eben nicht mehr in »normalen Bahnen« verlaufen. Ich hatte zu viel erfahren, um einfach der gleiche bleiben zu können, und als ich meine Arbeit als Psychiater wiederaufnahm, hatte ich den Eindruck, daß sich meine ganze Einstellung zum Leben und zur Medizin geändert hatte. Das war reichlich verwirrend, denn ich befand mich nicht mehr im Einklang mit meinen eigenen Kenntnissen, meinen eigenen Konzepten und Gewohnheiten. Allmählich schien es mir so, als ob das wirkliche Abenteuer nicht beim Start in Bangor begonnen hätte, sondern bei der Landung in Spanien. Das Abenteuer war nicht zu Ende, im Gegenteil, es sollte erst beginnen.

Meine Vorträge und Interviews der nächsten Zeit machten mir das deutlich. Je öfter ich darüber sprach, desto mehr wurde diese Transatlantikfahrt für mich eine Metapher für das Leben. Nicht für das Leben, wie wir es ge-

156

wöhnlich führen, sondern so, wie wir es leben könnten. Am Ende jedes Vortrags hatte ich das Gefühl, daß, selbst wenn ich den Atlantik nicht überquert und nur künstlich erzeugte Computerbilder auf die Leinwand geworfen hätte, ich dennoch nicht gelogen hätte, als ich meine Geschichte erzählte. Denn was ich über die Chrysler Challenge berichtete, galt sowohl für ein Ballonrennen wie für das Leben im allgemeinen: die Erkenntnis, daß unsere panische Angst vor dem Unbekannten Ursache der meisten unserer Leiden ist und daß unser Bedürfnis, aus mangelndem Vertrauen und mangelnder Intuition immer alles unter Kontrolle haben zu wollen, uns oft die Geschenke des Lebens verpassen läßt.

In unserer Gesellschaft lernen wir schon in frühester Jugend, alles zu fürchten, was wir nicht kennen, alle Unsicherheit zu vermeiden und jeden Zweifel zu bannen. Das Unbekannte ängstigt uns so, daß wir alles tun, um Sicherheiten zu finden, ja sogar zu erfinden. Es treibt uns, Antworten auf alle unsere Fragen zu suchen und alle Fragezeichen durch Ausrufezeichen zu ersetzen. Das gelingt uns dadurch, daß wir uns mit Teilerklärungen und unvollständigen Kenntnissen zufriedengeben und so nicht mehr sehen, daß einige unserer Gewißheiten in Wirklichkeit nichts als Vorurteile sind. Aber wie beruhigend sind diese Vorurteile doch! Wir haben Angst vor der Leere und möchten um jeden Preis alle Zweifel durch Gewißheiten ersetzen. Wir vergessen, daß das Fragen Geist und Herz zu öffnen vermag, während das Ausrufezeichen ein Ende bedeutet. Um unseren Ängsten vor den Unwägbarkeiten des Lebens aus dem Weg zu gehen, ziehen wir uns immer mehr in das enge Gehäuse unserer Alltagsroutine zurück, und unsere Gewohnheiten werden zu wahren Scheuklappen, die uns den Blick auf die Geheimnisse verwehren, die uns umgeben. Ohne uns dessen bewußt zu werden, zahlen wir für unsere vermeintliche Sicherheit einen hohen Preis, denn wir verpassen, was uns das Leben an Entwicklungsmöglichkeiten zu bieten hätte.

Ich entdeckte, daß die wahre Aufgabe eines Abenteuers darin besteht, dieses starre Funktionieren aufzubrechen und uns nicht zum Spektakulären, sondern zum »Außerordentlichen« zu führen, also zu dem, was es uns erlaubt, etwas anderes zu erleben als die lähmende Routine des Alltagstrotts. Aber es ist nur dann ein wirkliches Abenteuer, wenn es aus ihm keinen Ausstieg mehr gibt. Als uns der Wind aufs offene Meer hinaustrieb und 5000 Kilometer immense Weite vor uns lag, gab es keine Möglichkeit mehr umzukehren. Wir waren verunsichert durch die völlig unvorhersehbaren Situationen, die sich uns boten, uns fehlten jegliche Anhaltspunkte, sie richtig einschätzen zu können. Wir erlebten einen schmerzlichen Moment des Bruchs mit allem Gewohnten, als wir die Gefahren erkannten, auf die wir uns eingelassen hatten. Nun konnten wir keine unserer gewohnten Denkschemata und Überlegungen mehr gebrauchen, ob in unseren Beziehungen, unserem Leben an Bord oder der Art und Weise, unseren Ballon zu steuern. Wir wußten nicht einmal, was die nächste Minute uns bringen würde, aber anhalten konnten wir nicht mehr.

Nachdem wir am ersten Tag versucht hatten, uns zu widersetzen, fingen wir dann jedoch an, eine andere Herangehensweise zu entdecken. Gerade unsere Unsicherheit war es, die uns offen gegenüber den Erfordernissen des jeweiligen Augenblicks machte und uns unsere Vorgehensweise ständig in Frage stellen ließ. Dadurch wurden wir viel leistungsfähiger und effektiver, da wir frei von Vorurteilen bereit waren, uns jeder neuen Situation anzupassen.

Das Abenteuer in den Lüften hat aber überhaupt kein Monopol auf diesem Gebiet. Um uns herum gibt es unzählige Beispiele für derartige Situationen. An erster

Stelle wäre hier der künstlerische Prozeß zu nennen. Der Maler oder Musiker, der sein Werk beginnt und nur die Kenntnisse anwenden möchte, die er sich auf der Akademie oder dem Konservatorium angeeignet hat, wird eine gute Bearbeitung all dessen abliefern, was es schon gibt. Aber wenn er sich vor eine weiße Leinwand oder eine leere Partitur setzt und anfängt, ernsthaft auf seine Intuition zu hören, wird er ein authentisches Werk schaffen können. Die Hypnose und sogar die Meditation folgen dem gleichen Prinzip. Es ist eine Art, sich zeitweise von der gewöhnlichen Welt zu lösen und mit seinen inneren und äußeren schöpferischen Kräften in Verbindung zu treten, und so gesehen handelt es sich dabei auch um ein Abenteuer. Wenn man diesen Gedanken noch etwas weiterspinnt, wird das ganze Leben ein außerordentliches Abenteuer, wenn es uns gelingt, die Gelegenheiten wahrzunehmen, mit dem Gewohnten zu brechen und so unsere schöpferischen Kräfte zu entfalten. Auf unserem Lebensweg begegnen uns viele solcher Situationen, aber wir tun alles, um sie zu vermeiden, denn meist empfinden wir sie einzig als Dramen oder Krisen. Unfälle, Todesfälle, Scheidungen, Krankheiten, der endgültige Ruhestand oder Arbeitslosigkeit zwingen uns alle auf schmerzhafte Weise, unsere bisherige alltägliche Art des Denkens und Lebens zu verändern. All dies sind Ereignisse, die nicht rückgängig zu machen sind, unser einziger Handlungsspielraum besteht darin, mehr oder weniger gut mit ihnen umzugehen. Einerseits kann man sie als Abweichungen vom richtigen Leben betrachten, die es mit allen Mitteln zu vermeiden gilt, man kann sie aber auch für unabwendbare Gelegenheiten halten, in sich nach neuen Seelenkräften zu forschen, um diese Schicksalsschläge durchstehen, ja, sie sogar für das eigene Selbst nutzbar machen zu können. Kurz, diese Stürme, die manchmal unsere Seelenruhe aufwühlen, sind, so schmerzhaft sie auch sein mögen, vielleicht doch nicht alle dazu bestimmt, uns endgültig zu verschlingen. Sie können uns im Gegenteil einen Anreiz bieten, unsere schöpferischen Kräfte in der Auseinandersetzung mit unserem eigenen Schicksal zu entwickeln, und uns zwingen, eine größere Entspanntheit zu erlernen sowie unsere eigene Werteskala wieder in Ordnung zu bringen, ja sogar eine gewisse Unabhängigkeit und größere Verantwortlichkeit gegenüber uns selbst zu gewinnen.

Aber um dies zu erkennen, muß man anfangen, dem Wind des Lebens genausoviel Vertrauen entgegenzubringen wie dem, der über dem Atlantik weht. Und das ist nicht leicht, denn so vieles, was geschieht, ist voller Gewalt und Schmerz. Ich bekam Lust, dieses Thema weiter zu erforschen, und so wurde es Thema meiner Doktorarbeit.

Unter dem Titel »Die Pädagogik des Schicksalsschlags« habe ich zusammen mit der Stiftung Ling in Lausanne eine Untersuchung über die aufbauende Wirkung durchgeführt, die Krankheit, Unfall und Unglück auf die menschliche Persönlichkeit haben können. So unglaublich dies erscheinen mag, antworteten die meisten Personen, die befragt wurden, nachdem sie eine einschneidende tragische Begebenheit erlebt hatten, daß sie dieser Schicksalsschlag gegenüber anderen Dimensionen des Lebens, religiösen, philosophischen oder spirituellen, habe offener werden lassen; und daß sie sich bereichert fühlten durch ein neues Vertrauen, eine neue Einsicht in das Wesentliche. Aber zuvor hätten sie bis ins Zentrum des Leidens hinabsteigen müssen, um die unerbittlichen Tatsachen ohne Auflehnung akzeptieren und sich anderen Dingen öffnen zu können.

Ich möchte nicht falsch verstanden werden und den Eindruck erwecken, einem billigen Fatalismus das Wort zu reden. Das Leben bietet uns auch eine große Zahl von Pro-

160

»Eine Welt von ungeahntem Reichtum eröffnet sich,
die uns mit unseren innersten Werten in Beziehung setzt.«

Es zählt nur noch die Begegnung unserer Drachensegel aus Dacron-Fasern mit den geschichtsträchtigen Marmorblöcken.

Die Suche nach Harmonie: Nützt sie bei der Suche nach Beständigkeit?

Eine Symphonie von Farben in der Unendlichkeit des Indischen Ozeans.

Atlantiküberquerung im Ballon (1992): »Wenn der Wind in die Richtung weht, in die du fliegen möchtest, verspürst du ein großes Glücksgefühl.«

Der erste Versuch, die Erde im Ballon zu umfliegen: »Die einzige Methode, niemals zu scheitern, ist, niemals etwas zu probieren.«

blemen, auf die wir reagieren können, ja müssen. Es kann
also nicht darum gehen, alles, was uns geschieht, fraglos
zu akzeptieren. Ich wollte mich vielmehr mit den Lebens-
katastrophen befassen, deren Auswirkungen unumkehrbar sind und die um so mehr Leiden verursachen, je
mehr man sich gegen sie auflehnt, und um so mehr
Ängste, je mehr man sich weigert, seinem Leben eine
neue Richtung zu geben.

Das Leben ist keine leichte Sache, aber es wird noch
schwieriger, wenn man sich dagegen wehrt. Es hat mich
schon immer erschüttert, wenn Patienten zu mir in die
Behandlung kamen und meinten:»Mein Leben ändert
sich, aber ich, ich möchte mich nicht ändern; ich habe verloren, was ich geliebt habe, helfen Sie mir, wieder so zu
werden wie vorher!« Dies ist in den meisten Fällen unmöglich, und der Patient leidet um so mehr, je stärker er
sich an das klammert, was er nicht aufgeben kann, und
dadurch noch mehr Angst vor den Unwägbarkeiten eines
anderen Lebens bekommt.

Die therapeutische Arbeit besteht unter anderem also
darin, den Patienten auf einem Weg zu begleiten, der
ihn offener werden läßt, sich zu ändern und selbst in
Frage zu stellen. Er muß im Verlauf der Sitzungen selbst
entdecken, daß unser Leben als großes Abenteuer gesehen werden kann, dessen Krisen und Niederlagen,
ebenso wie seine Hoffnungen und Erfolge, uns auf
unumkehrbare Weise zwingen, eine andere Beziehung
zum Unbekannten zu akzeptieren. Es ist die einzige Art,
wie wir uns weiterentwickeln können, natürlich unter
der Voraussetzung, daß man den Menschen überhaupt
zur Entwicklung fähig hält. Wenn man annimmt, daß
der Mensch aus dem Nichts kommt, daß er nirgendwohin geht und daß sein Leben nur darin besteht, die paar
Jahre mehr schlecht als recht rumzubringen, die eine
unnütze Geburt von einem unerklärlichen Tod trennen,

dann natürlich hat alles, was ich hier schreibe, nicht den geringsten Sinn.

Die 20 Jahre, in denen mir beim Drachenfliegen der Wind ins Gesicht wehte, hatten mir sicher eine intuitive Erkenntnis all dessen vermittelt, aber ich mußte auf dieses Erlebnis, vom Wind angetrieben über den Ozean zu fahren, warten, bis diese Einsicht konkret werden und ich sie für meine Forschungen nutzbar machen konnte. Ich hatte den Eindruck, in diesen fünf Tagen im Ballon soviel gelernt zu haben wie in meinem mehrjährigen Studium, und dieses Mal gab es auch keine Kluft mehr zwischen meinem Beruf als Psychiater und meinen Erlebnissen in der Luft. Aber ich hatte keine Lust mehr, das »Sein-Wollen« des Jonathan Livingston zu predigen. Ich hatte die Kunstflug-Vorführungen durch Vortragsreisen ersetzt, die den Titel trugen »Das Abenteuer, ein Zustand des Geistes« und die ich mit dem Song der Beatles beendete, den Joan Baez so gut singt: Let it Be. Ja, lassen wir unsere Empfindungen zu und unsere Emotionen, lassen wir unsere Intuition zu, laßt uns unser Vertrauen in den Atem des Lebens behalten.

Eine schöne Allegorie dessen hat mir Richard Abruzzo am Ende der Chrysler Challenge geboten. Während Wim und ich landeten und die Engländer ihre Ausrüstung auf dem portugiesischen Strand verstauten, den sie endlich erreicht hatten, war Richard immer noch an Bord seines amerikanischen Ballons unterwegs. Bis dahin war die Ballonfahrt seines Vaters die längste der Geschichte gewesen, aber als wir nachrechneten, wurde uns plötzlich klar, daß Chrysler 5 länger in der Luft war als Double Eagle II, länger als irgendein anderer Ballon vor ihm. Aber dieser Dauerrekord paßte ja gut zu Richard, der ihn wohl wie ein Geschenk seines Vaters empfand. Der Rekord blieb also in der Familie, und später erfuhr ich, daß Richard zum ersten Mal seit sehr langer Zeit in Tränen ausgebrochen

162

war, als eine wahre Flut von Erinnerungen sich aus den Tiefen seines Herzens befreite, Erinnerungen, die er bisher in einem dunklen Winkel seiner Seele vergraben hatte, um nach dem Flugzeugunglück, das ihm 1985 seine Eltern genommen hatte, nicht zu sehr leiden zu müssen.

Wenn ich daran denke, daß die Meteorologen des Rennens ihn den ganzen letzten Tag seiner Fahrt per Fax warnten, er werde nirgendwo ankommen und es sei deshalb besser, sofort auf dem Meer niederzugehen! Sicherlich merkten Richard und Troy, daß sie Richtung Afrika abgetrieben wurden, aber hätten sie landen sollen, solange sie ihre Fahrt weiter fortsetzen konnten? So erreichten sie tatsächlich Marokko, und nach 144 Stunden in der Luft konnten sie noch einmal über das unglaubliche Glück nachsinnen, das sie hatten, als es ihnen gelang, diesen Weltrekord zu erzielen, der für Richard so viel bedeutete.

Die Reflexe unseres Alltagslebens bringen uns viel zu oft dazu, um das zu kämpfen, was wir uns wünschen. Dabei wissen wir gar nicht, ob uns das überhaupt nützt. Unsere gewöhnliche Sicht auf unsere Probleme ist viel zu eng und einseitig, als daß sie es uns erlaubte, eine befriedigende Gesamtschau auf unser Leben zu haben. So gesehen hätten Richard und Troy alles in Bewegung setzen können, das vorher festgesetzte Ziel, Europa, zu erreichen, ohne zu wissen, daß sie dies ihren Weltrekord kosten würde. Wenn sie dem Sturm getrotzt hätten, statt ihm auszuweichen, indem sie sofort bis auf 5000 Meter aufstiegen, wären sie sicherlich in Portugal angekommen, aber nur als Zweite oder Dritte. In diesem Moment hätte es ihnen der Sturm, der uns zum Landen zwang, ebenfalls unmöglich gemacht, weiterzufahren, und sie hätten den Dauerrekord um ein paar Stunden verpaßt! Indem sie die Dinge so akzeptierten, wie sie waren, statt zu versuchen, sie zu beherrschen, trug sie der Wind einem größeren Erfolg entgegen, als sie es sich vorher hätten vorstellen können.

Die Fahrt mit dem Ballon hatte mich viel über das Leben gelehrt, vielleicht sehr viel mehr als alles, was ich bis dahin gelernt hatte, aber nun bekam ich Lust, noch mehr darüber zu erfahren. Ich wollte dieser Spur am Himmel folgen, die anfing, in meinem Herzen einen unauslöschlichen Eindruck zu hinterlassen. Ich wollte in diesem Wehen des Windes zu weiteren Erkenntnissen gelangen, um meine Rolle als Arzt und Mensch auf dieser Erde noch besser ausfüllen zu können. Deshalb fing ich an, mich mit einem Projekt zu befassen, das bisher als völlig unmöglich galt, einem Projekt, das es mir erlauben würde, mit dem Unbekannten und der Natur zu spielen und sowohl die Innen- wie die Außenwelt zu erforschen: die Erde mit dem Ballon zu umrunden, ohne Zwischenstop, ohne Motor und ohne Steuer.

KAPITEL 10

Die längste Ballonfahrt

Das wunderbare Geheimnis einer Frage ohne Antwort

Der Elan war verflogen, der Traum zerbrochen. Die Wellen, die gegen die Seiten der Kapsel schlugen, schafften es, die Solarzellenpaneele abzureißen. Die riesige silberfarbene Ballonhülle trieb halb leer auf dem Wasser. Das große zweimotorige französische Marineflugzeug überflog uns in 20 Meter Höhe und wackelte mit den Flügeln, um die Bergungsschiffe auf uns hinzuweisen. In unseren Überlebensanzügen, mit Helm und Rettungsweste, saßen Wim und ich auf den Resten unseres stolzen Ballons und hoben bei jedem Überflug schüchtern die Hand. Mehrere vergleichbare Versuche, amerikanische wie englische, waren nach weniger als einem Tag gescheitert, und jedesmal hatte ich die Piloten bedauert. Aber dieses Mal waren wir es, denen das passierte. Ein schmerzliches Gefühl der Scham quälte uns wegen dieses Desasters. So viele Menschen hatten ihr Vertrauen in uns gesetzt, hatten bei der Vorbereitung dieser Erdumrundung geholfen, und hier waren wir nun und planschten im Mittelmeer, dabei war es noch keine sechs Stunden her, daß wir als strahlende Helden gestartet waren. Das verstärkte noch meine Trauer.

So wurden nun die Erinnerungen an den Beginn unserer Fahrt durch die Tränen getrübt, die wir kaum zurückhalten konnten. Eine ganze Nacht lang hatte sich unser Riesenballon allmählich in den eisigen Himmel von Château-d'Œx erhoben, inmitten von verdampfendem flüssigem Helium, das die Scheinwerfer irisieren ließ. Die Umrisse von Tausenden von Menschen wandelten wie Geister vor diesem märchenhaften Schauspiel, das Hunderte von Spezialisten 24 Stunden lang veranstalteten. Als Wim und ich in unsere gelbe Kevlarkapsel eingestiegen waren, die mit Antennen gespickt und bis zum Rand mit Lebensmitteln und Treibstoff beladen war, hatte uns die Menge zugejubelt, als hätten wir unser großes Ziel schon erreicht. Dann mußten wir unseren ganzen Mut zusammennehmen, um die Kraft zu finden, unsere Familien hier zurückzulassen. Schon bevor der Ballon abhob, waren unsere Herzen in den Lüften und konzentrierten sich darauf, drei Wochen im Banne des Jetstreams zu überleben. Unsere Gefühlsanspannung war so groß, unser Enthusiasmus so mitreißend, daß zahlreiche Fernsehzuschauer in Tränen ausbrachen.

Einige Minuten nach einem grandiosen Start, bei dem alle Glocken des Städtchens läuteten, war der Breitling Orbiter, beladen mit der Macht unserer Träume und den Hoffnungen der Zuschauermenge, in den ersten Strahlen der aufgehenden Sonne angekommen. Mit den zahlreichen Hubschraubern, die uns das Geleit gaben, sah es aus, als ob der Glanz Tausender Lichter unseren Ballon erstrahlen ließ. Nach vier Jahren Vorbereitung ging es nun endlich los. Wir waren aufgebrochen zu einer Fahrt um die Erde ohne Zwischenstop, dem letzten großen Abenteuer, das unser Planet noch zu bieten hat, in einem der schönsten Ballone, der je gebaut worden war ... und dann waren wir keine 500 Kilometer weit gekommen ...

166

Es war schrecklich, zugeben zu müssen, daß wir so viele Leute enttäuscht hatten. Die Erwachsenen und die Kinder hatten mit uns gebangt und uns Zeichen und Worte der Ermutigung geschenkt; unser Traum war auch zu ihrem geworden. Ungefähr 20 Länder hatten uns über ihr jeweiliges Nationales Olympisches Komitee ihren Dank ausgesprochen, daß wir unsere Fahrt dem Schutz unseres Planeten gewidmet hatten. Einige Worte meiner Abschiedsrede gingen mir noch im Kopf herum, als ob es noch einer weiteren Wunde bedurft hätte:

Wir wollen über unsere Erde fahren, weil sie schön ist. Auch unsere Welt könnte schön sein, aber dafür müßten die Menschen wieder den Mut haben zu träumen. Ohne Traum, ohne Inspiration, ohne Schwung, ohne Abstand zu den Problemen bleiben wir gelähmt stecken im Sumpf des Lebens. Während wir dieses Abenteuer erleben werden, sollten Sie sich immer daran erinnern, daß das ganze Leben ein außerordentliches Abenteuer ist, wenn wir nach dem suchen, was unsere Schritte lenkt. Dies wird es uns erlauben, näher bei der Natur zu sein, unsere Rolle als Bindeglied zwischen Himmel und Erde besser zu spielen und um uns herum mehr Liebe und Licht zu verbreiten.

Welcher Schmerz, ansehen zu müssen, wie die Reste unseres Traums 30 Kilometer vor der französischen Küste von der Dünung auseinandergetrieben wurden. Dies war die größte Niederlage meines Lebens, und sie wurde von allen Medien auf eine Art verbreitet, daß sie auch jeder mitbekommen mußte. Irgendwie war das auch eine Methode, für immer gegen das Lächerliche immun zu werden! Und zu entdecken, daß Pioniergeist nicht notwendigerweise mit großen Erfolgen verbunden ist. Nein, Pioniergeist heißt, das Risiko des Scheiterns zu akzeptieren, ebenso wie das Risiko zu erleben, daß sich die ganze

Welt über einen lustig macht, und dann trotzdem wieder anzufangen.

Am nächsten Tag stellten wir uns mit immer noch verschwollenen Augen den Fragen der Presse. Wenn man mit Journalisten spricht, wenn alles glattgeht, muß man es auch tun, wenn einmal alles schiefgegangen ist.

Ja, wir hatten ein Riesenkerosinleck. Der Inhalt eines ganzen Tanks lief in unsere Druckkabine; und viele Liter überschwemmten den Boden der Kapsel.

Nein, wir sind nicht ins Meer gestürzt. Wir mußten schweren Herzens unsere Fahrt abbrechen, da die Luft in unserer nach außen abgeschlossenen Kabine mit giftigen und brennbaren Dämpfen gesättigt war.

Ja, die Wetterbedingungen waren sehr günstig und unser Kurs ideal. Auf 9000 Meter Höhe trieb es uns mit 100 km/ h Richtung Algerien, wo uns ein regelmäßiger und kräftiger Jetstream erwartete, der uns in 16 Tagen um die Erde tragen sollte.

Ja, wir sind traurig und enttäuscht, aber nicht deprimiert. Eine Depression stellt sich dann ein, wenn man sich auf ein einziges Problem konzentriert, über jedes kleine Detail brütet, und es einem nicht gelingt, die betreffende Situation zu relativieren. Man muß einfach sehen, daß, verglichen mit den schlimmen Verhältnissen in unserer Welt, unser Mißerfolg eine Bagatelle ist.

Ja, natürlich gibt es eine Methode, niemals zu scheitern ... und zwar, niemals irgend etwas zu probieren! Und kennen Sie auch die Definition für Erfolg? Wenn man es einmal mehr versucht, als man Mißerfolge hat!

Würde es einen Breitling Orbiter 2 geben? Alle Augen richteten sich auf den Sponsor. Ich kannte die Antwort schon, dank eines Telefongesprächs mit Thédy Schneider, dem Inhaber von Breitling, der ein paar Stunden nach

unserer Notwasserung diesen wunderbaren Satz zu mir gesagt hatte:
»Die Welt wurde auch nicht an einem Tage erschaffen; es gibt keinen Grund, warum man sie dann schon beim ersten Versuch umrundet haben muß!«

Der Marketingchef ergriff das Wort:
»Breitling ist seit einem Jahrhundert Teil der Luftfahrtgeschichte durch seine Fluginstrumente und Chronographen für Piloten. Wir wissen, daß der Geschichtsverlauf eine Abfolge von Versuchen ist, und folglich setzen wir unser Projekt einer Weltumrundung im Ballon fort.«

Schon am nächsten Tag erreichten uns per Post, Telefon und Internet 18 000 aufmunternde Botschaften. Ich hätte mir eine solche Sympathiewelle nie vorstellen können. Es wurde deutlich, daß in unserem gegenwärtigen ökonomischen und sozialen Klima die Öffentlichkeit sowohl von der Beharrlichkeit von Breitling beeindruckt war als auch von der Entschlossenheit der Besatzung, die wegen ihres Mißgeschicks die Flinte nicht ins Korn werfen wollte.

Nun blieben uns zehn Monate, um das Projekt erneut anzupacken und einen komplett neuen Ballon herzustellen, der im Winter 1997/98 fertig sein sollte. Die Kapsel, die, während sie an Land geschleppt wurde, völlig von Meerwasser überschwemmt worden war, war unbrauchbar geworden. Außerdem mußte ich mich dessen vergewissern, daß alle Beteiligten das Abenteuer fortzusetzen wünschten. Jeder Mensch hat in seinem Innern einen Teil, der nein sagen möchte, und einen anderen Teil, der ja sagen will. Überzeugen heißt, der negativen Seite entgegenzutreten, motivieren heißt, den positiven Teil zu unterstützen, ihn offenzulegen und ihn zu erweitern. Wahrscheinlich hätte kaum ein Mitglied meiner Mannschaft beim zweiten Anlauf mitgemacht, wenn ich sie gleich nach dem Scheitern des ersten Versuchs hätte überreden wollen. Ihre negative Seite hätte sofort Oberhand bekom-

169

men. Aber ich wollte keinen meiner Leute vom Wert dieses Unternehmens oder seinen Erfolgschancen überzeugen. Ich begnügte mich damit, sie zu motivieren, das heißt, ihnen zu zeigen, daß es ein ebenso großes Abenteuer war, eine Expedition vorzubereiten, die man für unmöglich hält, wie sie dann tatsächlich erfolgreich durchzuführen. Wahrscheinlich verließ deswegen keiner das Team.

Breitling hatte ja schon zugesagt, ebenso wie Don Cameron und Alan Noble, die die Ausrüstung liefern und die Projektleitung übernehmen würden. Ohne sie wäre ein Weitermachen unmöglich gewesen.

Andy Elson, der Techniker, der für die Kapsel zuständig war, willigte ein, sich wieder an die Arbeit zu machen, ohne aber seine persönlichen Ambitionen zu verhehlen. Auch er träumte davon, die Erde zu umrunden, und plante schon zusammen mit einem schottischen Millionär seinen eigenen Versuch. Ihn amüsierte im übrigen der Gedanke, daß Wim und ich tatsächlich nur die Versuchskaninchen für die Qualität seiner Technik abgeben würden!

Auch MeteoSchweiz und das Königlich Meteorologische Institut wollten weiter dabeisein. Pierre Eckert, der für uns Hunderte von Routensimulationen am Computer durchgerechnet hatte, und Luc Trullemans, unser Schutzengel von der Chrysler Challenge, hatte die Zusammenarbeit und das Vergleichen ihrer jeweiligen Modellrechnungen viel Spaß gemacht. Die beiden hatten auch die Grunddaten der Expedition bereits festgelegt: Start im Winter auf der nördlichen Erdhalbkugel, um den regelmäßigen Jetstream auszunutzen, Fahrt in einer Höhe von 9000 oder 10 000 Metern zwischen dem 30. und 40. Breitengrad.

Auch die Leute von Château-d'Œx würden sich wieder die Beine für uns ausreißen, damit auch der nächste Start bei ihnen stattfindet, ebenso wie der Internationale Flughafen von Genf, der uns auch dieses Mal seine ganze Infrastruktur zur Flugüberwachung zur Verfügung stellen würde.

Alles nahm nun wieder feste Formen an, aber es galt noch, die weitere Zusammenarbeit mit dem Internationalen Olympischen Komitee in die Wege zu leiten. Dies war für mich nämlich das Kernstück, wenn nicht sogar der Rahmen des ganzen Puzzles. Ich hatte seinen Präsidenten Juan Antonio Samaranch gebeten, die Patenschaft für mein Vorhaben zu übernehmen, um dadurch die symbolische Dimension, die ich dieser Expedition geben wollte, zu unterstreichen. In den drei Wochen, die diese Fahrt dauerte, dem Zeitraum des alten olympischen Friedens, könnte der Breitling Orbiter zum Zeichen der Verbundenheit zwischen allen Ländern der Welt werden, und ich wollte diese symbolische Bedeutung der Fahrt dazu benutzen, vom Satellitenfax meiner Kapsel aus eine Friedensbotschaft an alle Regierungen zu versenden. Ich hatte also an diese Tür geklopft, um mein humanitäres Anliegen zu erläutern, und ich war von seinem Präsidenten mit offenen Armen empfangen worden. Aber wie würde es diesmal sein, nachdem ich die olympischen Ringe im Mittelmeer hatte wassern lassen?

»Bringen Sie die Ringe beim nächsten Mal so an, daß sie noch besser zu sehen sind: Ihr Unternehmen steht ganz im Geiste der olympischen Bewegung«, antwortete mir Herr Samaranch.

Als ich sein Büro verließ, war ich dankbar, aber auch beeindruckt von dem Vertrauen dieses Mannes, der ja ebenso mächtig war wie ein Staatschef. Wenn einem ein solches Vertrauen auf den Schultern ruht, verzehnfacht das den Wunsch, Erfolg zu haben, es vergrößert aber auch die Furcht, zu scheitern und alle zu enttäuschen, die einen unterstützen.

Dieses Verantwortungsgefühl gegenüber unseren Partnern, unseren Freunden und sogar der Öffentlichkeit wurde im Laufe der nächsten Monate immer stärker und war am Ende kaum noch zu ertragen. Jeder glaubte an uns und versicherte uns, daß wir es schaffen würden. Es war nicht mehr nur mein Vorhaben, wie noch bei meinem ersten Kontakt mit Breitling; es war nicht einmal mehr das Projekt unserer Gruppe; es war das Projekt aller geworden und gehörte nun der Öffentlichkeit, denn unser Traum war auf das Echo vieler kollektiver Träume getroffen. Ein Ballon, der ohne Motor und Steuerungsmöglichkeit zum Versuch aufbricht, unseren Planeten zu umrunden, und dabei die ausgereiftesten Hilfsmittel der modernen Spitzentechnologie dazu benutzt, mit den Winden zu spielen, wird zu einem paradoxen Symbol für unsere materialistische Gesellschaft: Er verkörpert den Mythos der eigentlich unmöglichen Verbindung von Mensch und Natur. Da diese Fahrt aber auch ohne jeden Zwischenhalt erfolgen sollte, kamen zu den ökologischen die wissenschaftlichen Herausforderungen hinzu. Der Ballon mußte drei Wochen in der Luft bleiben können, wenn er eine Chance haben wollte, eine volle Umrundung zu schaffen, und um dies zu gewährleisten, waren technische Meisterleistungen vonnöten. Diese Herausforderung gefiel dem Hauptsponsor, der ja Spezialist für Hochtechnologie in der Zeitmessung war, ebenso wie dem Rest der Mannschaft, die neue technische Wege finden mußte, wollte sie ihre Aufgabe erfüllen.

Zu all dem kam noch der historische Aspekt hinzu, denn eine solche Ballonfahrt war noch nie unternommen worden. In einer Zeit, in der alle Kontinente, Berge und Ozeane entdeckt und erforscht waren, in der Flugzeuge den Himmel und Satelliten den Weltraum erobert hatten, konnte man berechtigterweise eine Weltumrundung im Ballon als letztes großes Abenteuer bezeichnen. Insofern war es selbstverständlich, daß es für Steve Fossett,

Richard Branson und mich viel attraktiver war, eine neue Seite im Buch der Geschichte zu schreiben, als nur nachzulesen, was andere vollbracht hatten. So hatte auch ein internationaler Wettbewerb begonnen, der von den Medien kräftig angeheizt wurde und aus dem Steve als großer Gewinner der ersten Runde hervorgegangen war. Zwei Tage nach unserem Scheitern und eine Woche nach dem von Branson war er solo in den Vereinigten Staaten gestartet, hatte in einer offenen Kabine den Atlantik, Afrika, Arabien und Indien überquert und hatte damit auch mit einer Fahrtzeit von sechs Tagen und einer zurückgelegten Entfernung von 15 000 km den Dauerrekord der Familie Abruzzo gebrochen! Und er hatte gleichzeitig das Vertrauen der Anhänger von Druckkapseln erschüttert!

In diesem Jahr wurde die Liste der amerikanischen Konkurrenten durch die Ankündigung von Kevin Uliassis Solofahrt und der Planung der Mannschaft Dick Rutan/ Richard Abruzzo noch länger. Ich würde also meinem Freund Richard in der Luft wiederbegegnen, und ich freute mich schon darauf, aber ich mochte es andererseits gar nicht, daß die Presse vor allem auf den Wettbewerbscharakter und die Frage des »Siegers« abhob. Warum interessierte man sich nur dafür, wer es als erster schaffen würde, wo doch ein solches Unternehmen so schwierig war, daß die Leistung auch des zehnten oder zwanzigsten, dem dies gelang, genauso gewürdigt werde sollte? Um dem Ganzen die Krone aufzusetzen, setzte eine amerikanische Brauerei einen Preis von einer Million Dollar für den Gewinner des »Jahrhundertrennens« aus. Was immer ich davon halten mochte, wir hatten die Kontrolle über die Ereignisse verloren und waren dazu verdammt, die Helden oder die Opfer einer riesigen Medienmaschine zu werden. Gott sei Dank veränderte der ganze Rummel in keiner Weise Klima und Stimmung innerhalb unserer

Mannschaft. Dies galt auch für das Verhältnis der Konkurrenten untereinander. Ich kannte zwar Steve Fossett nur durch einige Telefongespräche, aber trotzdem war unsere Beziehung von gegenseitigem Respekt geprägt. Richard Branson war ein guter Flugkamerad, seit wir uns vor Jahren bei der Internationalen Woche für Heißluftballone in Château-d'Œx zum ersten Mal getroffen hatten.

Über den Wettbewerb hinaus, auch über das Symbol hinaus, das mir so sehr am Herzen lag, fand ich in dieser Unternehmung auch ein Stück meines Ariadnefadens wieder. Es war die gleiche Atmosphäre, wie ich sie schon als Kind gekannt hatte, geprägt von Wissenschaft und Forschung, aber auch von Träumen und Abenteuern. Als ich im Scheinwerferlicht dieser magischen Nacht den Breitling Orbiter inmitten einer Wolke flüssigen Heliums sah, versetzte mich das in die Zeit von Cape Kennedy und des Apollo-Programms. Aber diesmal waren es Wim und ich, die eine Kapsel bestiegen, um zu starten. Was gibt es Normaleres, als eine Geschichte fortzusetzen, die man eigentlich innerlich nie verlassen hat. Auf die Gefahr hin allerdings, nun auch einige ihrer schmerzhaften Seiten kennenlernen zu müssen. Ich begann nun auch zu verstehen, was mein Großvater durchmachen mußte, als er sich genötigt sah, seinen Ballon zu entleeren, und er unter den höhnischen Sticheleien der Skeptiker seiner Zeit seinen ersten Aufstieg in die Stratosphäre absagen mußte; oder als er gezwungen war, die Erprobungen seines ersten Bathyscaphe abzubrechen, nachdem dieser den Rumpf des Schleppschiffs gerammt hatte.

Meine älteste Tochter Estelle, die bislang einen Teil ihres Selbstwertgefühls aus der Tatsache gezogen hatte, einen »berühmten Papa« zu haben, hatte am Tag nach der Notwasserung nun auch einmal die Kehrseite der Medaille kennengelernt: Sie wollte nicht mehr in die Schule gehen, weil es einige ihrer Kameraden gewagt hatten, über das

Mißgeschick ihres Vaters zu lachen. Sie konnte es kaum fassen, daß auch ich es lächerlich fand, ins Mittelmeer »zu plumpsen«, wenn man aufgebrochen war, die ganze Welt zu umrunden.

So viel stand nach all dem fest: Ein erneutes Scheitern konnten wir uns nicht mehr leisten. Es war unbedingt nötig, technische Änderungen vorzunehmen, vor allem beim Kerosinsystem, das wir zur Aufheizung des Heliums bei Nacht benötigten. Zu dieser Zeit glaubten wir noch, daß es günstiger sei, flüssigen statt gasförmigen Brennstoff zu benutzen. Im Gegensatz zum Propangas, das in schwere und sperrige Metalltanks gefüllt werden muß, ließ sich das Kerosin einfach in große Plastikbehälter packen, deren geringes Gewicht bei unserer Planung keine Rolle mehr zu spielen brauchte.

Die Ballonhülle mit ihrer Höhe von 53 Metern würde wieder nach dem Roziere-Prinzip funktionieren. Dieses hat den Vorteil, daß der Ballon durch das Traggas Helium aufsteigt. Tagsüber wird dieses durch die Sonneneinstrahlung erhitzt und die Tragkraft erhöht. In der Nacht wird das Helium dann über die Brenner erwärmt, so daß der Ballon seine Höhe halten kann. Diese Kombination von Helium und heißer Luft hatte sich schon bei der Chrysler Challenge, aber auch bei der außerordentlichen Ballonfahrt von Steve Fossett bewährt.

Um die Reichweite eines solchen Ballons zu erhöhen, muß man alles tun, um bei Tag und bei Nacht den Wärmeaustausch zu verringern. Wenn sich das Helium durch die Sonneneinstrahlung zu sehr erwärmt, fängt es an auszuströmen, und wenn es nachts durch Abstrahlung zuviel Wärme verliert, würde der Brennstoffverbrauch bedenklich ansteigen. Wir wollten also wie beim Orbiter 1 die ganze Gaszelle mit einer Isolierschicht aus aluminiumbeschichtetem Mylar umkleiden und die Spitze des Ballons durch einen sekundären Zeltballon, der 800 m^3 Helium

175

faßt, schützen. Um den Wirkungsgrad noch zu erhöhen, würden Ventilatoren, die von Solarzellen angetrieben wurden, Kaltluft über und unter dem Helium zirkulieren lassen. Diese riesige Hülle wurde wieder von Schneiderinnen zusammengenäht, die hinter ihren Nähmaschinen fast unter den Bergen weißen und silbernen Stoffes verschwanden.

Unglücklicherweise zeigte sich, daß Wim durch sein eigenes Ballonunternehmen in Belgien zu sehr in Anspruch genommen wurde, als daß er die notwendige Zeit bei der Herstellung des neuen Ballons und vor allem dem Training mit den neuen Systemen hätte aufbringen können. Wegen dieser fehlenden technischen Kenntnisse und um zu gewährleisten, daß ich einen fähigen Partner hätte, der das Kommando übernehmen konnte, wenn ich schlief, schlug die Mannschaft vor, daß Andy Wim ersetzen sollte. Aber nach allem, was wir auf dem Atlantik zusammen erlebt hatten, konnte ich mich nicht dazu durchringen, Wim auszubooten, und so wurde beschlossen, Andy einzuladen, als drittes Crewmitglied mitzukommen. Und so bekam mein neuer Kopilot auch unsere glücksbringende »Fetischuhr«, die Emergency: ein Hochtechnologie-Chronograph mit einem eingebauten Miniatur-Notrufsender.

Die Kapsel auch für einen dritten Mann herzurichten, stellte kein Problem dar. Es gab schon zwei Schlafkojen, und die zweite würde von nun an eben zum Schlafen dienen, und nicht primär, um dort einen Haufen Material zu verstauen. Dagegen mußten wir noch eine weitere Flasche flüssigen Sauerstoff und ungefähr zehn weitere große Lithiumhydroxidfilter mitnehmen, die dazu bestimmt waren, das überflüssige Kohlendioxid zu absorbieren. Unser Drucksystem war dasselbe, das mein Großvater für seine Aufstiege in die Stratosphäre erfunden und konstruiert hatte. Das Schließen der Hauptluke auf einer vor-

176

gegebenen Höhe, meist zwischen 2500 und 3000 Metern, erlaubte es, einen konstanten Druck aufrechtzuerhalten, natürlich nur dann, wenn die Kapsel absolut dicht war. Eine Mischung aus Sauerstoff und Luft ersetzte in dieser abgeschlossenen Atmosphäre den Sauerstoff, den die Mannschaft verbrauchte, während Alkalikartuschen das durch die Atmung entstandene Kohlendioxid wieder herausfilterten. Eine Reservemenge flüssigen Stickstoffs diente dazu, bei Problemen den Druck der Kabine einige Male erhöhen zu können, ohne unter 3000 Meter sinken zu müssen. Auch die Form der Kabine war mir schon bekannt: ein Zylinder mit zwei abgerundeten Enden, 5,25 Meter lang, mit einem Durchmesser von 2,25 Meter, nach dem Vorbild des Kleinstunterseeboots meines Vaters, der F.-A.-Forel.

Brian Jones, ein Freund von Andy, hatte in einer englischen Testpilotenschule das notwendige Überlebenstraining der Mannschaft durchgeführt: Verhalten bei einem simulierten Wassereinbruch im Cockpit, Fallschirmübungen in einem Schwimmbecken, dort auch Übungen, wie man sich des Gurtes entledigt und die Einmann-Rettungsinseln aussetzt, Unterdrucktraining in einer Dekompressionskammer etc.

Als die Jetstream-Saison anfing, war das ganze Material in Château-d'Œx eingetroffen, wo die Endmontage stattfinden sollte. In einer Ecke der Werkstatt standen Kartons voller gefriergetrockneter Nahrung von Nestlé, 200 Wasserflaschen und die Taschen mit unseren persönlichen Sachen, die nur noch eingeladen werden brauchten. Zur gleichen Zeit kochte Steve Fossett in St. Louis vor Ungeduld, und auch auf den Straßen von Château-d'Œx, die mit den Bildern des Breitling Orbiter 2 dekoriert waren, konnte man die Spannung schier mit Händen greifen.

Richard Branson mußte das wohl spüren, denn da er der erste sein wollte, der die Chance ergriff, nutzte er ein winziges Wetterfenster aus, um seinen Ballon in Marrakesch befüllen zu lassen. Im Winter davor hatte ich schon einmal seinem Start machtlos am Fernsehgerät zusehen müssen. Der Wettlauf hatte begonnen, auch wenn wir in unseren Pressemitteilungen immer wieder betonten, daß sich dadurch für uns überhaupt nichts geändert habe:

Wir kämpfen nicht gegen die anderen, sondern gegen unsere eigenen technischen Probleme.

Es ist auf alle Fälle leichter, die Montage der Kapsel am Boden abzuschließen als in der Luft, und wir starten erst, wenn alles fertig ist, meinte dann noch Andy in seinem typisch englischen Humor.

Kurze Zeit später klingelte mein Telefon, und eine Mitarbeiterin von Breitling England teilte mir weinend mit, daß der Ballon von Virgin abgehoben habe. Ich versuchte sie zu trösten:

»Das ist nicht schlimm, Victoria, wir sind auch bald so weit ...«

»Der Ballon ist unterwegs ... aber ohne Besatzung! Die Hülle ist ganz allein aufgestiegen. Ich habe dich gleich angerufen. Sogar Richard weiß noch nicht Bescheid!«

Wir konnten ein solches Pech kaum glauben. Eine extrem heftige Turbulenz hatte während des Aufpumpens die Halteleinen der Hülle losgerissen, und so schwebte diese nun in mehr als 12 000 Metern Höhe über dem Atlasgebirge.

Wochenlang hatten uns Richard Branson und sein Team immer wieder versichert, daß sie nicht starten wollten, bevor sie die Erlaubnis erhielten, China überqueren zu dürfen. Sie hatten uns sogar gebeten, Fossett davon abzuhalten loszufahren, bevor die Chinesen eine positive Antwort gegeben hätten. Und plötzlich begann Branson seinen riesigen Ballon am hellichten Tag in der Wüste aufzurüsten. Aber das Mikroklima dort ist oft sehr tükkisch, selbst für die, die ihre Konkurrenten kalt erwischen wollen. So muß man schon sagen, daß es ein bißchen die alte Geschichte war von dem, der anderen eine Grube graben wollte ...! Was uns aufhielt, waren die Schlechtwetterfronten, die in diesem Dezember nacheinander über die Alpen zogen. Wir wußten zwar, daß das El-Niño-Phänomen die Großwetterlage von der südlichen Hemisphäre aus beeinflussen konnte, aber eigentlich doch nicht bis in unsere Breiten hinauf. So konnten wir unsere Vorbereitungen noch verfeinern, vor unseren Schlafkojen Vorhänge aufhängen oder Haken für unsere Küchentücher anbringen, aber unser Wunsch aufzubrechen wurde trotzdem immer stärker.

Am 31. Dezember um Mitternacht waren wir immer noch auf dem Boden, während weder Steve Fossett noch Kevin Uliassi mit ihren Familien feiern konnten. Beide waren bei Anbruch der Nacht gestartet und bewegten sich auf den Atlantik zu. Am nächsten Morgen erfuhren wir betroffen, daß Kevins Heliumkammer, die wie unsere von Cameron hergestellt worden war, einen Riß hatte und Kevin so zu einer Notlandung gezwungen war. Dagegen sollte die Fahrt von Solo Spirit alle Geschwindigkeitsrekorde brechen. Um über riesige Sturmfronten, die auf seinem Weg lagen, hinwegzukommen, war Steve das leichtfertige Risiko eingegangen, über dem Festland volle Propantanks abzuwerfen, um höher aufsteigen zu können. Daraufhin hatte er den Atlantik in 44 Stunden überquert, war dann aber auf Rußland zugetrieben, das die Überfahrt über sein Territorium verboten hatte. Als die Heizung und wahrscheinlich auch der Autopilot, der durch die Zeit ohne Druckausgleich in 8000 Metern Höhe wohl überlastet worden war, ausfielen, mußte Steve seinen Versuch am Ufer des Schwarzen Meeres abbrechen. Als ich im Fernsehen die Bilder des Sturms sah, der über

Europa tobte, als Solo Spirit darüber hinwegschwebte, bekam ich zugegebenermaßen Angst um Steve. Aber am Ende kam er noch ganz gut davon, auch wenn er keinen der beiden Rekorde zu brechen vermochte, die er ein Jahr zuvor aufgestellt hatte. Immer noch hielt uns das schlechte Wetter am Boden fest, und als wir langsam Zweifel bekamen, ob unsere Entscheidung, in der Schweiz zu starten, richtig gewesen war, schlugen Pierre und Luc plötzlich Alarm. Mit einem Mal war das Lampenfieber vor dem Start wieder da. Ein Teil unseres Teams fing an, die Kapsel mit Treibstoff und Flüssiggas zu beladen, während die anderen schon die Ballonhülle auf dem Startplatz zur Abfahrt bereitmachten. In dieser Zeit betreute unsere Presseabteilung rund 230 Medienvertreter inmitten eines Waldes von Parabolantennen. Château-d'Œx war zum Zentrum der Welt geworden, aber mir war am wichtigsten, dem kolossalen Druck der Journalisten zu widerstehen, die uns schon als Helden betrachteten.

Die Augen der Welt sind auf Ihre Fahrt gerichtet; wie fühlen Sie sich dabei?
Steht schon fest, welches Museum Ihre Kapsel bekommen wird?
Ist Ihnen bewußt, daß Sie, wenn Sie Erfolg haben, neben Lindbergh und Armstrong im Lexikon stehen werden?

Dies war die Sorte Fragen, vor denen es uns am meisten grauste; sie erzeugten nämlich in uns den brennenden Wunsch, einfach unbedingt Erfolg haben zu müssen, während wir doch nichts anderes tun konnten, als unsere Vorbereitungen weiter fortzusetzen. Alles, was ich wollte, war, mich ganz auf den Startvorgang konzentrieren zu können und zu vergessen, wieviel bei dieser ganzen Sache für uns auf dem Spiel stand.

180

Das Wetter war phantastisch, aber als die entscheidende Stunde nahte, wehte der Jetstream nicht wie erwartet in südlicher Richtung, sondern so, daß er uns in vier Tagen nach Japan getragen hätte; doch dabei hätten wir das Zentrum Chinas überquert, und dessen Behörden hatten uns bisher keine Überfahrterlaubnis gegeben, obwohl wir uns seit anderthalb Jahren darum bemüht hatten. So konnten wir diese außergewöhnliche Chance nicht nutzen und mußten den Start erneut verschieben.

Am nächsten Tag wiesen die Modellrechnungen unserer Computer einige Routenführungen aus, die China südlich umgehen würden, und wir beschlossen, die Vorbereitungen wiederaufzunehmen. Und dann passierte vor einer Menge fassungsloser Zuschauer die unwahrscheinlichste, so dumme wie schwerwiegende Sache, die man sich überhaupt vorstellen konnte: Als die Kapsel am Startplatz entladen wurde, gaben die Tragseile nach, und sie krachte mit einem unheimlichen Knall auf den Hänger. Danach herrschte auf dem ganzen Platz Totenstille. Da der Kranfahrer dachte, er habe einen Fehler gemacht, sprang er in Panik von seinem Gefährt und floh eilends durch den Schnee. Tatsächlich hatte ein Lieferant von Cameron schlechte Arbeit abgeliefert, denn vier der acht Anschlußstücke, an denen die Tragseile der Kabine am Lastrahmen befestigt waren, waren abgerissen. Unsere Anwälte konnten sich schon freuen!

Schon wieder eine Blamage, schon wieder hatten wir uns lächerlich gemacht, aber bei diesem Projekt hatte ich gelernt, jede eigene Empfindlichkeit zu vergessen. Als wir vor den Vertretern der Weltpresse saßen, die zwischen den Begriffen »Amateurhaftigkeit« und »Fluch, der auf dem Unternehmen liegt«, schwankten, versuchten wir ein Mißverständnis aufzuklären:

Was hier passiert ist, ist zwar völlig inakzeptabel. Sie müssen aber verstehen, daß es mehr braucht als die bereits bekannte und bewährte Technik, wenn man mit dem Ballon um die Welt fahren will. Übrigens handelt es sich um mehr als eine Erdumrundung im Ballon, es handelt sich um eine ohne Motor. Dies ist ein großer Unterschied. Wir werden mit einer Ausrüstung unterwegs sein, die speziell für dieses Unternehmen entwickelt wurde und die mit einem echten Ballon kaum noch etwas zu tun hat.

In Wirklichkeit würden wir im Moment nirgendwohin fahren, da wir erst einmal unsere Kabine reparieren und die ganze Ausrüstung überprüfen mußten. Denn ab jetzt herrschte eine enorme Vertrauenskrise: Die Seile hätten genausogut in der Luft reißen können...

Kurz danach rief mich Richard Branson an:

»Richard, wir haben unsere Kapsel verloren, nachdem du deine Ballonhülle verloren hast. Ich glaube, du bist der einzige, der verstehen kann, wie ich mich fühle...«

»Ja, Bertrand, aber wenn du morgen aufwachst und feststellst, daß du noch am Leben bist, wirst du ganz schön froh sein, das verspreche ich dir!«

Und so war es: Am nächsten Tag waren Andy, Wim und ich noch am Leben, unsere Kabine auf dem Weg in die Werkstatt, und Dick Rutan startete in Albuquerque mit Dave Melton, der nun den Platz von Abruzzo einnahm. Wir glaubten wirklich, unsere Chance endgültig verpaßt zu haben, bis kurz danach ein unglaublicher Umschwung eintrat. Eine Stunde nach dem Start platzte die Heliumzelle der Global Hilton genauso wie die von Uliassi, und die zwei Piloten zogen es vor, ihren Ballon in der Luft aufzugeben und mit dem Fallschirm abzuspringen. Die Fernsehnachrichten zeigten ausführlich die Bilder, wie der riesige Ballon abstürzte und danach in einer Hochspannungsleitung explodierte.

182

Diesmal wurde es der ganzen Welt klar: Ein Fluch
lastete auf dieser Weltumrundung! Und wann würden
wir unseren nächsten Versuch starten können? Die Jetstream-Saison ging langsam zu Ende, und wir würden
das allernächste Wetterfenster ausnützen müssen, sobald
unsere Kapsel repariert war. Da sie unsere Unruhe
merkte, ließ uns die Direktion von Breitling folgende Botschaft zukommen:

*Wir werden keinerlei Druck auf Euch ausüben, noch in die-
sem Winter zu starten. Es bist Du, und Du allein, der diese
Entscheidung trifft, und zwar auf der Grundlage der Flug-
bedingungen und nicht wegen irgendwelcher Marketing-
überlegungen.*

Ich hatte die noble Art von Breitling schon kennengelernt,
und ich mußte kurz an diejenigen denken, die glauben,
daß alle Sponsoren wegen ihres finanziellen Engagements
Sportler dazu verleiten, zu große Risiken einzugehen.

Danach ging alles ganz schnell. Nach einigen vergeblichen Hoffnungen, die mich an die Wartezeit vor der
Chrysler Challenge erinnerten, alarmierten die Meteorologen uns für den 28. Januar 1998, dem Geburtstag meines
Großvaters. Das Schicksal konnte mir doch nicht ausgerechnet an einem solchen Tag einen bösen Streich spielen!

Es war nun der dritte Versuch, und jeder kannte nun bis
ins kleinste seine Aufgaben. Das half mir, ein wenig Abstand von dem ganzen Geschehen zu gewinnen, obwohl
ich spürte, daß der Einsatz diesmal sogar noch höher war.
Ich war hin- und hergerissen zwischen dem Wunsch, jede
Sekunde dieser außergewöhnlichen Tage zu nutzen, und
dem Bedürfnis, mich etwas zurückzunehmen, um mich
nicht zu sehr zu freuen. Auf jeden Fall mußte ich x-mal
in alle Mikrofone wiederholen, welches meine Motivation
war, und vor allem, warum ich glaubte, daß wir diesmal

Erfolg haben würden. Ich hatte wirklich keine Lust, den Helden zu spielen.

Die letzte Nacht gehörte Andy und den Technikern, da Alan Noble die Piloten einige Stunden zum Schlafen geschickt hatte. Ich sah also nicht, wie der Breitling Orbiter 2 inmitten eisiger Kondenswolken geboren wurde. Ich sah nicht, so wie die Feuerwehrleute und die Freiwilligen vom Ballonklub von Château-d'Œx, wie die 53 Meter lange Ballonhülle vom Wind immer wieder auf den Boden gedrückt wurde. Die Spezialisten von Carbagaz mußten immer genau den richtigen Zeitpunkt zwischen zwei Windstößen erwischen, um das flüssige Helium einblasen zu können, nachdem sie es in großen Radiatoren verdampft hatten. Ihr Chef Roland Wicky hielt den Kontakt zu den Leuten von Cameron:

»Es gibt nur ein Problem: Ich verstehe ihr Englisch, aber sie verstehen meines nicht!«

Die minus 20 ° C dieser Nacht verband die Zuschauer, die Techniker und die Journalisten zu einer einzigen verschworenen Gemeinschaft, die alle vom selben Antrieb beseelt waren. Jeder fühlte sich von unserem Projekt persönlich betroffen. Dies ging so weit, daß der Kommentator des Schweizer Fernsehens bei der Direktübertragung verkündete:

»Hier in Château-d'Œx sind ›wir‹ gerade mit dem Befüllen des Ballons fertiggeworden.«

Kevin Uliassi weckte mich, als er mich anrief, um seine Besorgnisse zu äußern, was unsere Ballonhülle anging:

»Ich wollte dir nur mitteilen, daß Cameron nicht versteht, warum es meinen Ballon zerrissen hat. Du solltest was an deiner Heliumzelle verändern lassen.«

»Zu spät, Kevin, mein Ballon ist schon befüllt, und ich starte in zwei Stunden.«

»Sorry, das wußte ich nicht…«

Die Shiatsu-Behandlung am Abend vorher hatte gut

gegen meine Erkältung geholfen, die mich seit zwei Tagen quälte, aber als ich zum Startplatz kam, war mein Magen total verkrampft. Ich hatte nicht einmal mehr genug Speichel im Mund, um ein Stück Croissant runterschlucken zu können. Es war ein unglaubliches Gefühl, als ich schon aus etlichen Kilometern Entfernung sah, wie sich die silberne Silhouette des Breitling Orbiter 2 gegen die noch schwarzen Alpen abhob. Ich konnte kaum begreifen, daß all das für Andy, Wim und mich veranstaltet wurde. Kaum vorstellbar auch, daß so viele Menschen mir so sehr vertrauten, daß sie mir den, wie ich plötzlich glaubte, schönsten Ballon der Welt finanziert und gebaut hatten! Dieser Augenblick war irgendwie unwirklich, magisch, jenseits aller Zeit; es war ein einziger Traum, der mich aber gleichzeitig vor Angst und Respekt zittern ließ. Ich war sehr bewegt, als ich sah, daß meine Familie und all meine Freunde vor der mit Reif bedeckten orangefarbenen Kapsel auf mich warteten. Ich war innerlich zerrissen zwischen meinem Wunsch, diesen letzten Augenblick mit ihnen zu verbringen, meinem Bedürfnis, den Kopf für meine Aufgaben frei zu bekommen, und der Notwendigkeit, auf alle Fragen, die mir in dieser eiskalten Nacht gestellt wurden, zu antworten:

Diesmal werde ich erst an den Start glauben, wenn die Halteleinen gekappt sind!
Wenn es einen blinden Passagier gibt, dann wird es eine technische Störung sein ...
Ja, ich habe Angst. Ich habe die Wahl zwischen einer Angst vor dem ganzen Unternehmen und der Verrücktheit, dessen enorme Schwierigkeiten zu ignorieren. Da ziehe ich es doch vor, Angst zu haben!

Ich führte noch ein längeres Gespräch mit dem Navigator Olivier de Kersauson. Er weiß, was es heißt, zu einer Weltumrundung aufzubrechen, und gab zu, daß er es an meiner Stelle vorzöge, sich 24 Stunden vor der Abfahrt total zurückzuziehen, um die Spannung nicht zu groß werden zu lassen. Dann schloß er mit den rührenden Worten: »Du bist unser Botschafter. Du mußt keinen Bammel haben, denn in gewisser Weise fahren wir alle mit dir mit!«

Mir brach fast das Herz, als ich meine drei kleinen Töchter vor dem Ballon erblickte. Da waren sie, mit all ihrem unschuldigen Gottvertrauen! Für Michèle und meinen Vater, meinen Bruder Thierry und meine Schwester Marie-Laure war das anders; Erwachsene haben eben eine vernünftigere Sicht der Dinge. Oriane hatte im Jahr davor mit dem ganzen Nachdruck ihrer vier Jahre zugegeben:

»Als Papa mit dem Ballon wegfuhr, war ich traurig...«

Ich wollte, daß es jetzt endlich losgeht, da ich wußte, daß es mir besser gehen würde, wenn wir erst einmal in der Luft waren, aber zuerst mußte noch eine defekte Satellitenantenne repariert werden. Für die unglücklichen Radio- und Fernsehreporter verging die Zeit noch viel langsamer, da sie schon seit zwei Stunden live eine Szene beschreiben mußten, in der sich überhaupt nichts bewegte. Andy war mit Arbeit völlig eingedeckt, und Wim gab mit Tränen in den Augen ein letztes Interview.

Pierre und Luc informierten mich über die jüngsten Wetteraussichten. Seit dem Tag davor hatten sie sich nicht geändert: eine sehr langsame Fahrt bis nach Ägypten, dann nach drei Tagen Aufstieg in den Jetstream.

Die Sonnenkollektoren waren jetzt angeschlossen, die Antenne repariert und der Heißluftballon von Châteaud'Œx war schon aufgestiegen, um die lokalen Inversionsschichten zu erkunden. Bevor wir in die Kapsel stiegen, war es nun Zeit für meine Abschiedsbotschaft:

*Im vergangenen Jahr hat uns eine Schulklasse, um uns vor
dem Start Mut zu machen, diesen Ausspruch des Dichters
Maurice Carème geschickt:»Die Erde ist deswegen rund,
damit eines Tages Friede, Freundschaft und Liebe auf ihr
die Runde machen können.« In diesem Geist wollen Andy,
Wim und ich heute starten. Wenn unsere Fahrt gelingt, ist
das auch Ihr Erfolg. Wenn wir scheitern, werden wir um so
trauriger sein, Sie enttäuscht zu haben. Aber den wahren
Schatz dieser Reise um die Welt haben wir schon gefunden,
bevor wir überhaupt losgefahren sind: das ist Ihrer aller
Freundschaft, das sind die vielen bemerkenswerten Botschaften, die uns aus allen fünf Kontinenten erreicht haben,
die uns auch zum Himmel begleiten werden. Danke, daß
Sie unseren Traum mit uns träumen.*

Danach versuchte ich meine Familie zu umarmen, ohne
ihnen zu sehr zu zeigen, daß ich eigentlich schon ganz
woanders war. Es war gleichzeitig faszinierend, endlich
losfahren zu können, wie es herzzerreißend war, sie hier
so mit ihren Tränen, die auf ihren Wangen gefroren, zu-
rücklassen zu müssen. Die Dutzende von Kameras raub-
ten uns jede Gelegenheit zu etwas mehr Intimität, aber
wir waren gleichzeitig gerührt festzustellen, daß unser
Vorhaben soviel Begeisterung geweckt hatte.

Michèle hatte gut verstanden, worum es ging, als sie,
die bisher mühsam ein Lächeln gezeigt hatte, plötzlich
mit ernstem Gesicht zu einem Journalisten sagte, der sie
daran erinnert hatte, daß ein Ballon in Weißrußland von
einer Rakete abgeschossen worden war:
»Wovor ich am meisten Angst habe, sind die politischen
Probleme. Aber jetzt möchte ich ihn abfahren sehen. Er
wird sich da oben wohlfühlen. Es ist das Ende jahrelanger
Vorbereitungen und der Beginn eines Traums.«

Es war jetzt völlig hell geworden, und ich griff die Leiter
mit beiden Händen und stieg sie Sprosse für Sprosse mit

einer Mischung aus Entschlossenheit und Fatalismus hinauf. Ein letztes Winken noch, während ich auf der Kapsel stand und heimlich betete, daß alles gutgehen möge, dann konnte ich endlich meinen Platz im Innern einnehmen. Mit klopfendem Herzen ging ich die Checkliste durch. Die Schreie der Zuschauer zeigten mir, daß nun Andy und Wim die Leiter hochstiegen. Wim kam zu mir ins Cockpit, und Andy schnallte sich neben den Brennern fest. Alles geschah wie in Zeitlupe, aber auf perfekte Weise. Die Leute von Carbagaz lösten den letzten Heliumschlauch, dann zündete Olivier de Kersauson die Brenner mit der olympischen Flamme. Ich hatte sehr auf dem Symbol bestanden, diese Flamme die ganze Erde umkreisen zu lassen. Die Zeit ist plötzlich wie aufgehoben. An mir ist es nun, das Zeichen zum Start zu geben. Wim und Andy sind fertig; mit belegter Stimme teile ich Don und Allen mit, daß sie den Ballon freigeben können. Ein unglaubliches Geschrei ist auf dem Startfeld zu hören und zeigt mir, daß wir abheben. Ein Geschrei, das ich nie vergessen werde, das wirkt, als ob es unser Ungetüm vom Boden losgerissen hätte. Das Läuten der Glocken des Ortes wird von diesen Beifallsstürmen sogar noch übertönt, bevor auch diese dann vom Lärm der Hubschrauberrotoren abgelöst werden. Andy entfaltet die Antennen und richtet die Solarpaneele richtig aus, während ich die ersten Brennerstöße zünde, um die thermische Inversionsschicht zu durchqueren, die unseren Aufstieg abbremst. Die Arbeit an Bord und die Konzentration darauf, aus dem Tal herauszukommen, hindern uns daran, die emotionale Befreiung, auf die wir seit Monaten gewartet haben, voll auszuleben, aber einige der Blicke, die wir uns zwischendurch zuwerfen, reichen aus, das Glück dieses Augenblicks miteinander zu teilen.

Am Boden ist die Erregung aufs äußerste angestiegen,

und man wird mir später erzählen, daß selbst Journalisten Tränen in den Augen hatten. Die Parabolantennen senden die begeisterten Kommentare bis ans andere Ende der Welt, so als wollten sie uns vorauseilen:

Hier in Château-d'Œx wird in diesem Moment eine neue Seite in der Geschichte der Luftfahrt geschrieben!

Der Breitling Orbiter 2 hat seine Leinen gelöst und ist zu seiner großartigen Weltumrundung aufgebrochen; wer würde nicht heimlich gern mit ihnen das Land des Jetstreams erkunden?

Ich setze mit Hilfe der Brenner den Aufstieg fort, bis die Sonnenwärme diese Aufgabe übernimmt. Andy kommt zu mir, und gemeinsam schließen wir in 2500 Metern Höhe die Dachluke. Es ist Zeit, mit der Flugsicherung Kontakt aufzunehmen:

»Genf Delta. Hier spricht der Ballon ›Hotel Bravo – Quebec Bravo Victor‹. Wir sind in Château-d'Œx gestartet und steigen jetzt mit zwei Metern pro Sekunde bis auf 7500 Meter, Kurs 230°, Geschwindigkeit zehn Knoten.«

»Guten Morgen, Breitling Orbiter. Hier spricht Genf Delta. Wir können Ihren Transponder gut empfangen. Gute Fahrt.«

In der Stimme unseres Gesprächspartners von der Swiss Control klingt eine gewisse Erleichterung mit. Im letzten Jahr hatte das auslaufende Kerosin bei einigen Instrumenten einen Kurzschluß ausgelöst, und so hatten wir sozusagen blind die Anflugszone des Genfer Flughafens überquert.

Wir erreichen allmählich die vorgesehene Höhe von 7500 Metern, wobei wir einige Male den Aufstieg durch das Betätigen unserer Heliumventile abbremsen. In dieser Phase, kurz vor dem Erreichen der Prallhöhe, waren die Ballonhüllen von Rutan und Uliassi geplatzt. Ich habe aber völliges Vertrauen in unsere Ausrüstung und werfe keinen Blick auf meinen Fallschirm, der in einer der Schlafkojen liegt. Andererseits beunruhigt uns ein seltsames Pfeifen. Als wir die ganze Kabine überprüfen, stellen wir fest, daß die Heckluke undicht ist. Es ist zu sehen, daß sie in der eisigen Nacht, als der Ballon aufgerüstet wurde, nicht richtig aufgesetzt worden ist. Da die Luke sich nach außen öffnet, um bei Bedarf als Notausstieg mit dem Fallschirm dienen zu können, ist es unmöglich, sie von innen abzudichten. Ich bin wütend, muß mich aber äußerlich beherrschen, da ich mit einem Gefühlsausbruch nur das Klima an Bord vergiften würde. Wir schauen uns betreten an und hören zu, wie die Luft allmählich entweicht und der Kabinendruck abnimmt. Das einzige, was uns bleibt, ist, unsere Sauerstoffmasken zu holen und das Problem unserem Kontrollzentrum zu melden. Dort sind Alan und Brian gerade mit dem Hubschrauber angekommen, um Sue zu unterstützen, und hatten bisher nicht einmal die Zeit, ihre gefütterten Jacken auszuziehen. Auf jeden Fall können sie sowieso nichts für uns tun.

Ich habe das unglaubliche Gefühl, völlig von der Welt abgeschnitten zu sein, wie ich es von gewissen Hypnoseerfahrungen her kenne, die eine Verzerrung des Raum-Zeit-Gefühls auslösen. Mir kommt es so vor, als ob wir schon seit einer Ewigkeit unterwegs wären, ja, als ob wir schon immer in dieser Kapsel gelebt hätten, dabei sind seit unserem Start gerade mal zwei Stunden vergangen. Der Wind ist schwach, sehr schwach. Wir kommen mit gerade einmal 18 km/h vorwärts und sind immer noch in Sichtweite von Château-d'Œx. Unsere riesige Hülle ist im Umkreis von Hunderten von Kilometern zu sehen, aber wir stehen praktisch still!

Andy und ich versuchen, das Leck mit etwas Kitt und mit Plastiktüten abzudichten, aber ohne Erfolg. Um auf die Sauerstoffmasken verzichten zu können, gehen wir weiter nach unten und erreichen nach zehn Stunden endlich Megève. Die Sonne geht über den Alpen unter und färbt sie rot. Zahlreiche Linienflugzeuge machen einen kleinen Umweg, um unsere Lichtkugel zu bewundern, die dem Abendstern Konkurrenz macht: Wir haben einige kurze Funkkontakte mit den Flugkapitänen, die ihren Passagieren noch ein ungewöhnliches Schauspiel bieten können, bevor uns die dunkle Nacht verschluckt. Wir fangen an, abwechselnd die zwei Schlafkojen zu benutzen. Andy wird von schweren Kopfschmerzen gepeinigt, die er die ersten drei Tage auch nicht loswerden wird, und so wird er einen Gutteil dieser Zeit im Liegen verbringen. Nach vier Stunden Schlaf bin ich allein im Cockpit, wo mir das GPS eine Geschwindigkeit von 15 km/h anzeigt. Diese erste Nacht ist wirklich deprimierend. Wir kommen nicht voran, unser Kerosinverbrauch scheint riesig zu sein, und unsere plötzliche totale Einsamkeit und Isolierung ist ein grausamer Kontrast zu all der Unruhe und Aufregung beim Start. Nun sind wir uns selbst und dem Wind ausgeliefert. Eingehüllt in meine warme Daunenjacke lasse ich ein bißchen die Flügel hängen und hoffe heimlich, daß nicht alle Nächte so lang sein werden.

Als die Sonne aufgeht, bin ich gespannt, welche Landschaft sie mir zeigen wird. Wir haben gerade die Seealpen überquert und kommen nun an die Côte d'Azur, an der wir den ganzen Vormittag in 3000 Metern Höhe entlangfahren werden: es ist schon seltsam, mit zehn Knoten eine Panoramafahrt über die Badeorte zu veranstalten. Der Wind ist immer noch gleich schwach, aber die Windkomponente treibt uns nun Richtung Korsika. Der erste Tag der Chrysler Challenge kommt mir plötzlich wieder in den Sinn mit seiner Abfolge von unvorhergesehenen und widrigen Ereignissen. Ich weiß, daß man es nehmen muß, wie es kommt.

Unsere Kommunikationsmittel funktionieren ausgesprochen gut, das Satellitentelefon gibt uns die Möglichkeit, die ersten Liveinterviews zu geben, und es gelingt uns sogar, einem Flugzeug, das uns bei Saint-Tropez extra entgegenkommt, bewegte Filmbilder zu übermitteln. Was weniger gut funktioniert, ist der Kerosinkreislauf an Steuerbord, der einen dramatischen Druckabfall aufweist. Andys Inspektion auf der Außenleiter zeigt kein Leck, und so ist uns die ganze Sache unerklärlich.

Wir stehen in ständigem Kontakt mit den Fluglotsen, durch deren Überwachungszonen wir fahren, und als wir uns Korsika nähern, meldet sich das Funkgerät noch einmal:

»Ballon Breitling. Hier sind die Rascals Jaunes, die ›Gelben Halunken‹.«

»Guten Tag, Rascal Jaune, hier spricht HB-QBV.«

»Wir werden Ihnen guten Tag sagen. Sind in zwei Minuten da.«

Und tatsächlich, 120 Sekunden später tauchen mit donnernden Triebwerken zwei Crusaders der französischen Heeresflieger im Formationsflug aus dem Abenddunst auf. Sie fliegen so nah an uns vorbei, daß ich sehen kann, wie ihre Piloten sich umdrehen, um unseren Weg mit den Augen zu verfolgen.

»Breitling, Ihr Ballon ist großartig.«

»Danke für den Besuch, Rascals Jaunes.«

Wir nähern uns Korsika, der »Insel der Schönheit«, die Sonne geht über dem Meer unter, und ich sitze mit einem Photoapparat in der Hand außen auf der Kabine. Von hier oben kann ich gleichzeitig die Alpen, die Pyrenäen und die verschneiten korsischen Gipfel sehen. Im Augenblick ist das Ganze also keine Reise um die Welt, sondern eine phantastische Ballonfahrt. Ich weiß nicht, wie weit wir bei diesem Wind kommen, aber ich habe irgendwie das Gefühl, daß wir sehr lange unterwegs sein werden.

Andy und Wim verbringen den größten Teil der Nacht im Cockpit, und so sind sie es diesmal, die erfahren, wie langsam die Zeit vergehen kann. Andy zermartert sich das Gehirn, um eine Lösung für unser Treibstoffproblem zu finden, und gibt zu, daß er bedeutend leistungsfähiger sein wird, wenn erst mal sein Kopfweh aufgehört hat. Da er normalerweise Unmengen von Kaffee und Coca-Cola trinkt, scheint er jetzt unter einem Koffeinentzug zu leiden!

Bei Tagesanbruch erleben wir über den Hunderten von kleinen Inseln der Bucht von Bonifacio eine wahre Symphonie des Lichts. Ich verbringe den ganzen Tag damit, nach den günstigsten Luftströmungen zu suchen und die Wettervorhersagen auszuwerten. Die Dicke der besten Luftschicht beträgt nur 150 Meter, das heißt weniger als die dreifache Höhe des Ballons! So braucht es viel Fingerspitzengefühl, die Höhe fast bis auf den Meter genau beizubehalten und dabei die sehr langsamen Reaktionen unserer Riesenmenge an Helium vorauszusehen. Sobald ich nämlich von der günstigen Flughöhe abweiche, komme ich in eine Windströmung mit völlig anderer Geschwindigkeit und Richtung. Es setzt dann sofort ein starker Seitenwind ein, der die ganze Ballonhülle wie ein Segel knattern läßt.

Unsere Solarzellen liefern uns Energie im Überfluß, die wir für Telefoninterviews, die Übertragung von Photos, die wir hier an Bord aufgenommen haben, und für warmes Wasser benutzen können. So können wir in einem Wasserkessel Beutel mit vakuumverpackter Fertignahrung aufwärmen. Das Hauptgericht: Hühnchen mit Reis und Gemüse.

Als der Abend anbricht, laden uns die neapolitanischen

Fluglotsen zum Spaghettiessen ein! Sie scheinen sehr enttäuscht zu sein, daß wir nicht vor ihrer Radarstation landen und erst am nächsten Morgen mit vollem Magen weiterfahren können.

Das Fax, das wir aus Genf bekommen, ist bedeutend
weniger nett, aber ebenso lustig:»Ihr seid jetzt auf der
Höhe von Neapel. Nützt es aus und werft euren ganzen
Abfall über Bord; niemand in der Stadt wird einen Unter-
schied bemerken!« Wir antworten im selben Ton:»Sagt uns lieber, wo der
Wind bleibt. Wir haben ihn immer noch nicht gefunden!«

Im Laufe der Nacht werden die Strömungen endlich
ihrem Namen gerecht und treiben uns mit einer Geschwindigkeit von 50 km/h in südöstliche Richtung. Die
Faxe, die wir von unseren Wetterfröschen bekommen, erwähnen zum ersten Mal die Namen von fernen Ländern
wie Iran, Pakistan, Indien, die wir jetzt alle erreichen können, wenn wir in 9000 Metern Höhe weiterfahren. Dafür
müssen wir aber erst einmal die Luke reparieren.

Andy fühlt sich jetzt besser und hat nun auch Lust darauf, sich etwas Bewegung zu verschaffen. Er benutzt
seine mitgebrachte Höhlenforscherausrüstung, der er
noch einen Fallschirm hinzugefügt hat, um eine sehr
medienwirksame Außenmission zu starten. Von seinem
Erfolg hängt es ab, ob wir bis in die Jetstream-Zone aufsteigen können, die man uns für morgen oder übermor-
gen angekündigt hat. Die Szene ist beeindruckend. 1500
Meter über der Adria klettert er nach draußen, läßt sich
an einem Seil an der Kapsel hinab und sichert die Luke
mit einer Leine am Rahmen. Denn wenn diese Luke ab-
stürzt, wäre es das Ende der Fahrt. Wir sind mitten in
den Wolken, was glücklicherweise das Schwindelgefühl
verringert. Ich lege mich in der Kabine flach hin und
kann jetzt den Lukendeckel öffnen und die Abdichtung
überprüfen. Bei dieser Eiseskälte muß Andy seinerseits

höllisch aufpassen, nicht von der gekrümmten Außenwand unserer Kapsel abzurutschen. Danach setzt er den Deckel wieder richtig in seine Fassung ein. Ich kann ihn dann von innen verriegeln, nachdem ich, um ein übriges zu tun, auch den Klemmring festgeschraubt habe. Mit letzten Kräften schafft es Andy, mit Hilfe eines Systems von Seilrollen wieder aufzusteigen, und kommt, um sich bei mir und Wim aufzuwärmen. Die Photos, die unsere Anstrengungen dokumentieren, schicken wir sofort über Satellit an das Kontrollzentrum. Später meint Andy, er hätte, statt diesen ganzen Zirkus zu veranstalten, besser vor dem Start diese verfluchte Luke richtig schließen sollen!

Wir lassen jetzt den Ballon bis auf eine Höhe von 9000 Metern steigen, und es zeigt sich, daß die Reparatur gelungen ist. Die Außentemperatur beträgt nun etwa minus 45 ° C, während es in unserer Kabine angenehme 20 ° C warm ist. Endlich können wir die Sicherheit und den Komfort der Druckkapsel genießen, um so mehr als sich die Wetterverhältnisse günstig entwickeln. Unsere Geschwindigkeit wächst bis auf 125 km/h, und so überqueren wir Albanien, Griechenland, die Türkei, Syrien und den Irak, um nach 36 Stunden den Iran zu erreichen.

Wir müssen häufig die Fahrthöhe wechseln, um die jeweils günstigste Strömung auszunutzen, und zufällig fahren wir direkt am Olymp vorbei, als gerade die Sonne untergeht. Als wir auf der Höhe seines Gipfels sind, der aus einer enormen linsenförmigen Wolke auftaucht, schaue ich auf die Flamme unseres Brenners, die ja vor drei Tagen mit dem olympischen Feuer angezündet wurde. Welch wunderbare Rückkehr zu den Wurzeln!

Ein Gutteil unserer Zeit verbringen wir damit, mit den verschiedenen Fluglotsen Kontakt zu halten, deren Akzent sich im Laufe der nächsten Stunden öfters ändern wird. Sie verstehen nicht sehr gut, was das für eine riesige

Masse ist, die sich da so langsam auf ihrem Radarschirm vorwärtsbewegt. Da unsere Routenberechnungen einen kleinen Irrtum von wenigen Grad aufweisen, werden wir nun Richtung Syrien und Irak getrieben, beides Länder, die in unserem Fahrtenplan nicht vorgesehen waren. Die Überfahrerlaubnis für Syrien wird von Genf aus durch die fähigen Leute von Swiss Control geregelt, aber wir können die Unruhe in unserem Kontrollzentrum gut verstehen, die wissen, daß wir bald über dem Irak sein werden, mitten in der dortigen Flugverbotszone. Die militärischen Spannungen zwischen den Vereinigten Staaten und Bagdad sind gerade mal wieder auf ihrem Höhepunkt, und Alan rät uns telefonisch mit seinem typischen schwarzen Humor:

»Versucht vor den Amerikanern in Bagdad zu sein, dann ist es ruhiger! Und merkt euch die Funkfrequenz der U.S. Air Force: die müßt ihr davon abbringen, euch abzuschießen: die Iraker haben ja keine Flugabwehrraketen mehr!«

Der syrische Lotse bestätigt uns, daß er mit seinem irakischen Kollegen überhaupt keinen Kontakt mehr hat, und bittet uns ganz höflich, uns selbst darum zu kümmern, diesem unsere Ankunft mitzuteilen.

Zögernd drücke ich auf den Sendeknopf:

»Bagdad Control. Hier spricht der olympische Ballon HB-QBV, hören Sie mich?«

»Olympischer Ballon. Hier spricht Bagdad Control, sprechen Sie.«

»Guten Tag Bagdad. Wir werden Ihr Territorium überqueren in 9000 Metern Höhe, Kurs 100 Grad, Geschwindigkeit 70 Knoten.«

Unruhig zähle ich die Sekunden, bis die Antwort kommt, aber mein Gesprächspartner scheint meine Unruhe nicht zu teilen:

»Habe verstanden, Olympischer Ballon. Benachrichtigen Sie Bagdad, wenn Sie das irakische Territorium verlassen. Gute Fahrt.«

Am liebsten würde ich jetzt vor Freude weinen, aber da Andy und Wim schlafen, kann ich meine Erleichterung nur mit den Journalisten teilen, die alle ihr Live-Interview haben wollen. Für CNN ist es der Knüller des Tages. Ein paar Stunden vor einer möglichen amerikanischen Invasion weist ein Ballon, der vom Wind über die am höchsten militarisierte Zone der Welt getrieben wird, ohne es zu wollen auf den überragenden Wert des Friedens hin. Das ganze Land liegt unter einer dicken Wolkenschicht. Ich versuche mir vorzustellen, wie ein Krieg wohl aussehen würde. Einige Piloten, die in einem Cockpit ähnlich dem unseren sitzen, würden durch einen einfachen Daumendruck Raketen auf das Land regnen lassen. Unser Fluglotse wäre sicherlich eines der ersten Opfer, und seine Familie, wenn sie nicht selber bereits dezimiert wäre, würde ihn nie mehr nach Hause kommen sehen. Leichen von Männern, Frauen und Kindern würden auf den von rauchenden Trümmern übersäten Straßen liegen. Schwerverletzte würden solche Schmerzensschreie ausstoßen, wie man sie in den Hollywoodfilmen so nie zu hören bekommt. Und die Diktatoren säßen auf alle Fälle in ihren Bunkern in Sicherheit. Aber das Schlimmste wäre, daß nach ein paar Tagen allgemeinen Interesses das Leben der Welt ganz normal weiterginge und man sich schon wieder mit einer ganz anderen Krise befaßte. Wenn der Krieg einmal vorbei ist, verschwendet niemand mehr einen Gedanken an das Leid der zerstörten Familien und der Krüppel. Und doch müssen diese sich mehr schlecht als recht durch die langen Jahre ihres zerbrochenen Lebens schleppen. Krieg ist niederträchtig und verwerflich. Und zwar um so verwerflicher, als er zu Ende zu sein scheint, wenn man den Sender wechselt oder seinen Fernsehapparat ausmacht. Auch wenn ich von diesem

Fluglotsen nur seine Stimme kenne, wünsche ich ihm doch viel Glück und daß der Himmel ihn beschützen möge. Dem bin ich ja jetzt so nah, daß dieser mich vielleicht sogar hört – und erhört. Ich hoffe von ganzem Herzen, daß die Großen dieser Welt sich rechtzeitig einigen können, so daß die kleinen Leute nicht wieder einmal die Rechnung für diese menschliche Barbarei zahlen müssen. So denke ich, daß dies der richtige Moment ist, allen Ländern über ihre Nationalen Olympischen Komitees unsere Friedensbotschaft zu übermitteln. Unsere Fahrt wird dann noch zu etwas anderem gut sein, als einfach nur Rekorde zu erzielen.

Dringende und persönliche Botschaft an die Präsidenten der Nationalen Olympischen Komitees (oder ihre Vertreter)

Herr Präsident!
In Bezugnahme auf den Brief von S. E. Juan-Antonio Samaranch, Präsident des IOC, vom 4. Dezember 1997, haben wir das Vergnügen und die Ehre, Ihnen durch das Satellitenfax unseres Ballons diese Friedensbotschaft zu senden, die wir Sie bitten, an die Zeitungen, Radio- und Fernsehstationen Ihres Landes weiterzugeben und ihr eine kurze Erklärung beizufügen:
»Unser Ballon ist in der Schweiz, dem Sitz des Internationalen Olympischen Komitees, gestartet, welches die Patenschaft für unseren Versuch unternommen hat, zum ersten Mal die Erde ohne Zwischenstopp zu umrunden. Wir sollten besser sagen, unseren Planeten, denn vom Himmel aus gesehen, erregt die Gesamtheit der Formen und Farben, die die Ebenen, die Berge, die Flüsse und Ozeane ausmachen, unseren tiefsten Respekt.
Wir haben keinen Motor an Bord, und nur das Wehen des Windes trägt uns in Richtung Ihres Landes. Vielleicht werden wir es überqueren, vielleicht werden uns die Strömun-

gen aber auch einen anderen Weg einschlagen lassen. Wie dem auch sei, der Wind macht unseren Ballon für ein paar Tage zum Verbindungsglied zwischen allen Ländern der Welt und gleichzeitig zu einem Botschafter der olympischen Idee, deren Grundlagen Friede, gegenseitiges Verständnis und Solidarität sind. Aber mehr als alles andere beseelt uns der Wunsch, mit den Bewohnern aller Länder in Kontakt zu treten, um ihnen zu berichten, was wir vom Himmel aus sehen können.

Wenn wir die erhabene Weite des Himmelsgewölbes betrachten, an dem unser Ballon hängt, können wir nur voller Demut und Bescheidenheit dieses wunderbare Stück Welt bewundern, zu dem auch die Menschheit gehört. In einer winzigen Ecke unseres Universums befindet sich unser Planet, und wir können der Natur nur dankbar dafür sein, daß sie dem Menschen diese Heimat geschenkt hat, in der er geboren wird, aufwächst und stirbt. Wie glücklich kann sich der Mensch schätzen, hier leben zu dürfen, oder vielmehr, wie glücklich könnte er sein, wenn er nur anfinge, mit seiner Umwelt, seinen Nachbarn und sich selbst in Frieden und Harmonie zu leben.

Von oben gesehen ähnelt kein Berg dem anderen, sind alle Flußläufe verschieden, und wir wissen sehr wohl, daß auch jeder Mensch absolut einzigartig ist. Dies macht zum einen den wunderbaren Reichtum unseres Planeten aus, ist zum andern aber oft auch die Ursache schrecklicher Konflikte. Und dennoch stehen alle Menschen mit zwei Beinen auf der Erde und richten ihren Kopf zum Himmel. So wie ein Bach seine Quelle in den Bergen hat und dann zum Meere fließt, so folgen auch die Menschen ihrem Schicksal. Jeder versucht auf seine Weise, seinen Lebensweg zurückzulegen. Dieser Weg kann voller Blut und Krieg sein, er kann aber auch zu der persönlichen Erfüllung führen, die uns die Toleranz, der Sport oder das unschuldige Lächeln eines Kindes schenken können. Jeder möge sein

Schicksal in die eigenen Hände nehmen und eine Stufe erreichen, von der aus er den Sinn seiner Existenz besser verstehen kann.

Heute kreuzen sich unsere Wege, und morgen weht uns der Wind schon wieder in ein anderes Land. Unsere Fahrt geht weiter, und auch Ihr Leben wird als großes Abenteuer weitergehen. Am Ende sind wir vielleicht alle auf der Suche nach dem, was unsere Schritte lenkt. Jetzt müssen wir uns schon von Ihnen verabschieden. Aber helfen Sie bitte mit, diese Friedensbotschaft auf unserem ganzen Planeten zu verbreiten, denn der hat den Frieden bitter nötig.«

Die Piloten des olympischen Ballons »Breitling Orbiter 2«
Bertrand Piccard (Schweiz)
Wim Verstraeten (Belgien)
Andy Elson (Großbritannien)

Der Himmel über dem Irak ist weit und leer, zu unserem großen Bedauern bleibt das Funkgerät still, und um uns erstreckt, sich so weit das Auge reicht, ein riesiges Wolkenmeer. Ich bin der einzige, der in dieser schwülen, öden Atmosphäre ein paar Worte mit Bagdad Control wechselt. Wir werden das Land bald verlassen und mit Teheran Kontakt aufnehmen. Auf der anderen Seite der Grenze ist die Überraschung tatsächlich riesengroß. Niemand kann verstehen, wie wir so plötzlich aus dem Nichts auftauchen können. Als wir bei der Angabe unserer aktuellen Position als Bezugspunkt eine irakische Stadt angeben, zeigt uns ein langes Schweigen, daß die Nachrichtensperre zwischen diesen beiden Ländern so umfassend ist, daß die iranischen Karten die Gebiete des Nachbarn total aussparen! Trotzdem machen wir uns keine Sorgen, denn der Iran hatte auf unsere Bitte um Überfahrterlaubnis positiv reagiert, und das noch mit einem Schreiben, dessen Briefkopf lautete:»Im Namen des Allmächtigen«. Es war das erste Mal, daß wir einen Brief von so weit oben erhalten hatten!

Was den Fortgang unserer Fahrt angeht, spiegelt die Stimmung an Bord die Ungewißheit wider, in der wir schweben. Ein Fax hat uns als möglichen Zielort die kalifornische Küste genannt, die wir in sieben Tagen erreichen würden. Das wäre zwar fabelhaft, aber dafür müßten wir China überqueren. Wir wissen, daß sich im gleichen Augenblick in Europa die englische, belgische und schweizerische Regierung aktiv darum bemühen, daß man uns dafür grünes Licht gibt, was unsere Fahrt retten würde. Ohne diese Erlaubnis könnten wir theoretisch in niedrigerer Höhe Richtung Indochina fahren und so das Reich der Mitte südlich umgehen. Die Winde wären dort aber voraussichtlich so schwach, daß uns dieser Umweg ungefähr zwei Wochen kosten würde, ohne jede Garantie, daß wir danach über dem Pazifik den Jetstream wieder erwischen.

In der folgenden Nacht gelingt es Andy, eine Lösung für den Ausfall des Kerosinkreislaufs auf Steuerbord zu finden, indem er einen der beiden Druckspeicher kurzschließt. Das heißt aber nun, daß der Pilot, der die Nachtwache hat, alle dreieinhalb Minuten einen Druckschieber unter der Decke öffnen und schließen muß. So bleibt er zumindest wach!

Am nächsten Tag müssen wir unsere Propanvorräte überprüfen, denn wir haben dieses Gas in Verbindung mit dem Kerosin viel öfter gebraucht als vorgesehen. Da diese Inspektion nur von außen möglich ist, lassen wir den Ballon absinken und öffnen die obere halbkugelförmige Einstiegsluke. Wir überqueren die Unendlichkeit der iranischen Salzwüste, die sich unter uns erstreckt, soweit das Auge reicht. Wir brauchen eine ganze Minute, bis wir von der ersten zur zweiten Gasflasche gelangen, aber wir freuen uns, etwas Frischluft schnappen zu können und dabei noch eine solch unglaubliche Aussicht zu haben. Während wir einige Photos machen, sehen wir, wie sich plötzlich Eisplatten von der Oberfläche unserer Ballonhülle lösen und in die Tiefe stürzen. Das ist sicherlich das erste Mal seit Jahrhunderten, daß es in dieser Wüste schneit, aber es bedeutet vor allem, daß unser Ballon vereist ist und deshalb viel schwerer geworden ist. Jetzt haben wir endlich auch eine Erklärung für den übermäßigen Kerosinverbrauch. Nach zwei Stunden ist das ganze Eis unter der iranischen Sonne geschmolzen, und wir können unsere Luke schließen und wieder auf unsere Reiseflughöhe aufsteigen. In diesem Moment tauchen wir natürlich auch wieder auf den Radarschirmen der Flugüberwachung auf und erhalten prompt folgende Botschaft:

»HB-QBV. Hier spricht Iran Air Force 79. Sie haben den Befehl, auf dem nächsten Flughafen zur Identifizierung zu landen. Nehmen Sie Kontakt auf mit Birjand auf 121,7 oder Kirman auf 122,5.«

Ein Donnerschlag aus heiterem Himmel. Ich greife nach dem Mikrofon und setze alles auf eine Karte:

»Iran Air Force 79, hier spricht der olympische Ballon, der versucht, die Welt ohne Zwischenstopp zu umrunden. Wir treiben mit dem Wind und können jetzt auf keinen Fall landen. Swiss Control in Genf kann Ihnen unsere Reiseroute bestätigen.«

Als wir gleich darauf Alan informieren, spüren wir seine Besorgnis. Die Neuigkeit verbreitet sich wie ein Lauffeuer und wird von den vielen Journalisten weitergegeben, die sich im Kontrollzentrum aufhalten. CNN beschließt, direkt vor Ort bei den iranischen Behörden zu intervenieren.

In dieser Zeit meldet sich der Sabena-Flug Bangkok-Brüssel auf unserer Frequenz, allerdings auf französisch:

»Ballon Breitling. Hier spricht der Flugkommandant der Sabena. Lassen Sie sich nichts gefallen. Es kommt gar nicht in Frage, daß Sie Ihre phantastische Fahrt abbrechen. Viel Glück!«

Die Interventionen auf höchster Ebene haben Erfolg, denn nach einer halben Stunde voller Zweifel erhalten wir diese lakonische Antwort:

»HB-QBV. Hier spricht Iran Air 376: Sie haben die Erlaubnis aus Teheran, Ihre Fahrt fortzusetzen.«

Erleichtert schauen wir uns an. Wir können nun in Richtung Afghanistan weiterfahren und erleben einen grandiosen Sonnenuntergang, in dessen Gegenlicht die Wolken wie riesengroße Tiere erscheinen.

Die hereinbrechende Nacht gibt uns das Gefühl, über einem Land zu schweben, das in Wirklichkeit überhaupt nicht existiert. Kabul antwortet uns auf keiner Frequenz trotz all unserer Aufforderungen, von denen einige sogar von Flugzeugen der Swissair, Singapur Airlines und der Air India weitergeleitet werden. Von denen erfahren wir andererseits, daß sie gerade Karatschi in einem 220 km/h schnellen Jetstream überfliegen. Morgen werden auch wir dort sein, aber er wird uns nur dann etwas nützen, wenn uns die Chinesen bis dahin grünes Licht geben! Im Augenblick nutzen wir einen Seitenzweig dieser Strömung und kommen in 8000 Metern Höhe mit 115 km/h vorwärts. Scherwinde, die durch den Gradienten zwischen Geschwindigkeit und Richtung hervorgerufen werden, zerren aus allen Richtungen an unserem Ballon, und heftige Turbulenzen blasen einige Male sogar unsere Brennerflammen aus. In der Zeit, die vergeht, bis wir sie wieder anzünden können, verliert der Ballon schnell an Höhe, manchmal sind es mehrere Hundert Meter, bis wir ihn wieder abfangen können. Und das alles über hohen Bergen und umgeben von drohenden Wolken, die nur für Augenblicke der Mond schwach beleuchtet.

»Alan, hier spricht Andy, wir sind gerade in einer Zone heftigster Turbulenzen.«

»Wie schlimm ist es, Andy?«

»Damit du dir eine Vorstellung machen kannst, Alan: Bertrand hat uns gerade aufgefordert, unsere Fallschirme zu holen!«

»…«

Um die Situation etwas zu entspannen, schickt uns Brian dieses Fax:

»Ihr seid gerade in einem Land, wo die Leute seltsame Sitten haben. Bei ihren Hochzeiten fangen die Männer zu tanzen an, schreien und schießen mit ihren alten Flinten in die Luft. Falls ihr zu so einer Feier eingeladen werdet, lehnt ihr besser ab und fahrt weiter!«

Wir haben daheim schon ein tolles Team. Seine Mitglieder wechseln sich in Zwölf-Stunden-Schichten ab, sind immer für uns da, wenn bei uns Probleme auftauchen, lockern aber auch immer mal wieder mit ein bißchen Humor unsere Stimmung auf, wofür wir vor allem in Phasen großer Anspannung oder Erschöpfung sehr dankbar sind.

Wir müssen auf alle Fälle unsere Fahrthöhe wechseln, um aus dieser Sturmzone herauszukommen, in der wir Gefahr laufen, an den Berggipfeln zu zerschellen, befinden uns da aber in einer ganz schönen Zwickmühle. Wenn wir höher aufsteigen, kommen wir in viel ruhigere Luftschichten, die uns aber mit Höchstgeschwindigkeit nach Tibet bringen würden, was politisch gesehen, das Schlimmste wäre, was uns passieren könnte. Lassen wir den Ballon sinken, verlieren wir viel von unserer Geschwindigkeit, gelangen aber nach Pakistan und können so den Himalaja südlich umgehen.

Wir müssen uns für die sichere Lösung entscheiden und kommen am nächsten Tag in der Ebene des Indus an, die wir in niedriger Höhe überqueren. Die nächste Nachricht von Pierre und Luc wirkt auf uns wie eine schwere chinesische Folter:

»Ihr habt die Wahl: Entweder ihr bleibt so auf ungefähr 3000 Meter, dann seid ihr in zwei Tagen in Benares, oder ihr steigt auf bis in den Jetstream über euch und seid in vier Tagen über Hawaii und am Tag darauf in Mexiko. Aber die Chinesen haben noch einmal betont, daß sie euch sofort zum Landen zwingen, wenn ihr in ihr Territorium eindringt.«

Zum zweiten Mal sind wir direkt unter einer günstigen Höhenströmung, können sie aber aus politischen Gründen wieder nicht ausnützen. Ach, wenn der Jetstream sich doch etwas mehr nach den geostrategischen Problemzonen richten würde!

Wir werden später erfahren, daß sich der stellvertretende chinesische Ministerpräsident zur gleichen Zeit in der Schweiz aufhielt, um auf dem Weltwirtschaftsforum in Davos für die asiatische Wirtschaft zu werben. Und dann war das erste Thema seiner Gespräche mit den Schweizer Bundesräten, die ihn empfingen, die Fahrt des Breitling Orbiter 2. Die Verhandlungen konnten kaum auf einer höheren Ebene stattfinden und würden vielleicht die Situation entspannen. Gleichzeitig schrieben zahlreiche belgische Schulen an die chinesische Botschaft in Brüssel und intervenierte der britische Premierminister Tony Blair persönlich in unserer Angelegenheit.

Die Aufregung, die unser Heimatteam am anderen Ende der Welt durchmacht, steht in einem seltsamen Kontrast zu der Stimmung, die in unserer Kapsel herrscht. Wir sind so ruhig wie der Wind, der uns antreibt. Gerade entscheidet sich Erfolg oder Mißerfolg unserer ganzen Unternehmung, und doch macht sich bei uns eine gewisse entspannte Haltung breit. Es ist direkt beeindruckend, mit welchem Gleichmut wir die schlechten Nachrichten aufzunehmen beginnen, die uns ständig erreichen. Bis jetzt waren wir Teilnehmer einer Hochleistungs-Ballonfahrt gewesen. Und nun, da das Scheitern unseres Traums absehbar ist, beginne ich mich seltsamerweise mehr den philosophischen Aspekten dieser Unternehmung zu öffnen.

Selbst wenn die Chinesen doch noch ihre Meinung ändern sollten, haben wir schon viel zuviel Zeit durch unsere Fahrten in geringer Höhe verloren, um noch die ganze Tour schaffen zu können. Vielleicht kommen wir noch bis Amerika, aber wahrscheinlich nicht weiter. Wenn ich das jetzt feststelle, empfinde ich nicht den mindesten Groll. Es überrascht mich selbst, daß ich hier am Himmel so ganz anders bin als unten auf der Erde ... Tatsächlich empfinde ich weder Zorn noch Schmerz, aus dem einfachen Grund, daß ich mich nicht an ein Ziel klammere, das unmöglich geworden ist. So kann ich mich also meiner Umgebung und meinen Empfindungen öffnen: dem Industal, das in seiner ganzen Breite vor uns liegt; den Bauerhäusern aus gestampftem Lehm, deren Bewohner uns total verblüfft aus dem Morgennebel auftauchen sehen; und vor allem, vor allem der Stimme des pakistanischen Fluglotsen, die ich mehr mit meinem Herzen als mit den Kopfhörern vernehme:

»Olympic Balloon for Karachi Control. You are approaching Indian border. Please contact Delhi on 124 decimal 55. Good luck, good flight, and ... God bless you.«

Gott segne euch ... Fast kommen mir die Tränen. Die technische Funkersprache ist plötzlich von einer anderen Dimension abgelöst worden. Ich glaube tatsächlich, daß es Gottes Segen ist, der es uns jetzt möglich macht, uns dem zu öffnen, was das Leben uns bringt, ohne den aufgeregten Zwang, das erreichen zu müssen, was unser Ego von uns verlangt.

Im stillen spreche auch ich für diesen Pakistani ein Gebet. Hier sind sich wirklich gerade zwei Welten begegnet, aber er hat mir mit drei Worten mehr Gutes getan als ich meiner Umgebung in den ganzen letzten Wochen.

Wir fahren nun sehr weit südlich, und trotz des Winters hat sich das Klima geändert. Enorme Wolkenmassen sind dabei, sich zu riesigen Gewitterwolken zu ballen, den berüchtigten Cumulonimbi, wie sie alle Piloten fürchten. Glücklicherweise wird sie der Sonnenuntergang abkühlen, bevor sie sich in ein tropisches Gewitter verwandeln.

Mein Zeitgefühl hat nun völlig ausgesetzt. Wenn ich unsere Fahrtzeit berechnen will, muß ich sie jedesmal an den Fingern abzählen oder in unserem Logbuch nachschauen.

Aber heute sind es die Journalisten, die uns an die Zeit erinnern. Wir sind nun seit sechs Tagen in der Luft, seit 148 Stunden, um genau zu sein. Damit ist dies nun die längste Ballonfahrt der Geschichte. Steve Fossett ruft uns an und beglückwünscht uns, daß wir seinen Rekord gebrochen haben. Ein wirklicher Gentleman! Sein Fax, das uns wenig später erreicht, rührt uns um so mehr:

»Während eurer Fahrt seid ihr vielen Problemen begegnet, und ihr habt sie gemeistert. Unter diesen Umständen hätten die meisten Piloten aufgegeben. Eure Entschlossenheit und die Qualität eurer Ausrüstung zeigen, warum ein Dauerrekord eine wichtige Sache ist und warum ihr ihn wirklich verdient habt. Steve.«

Was auch immer jetzt noch passiert, unsere Ehre ist jedenfalls gerettet. Dennoch sind wir Lichtjahre von jedem Anflug einer Rekordjagdstimmung entfernt. Ich möchte diese Fahrt so lange wie möglich fortsetzen, um auch weiterhin dieses außerordentliche Gefühl von innerem Frieden, Ausgeglichenheit und Entspanntheit verspüren zu können. Ich habe darüber so oft in meinen Vorträgen und Therapien gesprochen, daß ich dankbar bin, es einmal selbst so intensiv erleben zu dürfen.

Andy dagegen ist völlig niedergeschlagen. Er versteht nicht, was das alles noch soll, und möchte gern ... landen! Das kommt für mich und Wim überhaupt nicht in Frage, aber wir wollen auch keine direkte Konfrontation. Ich versuche also Andy meine Empfindungen zu erklären:

»Ich arbeite seit fünf Jahren an diesem Projekt und möchte deshalb jeden Augenblick dieser Fahrt nutzen. Ich hoffe, du verstehst, wie wichtig das für mich ist.«

»Du weißt ja, Bertrand, wenn ich mal schlechte Laune habe, dauert das nie sehr lang. Morgen bin ich bestimmt schon wieder besser drauf.«

Als ob es ein Fingerzeig des Schicksals wäre, trägt uns der Wind am nächsten Tag zu einem der Wunder dieser Welt. Von meiner Liege aus höre ich Wim und Andy voller Begeisterung über »etwas Unglaubliches« reden, und als ich daraufhin meinen verschlafenen Kopf zwischen dem Vorhang durchstecke, rufen sie ganz aufgeregt:

»Komm schnell, wir sind gerade über dem Taj Mahal!«

Trotz der eisigen Morgenluft steige ich im Pyjama auf das Dach unserer Kabine und sehe von dort 2000 Meter unter uns den weißen Marmor dieses großartigen Grabmals aus dem 17. Jahrhundert im Licht der aufgehenden Sonne glänzen. Fasziniert beobachten wir, wie dieses bewegende und maßlose Denkmal der Liebe des Mogulkaisers Schah Jahan zu seiner Lieblingsfrau Mumtaz Mahal im Dunst zurückbleibt und verschwindet.

Noch mehr als die Magie dieses Augenblicks baut ein Fax aus Genf Andys Moral wieder auf. Alan hat die gefährliche Situation erkannt und schreibt:

»Der Rekord der längsten Ballonfahrt ist eine Sache, aber jetzt könnt ihr auch noch den absoluten Dauerrekord für alle Arten von Luftfahrzeugen brechen. Dick Rutan war neun Tage und vier Minuten unterwegs, als er mit seinem Voyager-Flugzeug 1986 ohne Zwischenlandung einmal um die Erde flog. Das könnt ihr jetzt schlagen!«

Sofort stürzt Andy an seinen Kartentisch, um mit Win-

65 Jahre nach dem Flug Auguste Piccards in die Stratosphäre steht der Breitling Orbiter 2 am Château d'Oex bereit.

Nach den Alpen die indischen Ebenen und der Ganges.

Nach 10tägigem Flug landet der Breitling Orbiter 2 in Birma.
Die Reisenden erwartet eine ziselierte Vase mit der Inschrift:
»Mögen die Welt des Geistes und die Welt des Menschen
die Früchte der großen Taten genießen.«

Die Erdumrundung im Breitling Orbiter 3:
der Flug aller Rekorde, aller Gefahren und aller Emotionen.

Bertrand repariert die Bordinstrumente mit seinem Schweizer Messer, bevor er den Sonnenaufgang hinter dem vereisten Bullauge betrachtet.

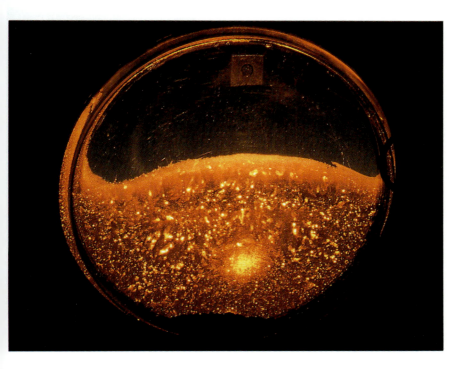

Nach der Erdumrundung im Ballon folgt eine Reise um die Welt für die vergessenen Kinder: Die Stiftung »Winds of Hope« wurde am 9.9.1999 von Bertrand Piccard, Brian Jones und der Firma Breitling gegründet (www.windsofhope.org).

kelmesser und Lineal unsere weitere Fahrtroute zu berechnen. Lächelnd meint er dann:
»Seht ihr, meine schlechte Laune dauert tatsächlich nie
sehr lange!«

Wenn wir noch einige Tage in der Luft bleiben wollen,
müssen wir ziemlich tief, unterhalb von 1500 Metern, bleiben, denn die Höhenwinde tragen uns unweigerlich zum
Himalaja und nach China. Ich denke sogar nicht einmal
mehr daran, daß über unseren Köpfen ein Jetstream mit
250 km/h weht, so sehr nimmt mich der Zauber dieser
einmaligen Begegnung mit Indien gefangen. Wir sitzen
draußen und sehen wie in einem Traum die Häuser und
die Reisfelder, die Felsmassive und die Mäander des
Yamuna in absolutem Schweigen an uns vorbeigleiten.
Schaut man durchs Teleobjektiv, ähneln die Dörfer Bildern
von Vasarely, denen die Farben fehlen und bei denen der
Künstler nur verschiedene Schattierungen von Beige und
Grau verwendet hat. Da wir an der Untergrenze einer Inversionsschicht entlangfahren, kann die von der Sonne er-
wärmte Luft nicht höher aufsteigen, und so konzentrieren
sich auf unserer Höhe alle Aromen und Düfte, die die Luft
erfüllen, diese ganze, für Indien so typische Geruchs-
mischung, die sich aus Gewürzen, Weihrauch, Schmutz
und heißem Staub zusammensetzt. Auf einmal überqueren wir das Land nicht mehr nur in den Lüften, wir sind
mitten »in« ihm und mit seinen Bewohnern.

Als der Abend anbricht, zieht eine Piper einige Kreise
um unseren im Abendlicht rötlich schimmernden Ballon.
Eine englische Fernsehgesellschaft hat darauf gesetzt, daß
wir in Benares landen würden, und deshalb ein Flugzeug
gemietet, um damit die Bilder, die wir ihnen liefern würden, live einfangen zu können.

Die nächste Nacht wird dann die stürmischste der gesamten Fahrt und läßt uns die afghanischen Scherwinde
fast völlig vergessen. Eigentlich rechnen wir damit, daß

sich die unaufgeregte Ruhe des vergangenen Tages auch in der Nacht fortsetzt, aber dann treffen wir unversehens auf einige Reste aktiver Cumulonimbus-Gewitterwolken. Die Brennerflammen werden ausgeblasen, und durch die Trägheit des Ballons bewegen wir uns auf und ab wie ein Jo-Jo. Diese unkoordinierten Vertikalbewegungen sind so schwer abzufangen, daß wir den Eindruck haben, dafür den ganzen Himmelsraum zu brauchen.

Am nächsten Morgen versuchen wir in noch geringerer Höhe zu fahren als am Vortag, um noch einige Grad Südkurs herauszuschinden. Unsere Fahrthöhe beträgt eigentlich 300 Meter, aber als ich dann einen Moment nicht richtig aufpasse, geht der Ballon plötzlich bis auf 50 Meter herunter. Sofort drehe ich die Brenner voll auf und versuche ihn mit allen Mitteln aufzufangen, bevor er den Boden berührt. Andy, der gerade draußen ist, um einen Ballastsack abzuwerfen, sieht sich unvermittelt einem Bauern gegenüber, der dabei ist, sein Feld umzugraben. Mit zerzausten Haaren und noch schlechter rasiert als gewöhnlich, aber nichtsdestotrotz höflich, grüßt er den Inder mit einem schüchternen »Hello!«, erzielt damit aber eine unerwartete Wirkung: Als ob er einen der vielen Dämonen seiner Mythologie sähe, packt der Bauer seine Schaufel und flüchtet querfeldein vor unserem Andy!

Diese Szene hat einen gewissen Reiz, und es macht mir Spaß, sie in den Interviews weiterzuerzählen, die ich den Medien jeden Tag über Satelliten gebe. Der technische Fortschritt ist schon atemberaubend. Vor fünf Jahren war es schon etwas Besonderes, vom Atlantik aus über spezielle Küstenstationen mittels ins Telefonnetz eingespeister Radiowellen Kontakt mit der Heimat aufnehmen zu können. Heute brauche ich nur noch die Nummer zu wählen und warten, bis mein Gesprächspartner seinen Telefonhörer abnimmt. Da mein Vater an mehreren Sendungen teilnimmt, können wir auch relativ einfach miteinander in Kontakt bleiben. Es muß ein seltsames Gefühl für ihn sein, diesmal auf dem Festland zurückbleiben zu müssen, nachdem er selber ja schon so viele Expeditionen organisiert hat. Später wird er übrigens einmal mir gegenüber zugeben, daß er vielleicht nicht so oft aufgebrochen wäre, wenn er gewußt hätte, wie hart für die Daheimgebliebenen das Warten sein kann. Noch mehr bewundere ich den Mut von Michèle, die das Familienleben weiterführt, als ob nichts wäre, um unsere Kinder von dem ganzen Medienrummel fernzuhalten. Diskret, aber bestimmt nicht passiv, kennt und erfährt sie alle Einzelheiten des Unternehmens, das sie seit seinen Anfängen mit mir geteilt hat. Einmal begibt sie sich mit Estelle, Oriane und Solange ins Kontrollzentrum, um mir dieses Fax zu schikken:

»In unseren Gedanken sind wir immer bei dir, und ein Teil von uns fährt mit dir mit... Die Winde tragen dich, tragen uns neuen Horizonten entgegen, und wir wissen, daß wir nach diesem Abenteuer die Dinge des Lebens noch intensiver miteinander teilen werden.«

Als ich diese Zeilen lese, habe ich Schwierigkeiten, die Haltung zu bewahren:

»Ich freue mich, daß ihr das Kontrollzentrum besucht habt, von dem das Gelingen unserer Fahrt abhängt. Die ganze Mannschaft dort tut alles, um uns zu leiten, zu informieren und manchmal bei Nacht auch aufzuheitern. Ich bin euch zutiefst dankbar, daß ihr mich bei dieser ganzen Expedition immer unterstützt habt; das ist eine der faszinierendsten Erfahrungen meines Lebens, aber es ist nichts im Vergleich zu der Liebe, die ich für euch empfinde. Auf bald, ich werde euch viel zu erzählen haben.«

Wir gleiten jetzt in einer Höhe von 700 Metern über indische Reisfelder. Seit gestern hat sich die Architektur geändert. Nun umringen Strohdächer die Überreste viktorianischer Bauten, die ihrerseits von der Vegetation wieder »kolonisiert« worden sind. Die Gerüche haben jetzt den Tönen Platz gemacht. Die Inversionsschicht, in der wir uns immer noch befinden, wirkt wie ein riesiger Parabolspiegel und verstärkt alle Geräusche: die Volksmusik aus den Dörfern, die Autohupen, den Lärm der Handwerker, aber vor allem, und das entzückt mich, das Geschrei der Kinder, Tausender Kinder, die uns auf Hunderten von Kilometern mit dem fröhlichen und lauten Ausdruck ihres Erstaunens grüßen. Bei unserer Ankunft erstarrt jedes Dorf, alle Bewohner richten sich auf und stehen unbeweglich da wie farbige Standbilder. Unser riesiger silberner Turm läßt sich wahrlich nicht übersehen, und wenn einer einmal seinen Kopf noch nicht gehoben hat, ist es unser weiter Schatten, der ihm unsere Gegenwart anzeigt. Eine Frau mit langem blauen Kleid hebt schüchtern ihre Hand zum Gruß. Ein Mann sendet uns mit seinem Handspiegel einige Lichtsignale. Lichtjahre trennen uns von diesen Leuten. Wir überqueren mit unserem technologischen Monster Regionen, die immer noch im Rhythmus von Sonne und Monsun leben, des Wachstums des Reises und der Geburt der Kinder. Für sie ist Zeit etwas anderes als für uns, und vielleicht ist es das, was mich heute an diesem unwirklichen Tag plötzlich mit ihnen verbindet: Heute wäre auch mein einziger Wunsch, daß für mich die Zeit endlich aufhörte. Ich sitze auf dem äußeren Rand der Kapsel. Der Ballon ist völlig im Gleichgewicht und schwebt ohne einen einzigen Laut Richtung Kalkutta. Das Land zieht langsam unter mir vorbei, und ich bin voller Glück, aber auch voller Fragen. Wie ist es möglich, daß die Bewohner des gleichen Planeten solch unterschiedliche Schicksale haben? Ich schäme mich nicht für mein Glück, aber ich schäme mich für all die Leiden, die ich hinter dem Horizont erahne. Ich spüre das Vergängliche und Ungewisse meines Zustands. Wozu soll all das gut sein, alles, was ich erlebe, alles, was ich sehe, alles, was ich weiß oder nicht weiß?

Was bleibt denn noch von meinen wissenschaftlichen Erkenntnissen, meinen philosophischen Überzeugungen, all meinen Gewißheiten, wenn ich mich frage, welchen Zweck das Leben hat? Es bleiben Antworten, jede Menge Antworten, eine so unvollständig und nutzlos wie die andere, aber sie geben ein wenig Sicherheit, sie geben *mir* ein bißchen Sicherheit. Sie überdecken für einen Augenblick meine Unsicherheiten, und ich kann dann weiterhin die üblichen Gedanken denken und überzeugt sein von der Notwendigkeit und Berechtigung meiner Automatismen. Aber in Wirklichkeit bin ich kein Jota weitergekommen.

Und doch kehrt die Frage wieder, sie stellt sich sogar auf eine noch tückischere Weise. Ich spüre sie tief in mir, und mir wird plötzlich klar, daß mein Gehirn allein für eine Antwort nicht ausreicht. Würde es meinem Herzen leichter fallen? Ich prüfe meine Empfindungen, meine Gefühle. Das Unglück der Welt macht mir jetzt noch mehr zu schaffen, und ich ertrage nun noch viel schwerer die unannehmbaren Leiden, die die Ungerechtigkeiten der Existenz hervorrufen.

Jenseits all meiner Gedanken, jenseits aller Emotionen bleibt die Frage weiterhin gültig und besetzt jede Zelle meines Körpers. Mir wird immer klarer, daß ich noch woanders lebe als in meinem Gehirn und meinem Herzen. Es ist, als ob mich im Angesicht dieser Frage ohne Antwort eine neue Schwingung durchdränge, die mich auf geheimnisvolle Weise spüren läßt, daß ich wirklich am Leben bin.

Die Frage hat nun völlig von mir Besitz ergriffen, und ich fühle mich nun auch vollkommen gegenwärtig. Das Licht hat sich etwas geändert; es ist nun klarer, die Farben sind lebhafter, so wie die Geräusche, die noch viel deutli-

213

cher zu mir dringen. Meine Atmung hat sich sehr verlangsamt, und es durchläuft mich von Kopf bis Fuß ein ungeheures Gefühl der Fülle. Dies ist es vielleicht, was man den »Atem« nennt. Nun wohne ich ganz in meinem Körper, und die Frage wirkt wie eine Quelle neuer Energie. Ich fange an zu hoffen, daß sich keine Antwort einstellt und keine feste Überzeugung mich ergreift; dann verlöre ich nämlich auf einen Schlag diesen Zustand der Gnade und Erleuchtung. Ich werde von diesem Geheimnis getragen, das mir nicht nur einen Weg zum Sinn des Lebens eröffnet, sondern darüber hinaus zur Tatsache der puren Existenz.

Seit diesem Augenblick akzeptiere ich es, keine Antworten zu finden, ich akzeptiere es, im Zweifel zu verharren und das Unbekannte von meinem Innern Besitz ergreifen zu lassen. So geht es mir nun plötzlich sogar besser ohne Sicherheiten! In diesem Zustand ist es leicht, einer Spur am Himmel zu folgen, auch wenn ich überhaupt nicht weiß, wohin sie mich führen wird. Das große Fragezeichen, das so drohend vor mir stand, eröffnet mir nun kurioserweise ungeahnte Horizonte.

Aber schon fängt mein Intellekt wieder an zu arbeiten und flüstert mir zu:»Das ist es, du hast es gefunden: Spiritualität ist keine abstrakte Idee, sondern die allumfassende Empfindung, die eigene Existenz zu spüren. Und Sinn des Lebens ist es, dich diesem Wunder zu öffnen, indem du den Zweifel und das Unbekannte innerlich akzeptierst; nur das Geheimnis kann dir den Zugang zu dieser Dimension deiner Existenz verschaffen.«

Sehr schnell verwandelt sich dieser Gedanke in eine Antwort und neue Gewißheit und fängt an, die soeben gemachte Erfahrung aufzulösen wie ein feines Tuch, das von einem Windstoß zerrissen wird. Ohnmächtig verfolge ich, wie sich dieses Gefühl reiner Existenz bei mir verflüchtigt, und kehre ganz gegen meinen Willen ins be-

kannte Universum zurück. Es bleibt nur eine schon recht
schwach gewordene Erinnerung an einen Augenblick
totalen Lebens zurück und der starke Wunsch, dieses
wunderbare Mysterium einer Frage ohne Antwort wiederzufinden.

Hier, neben einer weit offenen Plexiglashaube sitzend
und vom letzten Tageslicht beschienen, wäre ein guter
Platz, ein ganzes Buch zu schreiben. Aber es gibt natürlich
auch noch die Realität unserer Expedition. Vor einem
Augenblick, fast einem Jahrhundert, hat der Pilot des
Swissair-Flugs Bangkok-Zürich über Funk mit mir Kontakt aufgenommen: er sah den Breitling Orbiter 2 über
den Reisfeldern schweben. Kalkutta, dessen südliche
Ausläufer wir streiften, verschwindet schon im Abenddunst; und mit dieser Metropole auch der unglückliche
Fluglotse, der sich an seinem Mikrofon heiser schrie, um
gleichzeitig 20 anfliegende Flugzeuge um unseren Ballon
herumzuleiten: Alle fünf Minuten fragte er uns aufgeregt
nach unserer Position, die sich doch nur so langsam
änderte.

Als wir das Gangesdelta erreichen, ist es schon dunkel,
aber im Mondlicht bietet sich uns kurz vor dem Meer ein
seltsames Schauspiel: Es gibt keine Küste! Kleine Lagu-
nen werden allmählich immer größer und die Landzun-
gen immer kleiner. Es läßt sich unmöglich sagen, ob das
Festland in den Ozean übergeht oder der Ozean ins
Land vorstößt. Jeder Quadratzentimeter scheint für Reisfelder genutzt zu werden, deren Abgrenzungen durch
schmale Schutzwälle gebildet werden. Wir verstehen
nicht, wie die Bauern in diesem unendlichen Labyrinth
von Kanälen ihren Weg finden können. Der kleinste
Sturm, der geringste Wellengang muß hier eine Über-
schwemmung mit Salzwasser und daraus resultierender
Hungersnot hervorrufen.

Obwohl es mehrere Häfen gibt, liegt der Ozean total

verlassen vor uns. Kein einziges Licht, so weit das Auge reicht. In der Kapsel ist es immer noch 28° C warm, und wir fahren immer noch mit offener Dachluke. Die Entscheidung ist gefallen, wir werden den Golf von Bengalen Richtung Birma überqueren ... wenn die Winde es so wollen.

Zu dieser Zeit teilt uns ein Fax mit, daß die Chinesen unsere schon seit anderthalb Jahren gestellte Anfrage positiv beschieden hätten ... Eine Stunde zuvor hat Alan offiziell den baldigen Abbruch der Expedition verkündet! Die Botschaft der Volksrepublik China hat der Presse den folgenden Text zukommen lassen:

»Wir hegen großes Interesse an dem Versuch einer Nonstop-Erdumrundung. Nach Erhalt der von der Schweizer Regierung vorgebrachten Bitte um eine Überfahrterlaubnis über chinesisches Territorium hat die chinesische Botschaft in Bern diese sofort an die zuständigen chinesischen Stellen weitergeleitet. Diese haben den Antrag im Eilverfahren geprüft und 24 Stunden vor der geplanten Überfahrt bekanntgegeben, daß die entsprechende Erlaubnis erteilt worden sei. Wir hoffen, daß Herrn Piccards nächster Versuch, die Welt zu umrunden, von Erfolg gekrönt sein wird.«

Ein Journalist meinte später, daß der Jetstream leider nicht auf die Diplomaten warte und wohl auch keine orientalische Geduld habe.

Die chinesische Entscheidung wird uns aber beim nächsten Versuch helfen. Ich bin der Schweizer Regierung für ihr Engagement sehr dankbar, hoffe jedoch, daß sich die öffentliche Meinung nicht gegen China richten wird. Man muß die unterschiedlichen Empfindlichkeiten respektieren, und auch die Zurückhaltung der Chinesen, den Westlern zu erlauben, ihre Ballonwettbewerbe ausgerechnet bei ihnen abzuhalten, ist sicher verständlich. Sie haben in ihrem Land ganz sicher andere Probleme zu lösen. Und dann geht mir noch ein anderer Gedanke im Kopf herum: Hätte es sich hier um eine von einem Chinesen organisierte Weltumrundung mit einem Ultraleichtflugzeug gehandelt, hätte dann die Schweiz eine Ausnahme von ihrem Ultraleichtflugzeug-Verbot gemacht? Gewiß nicht.

In dieser Nacht äußern unsere Meteorologen den Wunsch, daß wir nicht in Thailand, sondern in Myanmar, wie Birma seit 1989 heißt, landen sollten. Die Winde würden uns nicht weit genug nach Süden tragen, und da wäre die Ebene des Irrawaddy allemal einladender als der Bergdschungel nördlich von Bangkok. Ein von Breitling gemieteter Privatjet hatte mit einem Bergungsteam an Bord Genf bereits Richtung Yangon (Rangun) verlassen. Diese Nachricht erzeugt bei uns schon so etwas wie Abschiedsstimmung. Es bleiben uns weniger als 36 Stunden bis zur Landung, aber ich möchte jeden Moment ausnutzen, bevor wir die Küste erreichen. In den letzten Tagen war die Begegnung mit dem Land, den Kulturen, den Menschen intensiv und einmalig gewesen. Nun sind wir auf dem offenen Meer; die silbernen Wogen, die sich ausdehnen, so weit das Auge reicht, erinnern mich an die Chrysler Challenge. Ich liebe es, über den Ozeanen zu fahren, deren riesige leere Flächen zu einem Spiegel des eigenen Selbst werden können. Ich fühle mich eng verbunden mit der Spur, der ich schon so lange am Himmel folge, und mein Walkman liefert mir dazu noch ein paar musikalische Erinnerungen. Zuvörderst die Möwe Jonathan Livingston. Irgendwie verspüre ich doch noch eine gewisse Nostalgie für den Drachenkunstflug, diesen Tanz in den Lüften, der mir einige verborgene Tore zum Verständnis des menschlichen Verhaltens geöffnet hat. Ich erinnere mich an das Erlebnis, das ich mit einem anderen Piloten am Ende eines Flugtreffens teilte: Nachdem alle Zuschauer schon gegangen waren, blieben wir

ganz allein mit unserer Flugleidenschaft zurück und
drehten gemeinsam im Formationsflug Flügel an Flügel
einen Looping nach dem anderen, er mit seinem Leicht-
flugzeug, ich mit meinem Hängegleiter, mit der sinkenden Sonne über dem verlassenen Flugplatz. Es gibt eben
Momente, die den Eindruck vermitteln, das ganze Leben
sei leicht und schön. Es ist oft schwierig, den Dingen
wirklich Rechnung zu tragen: Wenn das Vergnügen oft
die Illusion benötigt, so kann das Bewußtsein nur auf
Wahrheit beruhen. Ich habe jetzt den Eindruck, daß man
der Wahrheit eher im Wehen des Windes über den Ozeanen begegnet als in den Beifallsstürmen der Zuschauer
einer Kunstflugveranstaltung. Ich verleugne nicht meine
Vergangenheit, aber die Musik von »Let it be« in meinem
Kopfhörer scheint mir doch besser zu meiner neuen Sicht
des Lebens zu passen.

Man soll die Dinge so lassen, wie sie sind, wenn man
sie nicht ändern kann; man soll den Wind wehen lassen,
wohin er will, da man sich ihm nicht entgegenzustellen
vermag; und man soll mich die Wirklichkeit meiner
augenblicklichen Gefühle erkennen lassen. In einem seiner Bücher äußerte mein Großvater die Hoffnung, daß
nach seinen Stratosphärenflügen die moderne Luftfahrt,
der er den Weg bereitet hatte, die Poesie und Schönheit
des Ballonflugs nicht in Vergessenheit geraten lasse. Ich
muß zugeben, daß es in diesem Moment kaum etwas
gibt, was ich mir auf dieser Welt mehr wünsche, als
den Rekord des längsten Flugs der Geschichte ausgerechnet mit einem Ballon aufzustellen, und zwar in Erinnerung an diese Zeilen meines Großvaters. Und so werde
ich jede Sekunde dieser acht Stunden sehr intensiv erleben, die mich noch von diesem mythischen Rekord trennen.

Mir ist vollkommen bewußt, daß ich diesen Rekord normalerweise als Quelle des Stolzes und Ruhmes ansehen

würde; ich bin erstaunt, daß ich ihn hier, über dem Golf von Bengalen, als Teil meines Ariadnefadens begreife. Wenn unser Bordcomputer die Glückwunschfaxe von Richard Branson und Dick Rutan erhalten wird, werde ich vor Freude schluchzen wie ein Kind. Der bewegendste Sonnenuntergang meines Lebens wird diesen für mein Enkelherz so historischen Moment begleiten. Ich denke aber auch mit Freude und Dankbarkeit an Thédy Schneider, mit dem wir einige Zeilen im Epos der Luftfahrt schreiben konnten: Es ist der Breitling Orbiter 2, der in der Geschichte der zivilen Luftfahrt am längsten in der Luft geblieben ist. Er hat diesen Rekord verdient nach allem, was ich durch ihn erleben durfte.

Die Ankunft in Myanmar erweist sich als schwierig, so als wolle man uns für den Lohn unserer Mühen noch einmal sehr teuer zahlen lassen. Schon als die Nacht hereinbricht, werden die Wettervorhersagen unpräzise und stehen vor allem in totalem Gegensatz zu den Beobachtungen, die wir hier an Ort und Stelle machen. Ich finde einen Kurs, der uns bis Tagesanbruch nach Yangon bringen soll. Indes möchte Genf, daß wir höher aufsteigen und so schneller aufs Festland gelangen, damit wir eventuelle Küstenwinde erwischen, die uns wieder nach Süden treiben.

Trotz allem ziehen wir es vor, diesen Anordnungen zu folgen, und wählen eine schnelle Luftschicht, die uns in zwei Stunden von der Insel Ramree zum Kontinent bringt. Da die Dachluke wegen der Hitze immer noch offensteht, hören wir deutlich das Dröhnen der Brenner, das uns zusammen mit der von unserem GPS angezeigten Geschwindigkeit den Eindruck vermittelt, im Cockpit eines Linienflugzeugs zu sitzen. Tatsächlich kommen wir viel zu früh auf dem birmanischen Festland an. In der Dunkelheit können wir das Arakan-Gebirge nicht erkennen, und außerdem drehen die Küstenwinde ständig in alle Richtungen. Unter uns schicken Fischer aus ihren Hütten Lichtsignale zu uns herauf. Was sie wohl von uns halten? Wir antworten ihnen mit Brennerstößen. Wir sind mit unserem Ballon soweit es geht heruntergegangen, um nicht auf die Berge zu prallen, aber die Strömungen treiben uns unbarmherzig auf sie zu. Wenn wir wieder höher gehen, kommen wir zu früh und zu weit nördlich im Irrawaddytal an, und keiner von uns hat Lust, eine Nachtlandung zu wagen. So gibt es für uns nur eine Lösung: Wir müssen die Bergspitzen des Arakan-Gebirges überqueren, um langsam weiterzufahren, ohne nach Norden abgetrieben zu werden. Das Kontrollzentrum versucht uns das auszureden, aber wir sehen keine andere Lösung.

Ich bin dran, mich einige Stunden auszuruhen. Während dieser Zeit manövriert Andy den Ballon wie ausgemacht zwischen den Bergen hindurch, indem er sich auf Wim verläßt, der versucht, das Dunkel der Nacht mit seinen Augen zu durchdringen. Das Kontrollzentrum protestiert, da es unsere Manöver nicht versteht, bis Andy entnervt Faxgerät und Telefon einfach abschaltet und damit in Genf endgültig Panik auslöst.

Ich möchte nicht allzulang schlafen; ich will lieber die Fahrtmanöver dirigieren und die Landschaft betrachten, die uns der anbrechende Tag enthüllt. Die Berge sind nur noch eine schlimme Erinnerung, ich habe unsere Kommunikationsgeräte wieder eingeschaltet (und ein Wort der Entschuldigung von Andy übermittelt), und nun erleben wir drei unsere Ankunft im Tal des Irrawaddy. Der Fluß ist riesengroß; mehrere Arme schlängeln sich nebeneinander her und reflektieren wie Spiegel das rötliche Morgenlicht, das uns empfängt. Die Windpeilungen zeigen, daß wir gute Chancen haben, die einzige Straße, die durch das Tal führt, zu erreichen.

Genf, das nicht an unsere Fahrtstrategie geglaubt hat,

benachrichtigt Yangon zu spät und reißt das Bergungsteam aus dem Schlaf:

»Der Breitling Orbiter 2 wird in 19 Minuten in Minhla landen!«

Dies ist für das Team und die Journalisten der Alarmruf: Alles stürzt zu den Taxis und dem von der Armee gemieteten Hubschrauber. Für sie waren schon die letzten zwei Tage ein einziger Streß. Sie mußten sich innerhalb von Stunden Tickets verschaffen für Flüge, die eigentlich schon völlig ausgebucht waren, sowie Visa für ein Land, das gewöhnlich der Presse keine Einreise gestattet. Es war der Botschafter von Myanmar in Paris, selbst ein Pilot und sehr an unserer Expedition interessiert, der alle nötigen Formalitäten regelte. Aber im Land selbst wäre nichts möglich gewesen ohne das starke Engagement von Max O. Wey, dem Yangoner Vertreter der wunderbaren Association François-Xavier Bagnoud, die völlig uneigennützig mißbrauchten Kindern Hilfe gewährt.

Ich habe überhaupt keine Lust, die Sicherheit unserer Landung durch das Warten auf den Hubschrauber aufs Spiel zu setzen, aber trotzdem versuchen wir die Fahrt etwas zu verlängern, indem wir noch einige Zeit der Landstraße folgen. Schwache Bodenwinde machen das möglich. Die Bedingungen sind absolut perfekt, dennoch ist mir trotz aller Aufregung das Herz recht schwer. Andy hat die Solarpaneele bereits eingeholt, aber die Telefonantennen funktionieren noch:

»Genf, hier spricht Breitling Orbiter 2, wir werden in zehn Minuten landen. Alles in Ordnung, aber der Hubschrauber ist immer noch nicht da.«

Die erschrockenen Bewohner laufen auf der Straße zusammen, um diese geheimnisvolle Erscheinung zu verfolgen. Einige werfen sich sogar in den Staub. Einer von ihnen wird später einem Journalisten erklären:»Ich glaubte, es sei die Ankunft eines schwebenden Mönchs mit seiner fliegenden Pagode!«Tatsächlich konnte dieses kleine Haus, das da unter den silbrigen Wolken hing, von der Ferne gesehen die Safranfarbe einer buddhistischen Mönchskutte annehmen.

Der Schatten unseres Ballons, der durch unsere Fahrt knapp über dem Boden jetzt riesengroß geworden ist, streift einige schimmernde Pagoden. Andy steht an den Brennern, ich am Ventil, und Wim überwacht die Höhe, indem er durch die hintere Luke blickt. Das Feld vor uns ist ideal, denn es ist frei von jedem Hindernis und außerdem geht ein Feldweg mittendurch. Ich öffne das Ventil, und unser kostbares Helium fängt an, sich in der Atmosphäre über Birma zu verflüchtigen. Andy wirft das Schleppseil aus und zündet zwei oder drei Brennerstöße, um den Abstieg abzubremsen. Reibungslos und ohne Stoß landet die Kapsel sachte auf dem Boden. Genau in diesem Moment kommt der Hubschrauber an, als wäre es ein wundersames Treffen, exakt geplant über die Riesendistanz von 8473 Kilometern. Gleichzeitig braust inmitten von Staubwolken ein Militärlastwagen auf uns zu, und Soldaten springen ab, um eine Schutzzone zwischen dem Ballon und der größer werdenden Menge zu schaffen. Ich steige die Leiter mit dem gleichen Gefühl hinunter, mit dem ich sie vor zehn Tagen emporgestiegen bin. Zehn Tage in dieser Kapsel, die ich nun wieder von außen betrachte; ein Traum, der zehn Tage andauerte, oder genauer 233 Stunden und 55 Minuten, selbst wenn wir nun in Myanmar sind und nicht zu unserem Ausgangspunkt zurückkehren konnten. Wir haben es zwar nicht geschafft, den Globus zu umrunden, aber ich möchte nicht die Bilder, die sich in meine Seele eingegraben haben, verdunkeln und sie auch nicht durch Enttäuschung und Bitterkeit verderben.

Als Alan kommt, sinke ich ihm in die Arme. Das letzte Mal war es in Montpellier nach unserer Notwasserung.

222

»Hier ist es auf alle Fälle schöner!«

»Da ist euch wirklich eine phantastische Fahrt gelungen!«

Es ist irgendwie erstaunlich, einen Teil unseres Teams hier mitten im Nirgendwo wiederzutreffen: Monika, Stephano, Brian und ein paar treue Journalisten, die um die halbe Erde gereist sind, nur um uns hier landen zu sehen. Sie verfolgen schon so lange meine Abenteuer in den Lüften, daß wir inzwischen Freunde geworden sind.

Wenn ich unseren Riesenballon in diesem Bohnenfeld liegen sehe, empfinde ich eine große Erleichterung, aber gemischt mit Trauer. Ich möchte gleichzeitig lachen und weinen. Aber das örtliche Wetter läßt mir dazu keine Zeit. Der Wind und die erste Morgenthermik rütteln und schütteln gemeinsam an unserer Ballonhülle. Die Reißbahn hat sich nicht vollständig geöffnet. Durch die Hitze dehnt sich das Helium schneller aus, als es durch das Ventil abfließen kann, und so beginnt sich der Ballon wieder aufzublähen. Ein Offizier fängt an, mit seiner Kalaschnikow auf die Hülle zu schießen, aber ohne Erfolg. Sosehr mich das entsetzt, muß ich doch zugeben, daß wir die Hülle zerstören müssen, um die Kapsel zu retten. Da die Maschinenpistolen-Salven dazu nicht ausreichen, versuchen wir, die Heliumzelle mit unseren Schweizermessern aufzuschlitzen: eine nutzlose Anstrengung, denn der Wind hat noch mehr aufgefrischt und bläst jetzt in den Ballon, der sich in ein riesiges Spinnaker-Segel verwandelt. Wir fürchten die Hülle zu verlieren, wenn wir sie ausklinken, und lösen deshalb nur drei der vier Verankerungen. Der Wind drückt sie halb zerrissen auf den Boden. Die Einheimischen verstehen inzwischen, daß sie ihrem Herzen einen Stoß geben sollten, um uns zu helfen. Aber dann geht es richtig los! Sie stürzen sich auf den Ballon und reißen in zehn Minuten die ganze Hülle auseinander. Dann wird der Stoff in einzelne, ein paar Meter lange

Stücke zerteilt. Jeder in der Menge macht mit; ein Mann findet sich plötzlich fahrradfahrend in der Hülle wieder, als ein Windstoß einen Teil des Ballons plötzlich wieder aufrichtet. Die Armee wirkt nun gar nicht mehr so bedrohlich wie noch vor ein paar Minuten und greift überhaupt nicht ein. Die meisten Stoffstücke werden zusammengetragen und sortiert, aber mehrere sind irgendwo in der umgebenden Natur verschwunden. Etliche Häuser im Umkreis werden sich bald mit silberfarbenen Vorhängen schmücken, und andere werden bald durch von Solarpaneelen angetriebene Ballonventilatoren gekühlt werden! Danach kann ich endlich Michèle über Satellit anrufen und sie beruhigen:

»Ich habe dir so viel zu erzählen. Ich möchte heimkommen, um endlich Zeit mit der Familie verbringen zu können.«

Ich kann mir ihr Lächeln vorstellen, als sie mir antwortet:

»Wie ich dich kenne, Schatz, wirst du sicher nach deiner Rückkehr ein Buch schreiben!«

Um mich hat sich ein Kreis von Neugierigen gebildet. Es ist das erste Mal, daß diese Einheimischen auf Fremde mit weißer Haut treffen, und außerdem fragen sie sich auch, was man denn mit einem Telefon ohne Schnur anfangen kann. Ich möchte gern in einen persönlichen Kontakt mit ihnen treten, aber sie haben Angst vor diesen Männern, die vom Himmel gekommen sind. Alles was ich tun kann, ist, die Hände über dem Herz zu falten und den Kopf leicht zu beugen, um sie mit dem buddhistischen Gruß zu grüßen, der bedeutet: Ich neige mich vor dem göttlichen Teil in dir. Amüsiert antworten sie mir auf die gleiche Weise.

Alan unterbricht meinen Gesprächsversuch und bugsiert mich in den Hubschrauber, der uns in die Hauptstadt bringen soll. Ich wäre gerne noch länger hier in

Oke Kwin geblieben, dem Ort, an dem unsere Kapsel fast zu einer Zeitmaschine geworden war. Unglücklicherweise erwartet man uns schon in Yangon zu einer Pressekonferenz, und außerdem müssen wir schnellstmöglich unseren Aufenthalt auf birmanischem Boden legalisieren. Wir sind bestimmt die ersten Ausländer, die dieses Land, das seit Jahrzehnten unter einer nationalistischen Diktatur lebt, ohne Visum betreten haben. Wir werden Aung San Suu Kyi, die demokratische Dissidentin, die unter Hausarrest lebt, nicht treffen können; aber wir haben diesem so auf sich selbst fixierten Land zumindest gezeigt, daß die Leute aus dem Westen auch etwas anderes mitbringen können als Imperialismus und Umweltverschmutzung. Breitling hat übrigens schon mit gewohntem Takt ganz diskret den Besitzer des von der Menge zertrampelten Feldes entschädigt.

Mein Herz ist in Oke Kwin geblieben, und ich – allen Formalitäten und offiziellen Veranstaltungen entflohen – stehe barfuß auf einem der Zugangswege zur Shwe-Dagon-Pagode und kann nun endlich wirklichen Kontakt zu diesem Land aufnehmen, in dem ich gelandet bin. Kuppeln und Türmchen haben die Plexiglashaube und die Antennen abgelöst, aber sie strahlen im selben goldenen Glanz in den letzten Strahlen der Sonne, die über Yangon untergeht. Endlich kann ich einen Moment der heiteren Ruhe inmitten Hunderter von Buddhastatuen genießen, die über die größte Pagode der Welt wachen. Hier gibt es weniger Schnörkel und Verzierungen als in der thailändischen Kunst, und ich schätze diese Reinheit der Formen sehr. Ich bin glücklich, meine inneren Batterien an diesem Ort des Friedens und Gebets wieder aufladen zu können, und setze meinen Fuß voller Respekt und Andacht auf den Boden dieses heiligen Platzes.

Ich ahne, daß sich mein Leben in der Öffentlichkeit ändern wird, denn selbst hier werde ich schon von Touristen um ein Autogramm gebeten. Das paßt mir eigentlich gar nicht, auch wenn ich froh bin, daß so viele Leute meinen Traum teilen möchten. Ich sehne mich nach Stille; ich möchte meine Dankbarkeit dafür ausdrücken, daß ich bisher ein solches Leben voller Begeisterung und Leidenschaft führen durfte.

Andererseits verstehe ich nicht, warum ich ausgerechnet in Myanmar angekommen bin, nachdem ich doch zu einer Reise um die ganze Welt aufgebrochen war. Was habe ich mit diesem Land zu schaffen? Was kann ich hier lernen? Die Ankunft unseres Ballons wird die hiesige Politik nicht revolutionieren, auch wenn die Zeitungen sie auf der ersten Seite gebracht haben. So lasse ich mich führen und frage mich heimlich, welche Synchronizität mir eine Erklärung liefern wird. Wie in Schanghai vor der Chrysler Challenge gehe ich in ein Antiquitätengeschäft. Unbewußt suche ich etwas, ich schaue mir jedes Stück genau an, kann aber nichts finden. Als ich das Geschäft wieder verlassen will, zeigt mir der Händler noch ein letztes Stück.

Es ist ein Gefäß aus getriebenem Silber, das meditierende Bodhisattvas zeigt. Sie haben ihre Hände über dem Herzen gefaltet, und ihr Kopf ist leicht gebeugt. Auf dem Deckel scheint ein Mönch zu tanzen. In einem Medaillon sind einige Zeichen zu sehen. Der Händler sieht, daß ich sie genau betrachte.

»Willst du wissen, was da geschrieben steht?«

»Ja.«

Ich fange an, ganz leicht zu zittern. Er fängt an zu lesen: »Der Ankommende sei willkommen.«

Also gibt es da etwa gar nichts zu verstehen? Erstaunt wende ich mich an meinen Führer:

»Das ist alles?«

»So übersetzt es der Händler.«

»Und du, wie übersetzt du es?«

»Das ist schwierig …«

»Versuch es bitte.«

»Hier steht geschrieben … Mögen die Welt des Geistes und die Welt des Menschen die Früchte der großen Taten genießen.«

»…«

»Du schaust nachdenklich drein.«

KAPITEL 11

Die Winde der Hoffnung

Mögen die Welt des Geistes und die Welt des
Menschen die Früchte der großen Taten genießen

Ja, ich war sehr nachdenklich, und ich blieb es noch für
lange Zeit, während ich über diese birmanische Maxime
nachdachte, die ich nicht verstand. Was ließ sich damit anfangen? Von welchen großen Taten war da die Rede? Auf
jeden Fall nicht von meiner Ballonfahrt! Die mag ja auf
persönlicher Ebene eine faszinierende Erfahrung gewesen
sein, aber als Versuch einer Weltumrundung war sie ein
bitterer Mißerfolg gewesen. Schon wieder eine Frage
ohne Antwort, der ich mich mit allen Fasern meines Herzens öffnen konnte. Was war von diesem Wehen des Windes noch zu lernen? Ein Gedanke ging mir durch den
Kopf: Was, wenn ich auf dem falschen Wege wäre? Wenn
dieses Abenteuer gar nicht für mich bestimmt war? Als
mir beim Fliegen der Wind ins Gesicht wehte, hatte ich
bei meinem Kampf mit den Elementen Konzentration,
Leistungsvermögen und eine ganz spezielle Form des
Bewußtseins entwickelt. Würde mich auch meine neue
Verbindung mit der Natur irgendwohin führen? War es
möglich, war es vernünftig, die Umrundung des Planeten
mit dem Wind zu wagen? Und damit bewußt auf meinen
Wunsch zu verzichten, die Dinge immer zu meistern und

228

unter Kontrolle halten zu können? Mein Sieg bei der Chrysler Challenge schien plötzlich so lange her zu sein... Ich bekam mehr und mehr den Eindruck, daß es um mehr ging als um eine Ballonfahrt um die Welt, daß ich mit dem Leben selbst klarkommen mußte. Natürlich fährt der Ballon mit dem Wind und somit in die Richtung, die ihm die Natur vorschreibt, ohne daß er aus sich heraus lenkbar wäre. Aber geht es dem Menschen mit dem Wind des Lebens nicht ebenso? Er wird getrieben von den Verhältnissen und ist ein Gefangener seiner Probleme, seiner Vorurteile und seiner persönlichen Weltanschauung. Gesundheit wie Krankheit, Unglück, Liebe oder Scheitern, das Glück, die Krisen, Chancen und der Ruin sind alle wie der Wind, der uns unversehens erfaßt und ins Unbekannte fortträgt. Sicher ist es unser erster Reflex, alles zu unternehmen, um die Kontrolle zu behalten, denn wir hassen den Zweifel und das Unbekannte. Man kämpft an gegen den Wind des Lebens... Manchmal tatsächlich mit einem gewissen Erfolg... Aber wenn man genau hinschaut, geschieht dies doch recht selten. Viele Herausforderungen übersteigen unsere Fähigkeiten, und unser daraus entstehendes Ohnmachtgefühl verstärkt dann oft sogar noch unser Leiden, unseren Schmerz und unsere Verzweiflung.

Welche Freiheit besitzen wir denn überhaupt noch? Nun, wie für den Ballonpiloten ist die einzige wirkliche Freiheit im Leben die Fähigkeit, die Höhe zu wechseln. Indem er seine Fahrtebene ändert und den Himmel nach oben wie nach unten erforscht, findet der Ballonfahrer heraus, daß die Atmosphäre aus ganz unterschiedlichen Luftschichten besteht, die sich alle mit unterschiedlichen Geschwindigkeiten in verschiedene Richtungen bewegen. Wenn der Pilot also einen anderen Weg einschlagen will, muß er seine Fahrthöhe ändern. Jeder Mensch sollte dies auch in seiner Lebensführung beherzigen, ob nun auf dem Feld der Psychologie, der Philosophie oder sogar der Spiritualität, wenn er andere Strömungen, andere Einflüsse und andere Arten kennenlernen möchte, seine Existenz zu verstehen oder sogar fortzuentwickeln.

Es ist leicht zu schreiben, daß der Ballon eine Metapher für das ganze Leben oder daß das ganze Leben nur eine große Ballonfahrt sei, es ist aber bedeutend schwerer, dies praktisch umzusetzen. Denn wenn wir in unserem Leben die Höhe verändern wollen, müssen wir unbedingt auch all unsere vorgeblichen Sicherheiten, unsere Paradigmen, unsere Dogmen und anderen festgefügten Überzeugungen über Bord werfen. Wir müssen uns selbst in Frage stellen, unsere eingefahrenen Denk- und Verhaltensmuster verändern und uns neuen Ideen öffnen, die uns eine andere Wahrnehmung erlauben. Des weiteren sollten wir aufhören, die anderen davon überzeugen zu wollen, daß wir im Recht sind; wir sollten ihnen vielmehr zuhören und sie in ihrer Verschiedenheit akzeptieren.

Wenn es uns vor allem auf das Bedürfnis nach Besitz, nach Kontrolle und sofortiger Befriedigung unserer Begierden ankommt, wenn wir darauf nur mit eingefahrenen Automatismen und Gewohnheiten reagieren, dann werden wir zwangsläufig in die Stürme des Lebens geraten, die uns herumwirbeln werden wie ein Staubkorn. Die Höhe zu wechseln hieße, eine neue innere Freiheit zu entwickeln, unsere panische Angst vor dem Unbekannten loszuwerden und die Illusion zu begraben, wir könnten selbst über die Richtung der Winde bestimmen; es hieße auch, uns dem Sinn, den das irdische Leben haben könnte, zu öffnen, uns ohne Selbstgefälligkeit mit der Richtung zu beschäftigen, die es einzuschlagen gilt, wenn uns das Sein wichtiger ist als das Haben, und unsere Existenz ganz tief zu empfinden, wenn wir Schritt für Schritt auf dem Weg voranschreiten, der uns zum Wesentlichen führt.

Es wird einer persönlichen, aber auch kollektiven, wenn nicht politischen Anstrengung bedürfen, wenn wir die drohenden Wolken, die sich am Horizont zusammenballen, vermeiden wollen. In der Beziehung zu unserer Umwelt ist eine Höhenänderung dringend geboten. Wir können nicht weiterhin im Verlaufe von nur wenigen Jahrzehnten natürliche Ressourcen ausplündern, die in Millionen von Jahren entstanden sind; wir können auch nicht mit einer einzigartigen kurzsichtigen Sorglosigkeit unseren Lebensraum weiterhin verschmutzen und zerstören. Die Höhe zu wechseln hieße in diesem Falle, den Weg der nachhaltigen Entwicklung einzuschlagen und die technologische Herausforderung anzunehmen, auf erneuerbare Energien umzustellen. Auf dem Felde der Politik wäre es eine Höhenänderung, wenn sich die Beziehungen zwischen den Ländern, die alles, und denen, die nichts besitzen, radikal änderten. Aber sicher nicht, indem man das Geld der Reichen aufteilt, denn die Erfahrung lehrt, daß dies nie zu etwas anderem führte als zu allgemeiner Armut, sondern indem man alle Länder an den Entwicklungspotentialen teilhaben läßt und ihnen den Zugang zu Bildung, einer besseren Gesundheit und zu Basistechnologien ermöglicht. Diese Höhenänderung wird im übrigen um so dringlicher, als man ansonsten der Spannungen in unserer Welt, die nicht nur ethisch inakzeptabel, sondern auch für das Gleichgewicht auf unserem Planeten und die Entwicklung der Menschheit extrem gefährlich sind, nicht Herr werden wird. Aber dazu müßten unsere politischen und wirtschaftlichen Führer erst einmal anfangen, sich mehr mit dem Leid der Bedürftigsten zu beschäftigen. Mitleid ist vielleicht die wichtigste, aber gleichzeitig auch schwierigste Höhenänderung. Hätten sie aber eine globalere Sicht der Dinge, würden sie erkennen, daß dies in ihrem ureigensten Interesse läge. Die Einstellung der Welt hat sich verändert seit den

231

Zeiten, als skrupellose Eroberer als große Helden galten. Ich glaube, daß im 21. Jahrhundert diejenigen in die Geschichte eingehen werden, die versuchen, Gerechtigkeit und ausgewogenes Gleichgewicht zu befördern, und die sich um das Wohlergehen der Schwachen sorgen, um die Menschenrechte und den Umweltschutz. Die Höhe zu wechseln ist kein utopischer oder idealistischer Gedanke, sondern ein sehr konkreter Prozeß, der darauf abzielt, die notwendigen Änderungen in die Wege zu leiten, damit der Wind des Lebens in eine andere Richtung weht als in die, die zum Leid und in die Sackgasse führt.

Ich wollte meine Forschungsreise durch das Leben weiter fortsetzen, und die Weltumrundung wurde dafür ein Symbol. Mir schien es so, als ob ein dritter Versuch eine Weiterführung des Wegs sein würde, dem ich mich nun schon so lange am Himmel zu folgen bemühte. Aber für ein Gelingen war es nötig, auch bei unserem Vorhaben eine andere Höhe zu wählen, was hieß, alle unsere Pläne und Strategien noch einmal vollständig und sehr genau zu überprüfen und gegebenenfalls radikal zu verändern. Schließlich und endlich bedeutete das den Bau eines dritten Ballons, der wendiger sein und mit Propan statt mit Kerosin betrieben würde; auch ein Austausch der Kopiloten wurde vorgenommen, wobei Brian Jones Wim und Andy im Cockpit ersetzen würde. Außerdem mußten wir nach China fahren und dort mit den Behörden verhandeln, und jedesmal erschienen die menschlichen Beziehungen viel eher als ein Spiel mit dem Wind als gegen ihn.

Als wir in Peking ankamen, hatten wir uns schon für eine andere Vorgehensweise als unsere Konkurrenten entschieden. Jene bemühten sich weiterhin von ihren Heimatländern aus um eine Genehmigung, so wie wir selbst es auch noch im Jahr davor gemacht hatten, mit dem Argument, daß alle anderen Länder ihre Erlaubnis ja schon gegeben hätten. So hofften sie zu belegen, daß es kein Problem sei, mit dem Ballon in irgendeinen Luftraum auf dieser Welt einzutreten. Das hieß gegen den Wind zu segeln und die Konfrontation mit unseren Gesprächspartnern zu suchen. So konnten diese nämlich ihre bisherige Position nicht mehr ändern, ohne ihr Gesicht zu verlieren. Wir hatten schließlich begriffen, daß wir gerade andersherum vorgehen mußten. So entschuldigten wir uns am Beginn unseres Besuchs bei den chinesischen Offiziellen dafür, daß wir ihnen so viele Probleme bereiteten. Als wir uns in ihre Lage versetzten, wurde uns klar, daß die bisherige Verweigerung einer Erlaubnis einfach nur bewies, wie technisch schwierig das Überqueren eines solch riesigen und mit Radar schlecht ausgestatteten Landes mit einem Ballon tatsächlich war. So mußten auch wir ihre Probleme berücksichtigen und versuchen, zusammen mit ihnen Lösungen dafür zu finden.

Diese Einstellung änderte die Kräfteverhältnisse völlig. Sie bedeuteten uns, daß wir die einzige Mannschaft seien, von der sie den Eindruck hätten, sie würde sie respektieren und versuchen, sie zu verstehen. Und so würden sie alles tun, uns zu helfen, das, was wir benötigten, bei den »zuständigen Behörden«, das heißt der Armee, zu bekommen. Sie hielten Wort.

Die Vorbereitung unseres Teams war denselben Prinzipien gefolgt, und es hatte sich gezeigt, daß Respekt und Aufrichtigkeit keine idealistischen und altmodischen Begriffe sind, sondern als vergleichsweise wirksamste Werkzeuge dienen können, wenn man Erfolg haben will.

Etwas schematisch betrachtet, gibt es auf diesem Gebiet vier Typen menschlichen Gruppenverhaltens.

Im ersten Fall bildet man ein Team, indem man Personen zusammenbringt, die sich möglichst ähnlich sind. Hier wird es Ziel jedes Teilnehmers sein, alle unterschiedlichen Ansichten und Konflikte zu vermeiden. Diese Konstellation ist allerdings völlig unkreativ, da ja kein neuer geistiger Mehrwert entstehen kann, wenn jeder die gleichen Gedanken hat. Dies ist dann ein menschliches Beziehungsgeflecht, bei dem 1 + 1 = 1 ergibt. Wenn Brian und ich in allem identisch wären, warum sollte man dann überhaupt beide auf den Weg schicken und nicht nur einen allein? Eine Batterie funktioniert nur dann, wenn sie eine Potentialdifferenz aufweist. Wenn erst einmal beide Pole identisch geworden sind, werfen wir die Batterie weg, denn sie vermag die von uns benötigte Energie nicht mehr zu liefern. Aber anscheinend gibt es viele, die Angst haben, die Unterschiede der menschlichen Polaritäten zu nutzen. Aber gerade die liefern uns die konstruktive Kraft und Energie, die man Komplementarität oder Synergie nennt.

Im zweiten Fall setzt sich das Team zwar aus ganz unterschiedlichen Persönlichkeiten zusammen, was durchaus zu einer größeren Kreativität führen kann, doch die Beziehungen untereinander sind auf Macht und Kontrolle aufgebaut sowie auf dem Versuch, der anderen Person ständig zu beweisen, daß man selber eher recht hat als sie. Das endet damit, daß jeder den Wert seines Partners negiert, dessen Persönlichkeit erstickt, was auf eine Beziehung hinausläuft, in der 1 + 1 = 0 ergibt.

Sicher kann 1 + 1 auch einmal 2 ergeben, nämlich dann, wenn es zwischen den Partnern wenig Austausch, wenig Interaktionen gibt. Die Differenzen werden dann nie bedrohlich, aber es bilden sich auch keine Synergien. Jeder denkt weiterhin so, wie er schon immer gedacht hat.

Der vierte Fall kommt leider bei Menschengruppen nur relativ selten vor, obwohl er der einzige ist, der auf lange Sicht Erfolg verspricht.

Dabei geht es darum, innerhalb des jeweiligen Teams eine Verbindung zu schaffen, bei der die Mitglieder so unterschiedlich wie möglich sind, aber gleichzeitig der gegenseitige Respekt und das Verständnis füreinander so groß sind, daß man aus dieser Verschiedenartigkeit Nutzen ziehen kann. Dann können 1 + 1 auch einmal 3 ergeben! In unserem Fall wären das dann Brian, ich und wir beide; bei unseren Meteorologen wären es Pierre Eckert, Luc Trullemans und beide zusammen; und so erginge es auch dem Rest unserer Mannschaft.

Unsere Vorbereitungen sahen dann so aus, daß sich alle Beteiligten kennenlernten und dabei vor allem bestrebt waren, herauszufinden, welches ihre Unterschiede waren, ohne sich zu sehr mit den Ähnlichkeiten aufzuhalten. Wir stellten unsere unterschiedlichen Lebensläufe, Erfahrungen, Ansichten des Lebens und der Welt vor und versuchten die Unterschiede der Persönlichkeiten, des Charakters und der Reaktionen herauszufinden. Dazu sprachen wir oft über unser Leben, wobei wir zu erklären versuchten, wie wir zu dem geworden waren, was wir heute sind. So lernten wir allmählich den Weg kennen, den jeder von uns bis zu diesen Tagen zurückgelegt hatte; das war die einzige Art, den anderen so zu akzeptieren, wie er war, statt von ihm Dinge zu erhoffen oder zu erwarten, die dieser unmöglich leisten konnte. Diese Vorgehensweise will aber die Konflikte gar nicht völlig vermeiden, die oft genug neue Ideen zeitigen, sondern sie möchte Werkzeuge zur Konfliktlösung liefern. Diese Kommunikationsform erlaubt es uns, Bemerkungen zu machen, ohne den anderen anzugreifen, und Kritik auch selbst ohne Empfindlichkeit zu akzeptieren, denn jeder lernt dabei, sich gemäß seinen eigenen Empfindungen zu äußern, und nicht mit dem Wunsch, den andern zu ändern. Es ist zum Beispiel ein großer Unterschied, ob man zu jemandem sagt, man fühle sich unbehaglich angesichts dessen, was hier passiere, oder ob man ihn anblafft, er möge aufhören, sich so aufzuführen.

Damit diese Form der Kommunikation klappt, muß

man sie eher als Austausch von Erfahrungen denn von Ideen und Fakten verstehen. Wenn man sich damit begnügt, über Fakten, Meinungen und Ideen zu sprechen, beschränkt man gezwungenermaßen die Dynamik des Teams, da man die bisherige individuelle Entwicklung der einzelnen Mitglieder zu wenig berücksichtigt. Eine Erfahrung zu teilen heißt statt dessen zu erkennen, daß es viele Arten gibt, wie man dieselben Ereignisse erleben kann, daß es unzählige Lösungsmöglichkeiten für das gleiche Problem gibt, daß wir oft die gleichen Wörter benutzen und doch von verschiedenen Dingen sprechen oder umgekehrt trotz verschiedener Wörter die gleichen Dinge meinen. Eine Erfahrung zu teilen heißt, eine Zeitlang in den Schuhen des anderen zu marschieren, um dadurch eine neue Weltsicht zu entdecken. Es ist eine Art Höhenwechsel in unserer Beziehung zu unseren Mitmenschen, wenn wir plötzlich erkennen, daß die Realität, die wir bisher als eine festgefügte Einheit erlebt haben, aus vielen verschiedenen Facetten besteht. In einem Team lassen sich dadurch die Strategien aller Mitglieder miteinander kombinieren, wobei am Ende ein völlig neuer Weg herauskommen kann.

Während dieser ganzen Zeit ging der internationale Wettlauf weiter, und die Zahl der Konkurrenten nahm sogar noch zu. Wir fühlten uns von der Propaganda der englischen und amerikanischen Milliardäre fast ein bißchen an die Wand gedrückt. Aber wenn man schon nicht der Stärkste ist, dann muß man wenigstens versuchen, der Kreativste zu sein. Wir waren sicher, daß die Änderungen, die wir an unserem Konzept vorgenommen hatten, dazu führen würden, daß wir den besten Ballon und die beste Mannschaft hatten, denn die meisten unserer Konkurrenten hatten aus ihren Mißerfolgen nicht viel gelernt und scheiterten weiterhin aus denselben Gründen. Sie verhielten sich ein bißchen wie Bienen, die das einzige offene Fenster eines Raumes nicht mehr finden und dann solange gegen eine andere geschlossene Fensterscheibe fliegen, bis sie sterben, ohne zu verstehen, warum ihnen die Flucht nicht gelingt. Wir versuchten es eher nach der Taktik der Wespen, die fähig sind, ihre Strategien zu verändern, und nacheinander an verschiedene Scheiben stoßen, bis sie am Ende dann doch noch den Ausgang finden. Ein paar Mannschaften würden aus technischen oder politischen Gründen gar nicht erst starten. Steve Fossett stieß auf eine Schlechtwetterfront und stürzte in den Süd-Pazifik, da er ohne Druckkapsel dem Hindernis nicht nach oben ausweichen konnte. Richard Branson mußte mit seinem schlecht isolierten Ballon vor Hawaii notwassern. Andy Elson war es zwar gelungen, China südlich zu umgehen, mußte dann aber im Japanischen Meer wegen derselben Art von Planungsfehlern aufgeben, die ihm schon bei den Orbitern 1 und 2 unterlaufen waren.

Allerdings hatten auch wir nicht den geringsten Grund, uns irgendwelcher Erfolge zu brüsten. Wir mußten so lange auf ein günstiges Wetterfenster warten, daß Brian und ich erst am 1. März 1999 ganz am Ende der Jetstream-Saison in Château-d'Œx starten konnten. Kein Mensch glaubte mehr an den Erfolg unseres Unternehmens, und von allen Seiten hagelte es Kritik. Im Einvernehmen mit Breitling wurde beschlossen, daß dies unser letzter Versuch und unsere letzte Erfolgschance sein würde. Wir hatten schreckliche Angst zu scheitern, aber wenn man jedesmal aufgibt, wenn man von Angst gequält wird, wird man im Leben kaum etwas erreichen. Am ersten Tag, als wir die Alpen überquerten, wurde mir klar, daß die Abenteurer und großen Forscher genausoviel Angst haben können wie jeder andere auch, aber daß sie dann, im Gegensatz zu diesen anderen, trotzdem das Wagnis eingehen! So ist es vielleicht nicht so sehr

Mut, den man beim Abenteuer des Lebens braucht, als Standfestigkeit und Ausdauer.

Ich möchte hier nicht noch einmal auf die Einzelheiten der Fahrt eingehen, die Brian und ich schon ausführlich in »Mit dem Wind um die Welt« erzählt haben. Aber ich möchte noch einmal auf ein paar Seiten versuchen, diese Mischung aus Zweifel und Hoffnung, Angst und Zuversicht, Wolken und Wind darzustellen, die uns auf diesem großen Traum begleitete, der uns so am Herzen lag. Diese ungeheure Empfindung, Teil der Natur zu sein, dem Planeten anzugehören und in gewisser Weise die Welt in den Arm zu nehmen. Immer weiter zu fahren, um dann am Ende wieder am Ausgangspunkt anzukommen... und doch auf Dauer ein anderer geworden zu sein. 20 Tage und 20 Nächte über der Erde zu schweben, zu sehen, wie der Planet im Rhythmus der Elemente atmet, wie die Wolken am Morgen geboren werden, sich entwickeln und sterben, wenn der Abend anbricht. Drei Wochen lang zu sehen, wie Farben und Reflexe sich im Verlauf der Sonnenauf- und -untergänge ändern.

Am Ende jeder Nacht begann eine schmale, sehr schmale helle Linie den Himmel von der Erde zu trennen. Dann wurde sie breiter und breiter, bis der ganze Himmel über der noch dunklen Erde silbern glänzte. Und plötzlich, wie ein Blitz, übergoß die rote Sonne mit ihrem Licht die Welt, die dadurch plötzlich wiederaufzuleben schien. Berge, Ebenen, Wüsten oder Ozeane tauchten wieder auf und gaben den geographischen Koordinaten, die uns unser GPS lieferte, erst ein Gesicht; jeden Morgen war es ein anderes, in dem Maße, wie wir langsam, im Verhältnis zur Größe des Globus sehr langsam, einer unsichtbaren, unerreichbar scheinenden Ziellinie entgegenfuhren, angetrieben von den Winden unserer Hoffnung.

Jede Nacht badeten wir im Sternenlicht und schwebten schweigend durch das Universum. Damit uns die Unendlichkeit des Kosmos noch mehr durchdringen konnte, löschten wir oft alle Lampen im Cockpit und konnten so noch ein paar weitere Galaxien wie ein Licht einschalten, das von dort droben aus dieser ungeheuren Weite zu uns gelangte. Milliarden von Sternen über uns, die aber, soweit wir wissen, kein anderes Leben erleuchten. Und wenn unsere Sonne am Horizont aufging, dann enthüllte sich vor uns plötzlich das Leben in all seinem Zauber und dem ganzen Wunder seiner Einzigartigkeit. In diesem Moment konnten wir überhaupt nicht verstehen, wie es möglich ist, daß die Menschheit auf diesem anscheinend einzigen bewohnten Planeten der Milchstraße lebt und doch nicht fähig ist, das Wunderbare dieser Tatsache zu begreifen und mit unserer Erde ein inniges und respektvolles Verhältnis aufrechtzuerhalten. Das Wort »Respekt« drückte jeden Tag ein bißchen mehr unsere Empfindungen aus. Respekt heißt zu lernen, den geheimnisvollen Lebensfunken zu erkennen, den jedes Wesen, ob menschlich oder nicht, in sich trägt; Respekt als die Empfindung einer tiefen Verbindung, ja Wechselbeziehung, zwischen unserem eigenen magischen Funken und dem der restlichen Welt. Die plötzliche Steigerung unseres Bewußtseins von unserer eigenen, individuellen Existenz – eine Art Seelenwahrnehmung – läßt uns in einen harmonischen Kontakt mit unserer Umwelt treten, ja erlaubt es uns sogar, uns in sie einzugliedern.

Und dennoch, über wieviele Schrecken und Grausamkeiten fuhren wir gerade hinweg? Über die Hungersnöte der Sahelzone, Bürgerkriege, über unschuldige Opfer von Konflikten, die zur Durchsetzung von unterschiedlichen Interessen auf dem ganzen Globus vom Zaun gebrochen werden. Je mehr ich über die Schönheiten dieser Welt nachdachte, desto weniger konnte ich die Schrecken und Leiden, die diese Welt zerreißen, ignorieren, all diese ewigen Leiden, die auch dann nicht enden, wenn man aufhört, an sie zu denken. Jeden Tag schien unser eigener Traum ein wenig erreichbarer zu werden, während die Menschen unter uns oft nicht einmal über die Mittel verfügten, ihre eigenen todgeweihten Kinder zu retten. Davor konnten wir nicht länger unsere Augen verschließen. Ich erinnere mich, daß Brian und ich immer häufiger über das sprachen, was unter unserem großartigen Ballon passierte. Welcher Kontrast zwischen der Wirklichkeit dieser Welt und unserem fast naiven Wunsch, sie zu umrunden! So kamen wir natürlich auch darauf zu sprechen, was wir mit dem Scheck über eine Million Dollar machen könnten, den Budweiser dem Team versprochen hatte, das die Fahrt um die Erde als erstes schaffen würde. Die Bedingungen sahen vor, daß die Hälfte dieses Preises für humanitäre Zwecke verwendet werden sollte. So könnten wir uns ein bißchen für das außerordentliche Glück revanchieren, das wir hatten, als wir auf der richtigen Seite dieser Schreckensgrenze geboren wurden, weit weg von den Regionen, aus denen die Schreie leidender Kinder kamen, die eigentlich die ganze Welt aus dem Schlaf reißen sollten. Doch zur Zeit waren wir davon noch so weit entfernt, daß wir es vorerst kaum wagten, diese Möglichkeit überhaupt in Erwägung zu ziehen. Vor einem eventuellen Erfolg waren noch so viele Hindernisse zu überwinden. So konnten wir unsere Hoffnungen nur dem Wehen des Windes anvertrauen.

Technisch gesehen sollten die zehn ersten Tage der Fahrt den ganzen Fortgang bestimmen. Die Erlaubnis der chinesischen Behörden war zwar für das Gelingen unseres Unternehmens entscheidend, galt aber nur für den äußersten Süden des Landes. Und so mußten wir zuerst von der Schweiz bis nach Nordafrika hinunterfahren, um dort den subtropischen Jetstream zu erwischen und mit ihm Asien südlich des 26. Breitengrads zu erreichen. Im Vergleich zu der direkten Fahrt, die wir ursprünglich geplant hatten, bedeutete dies einen Umweg über die Sahara, der sich auf sechs Tage und 10 000 Kilometer belief. Da wir insgesamt nur eine Fahrt von 15 Tagen über 35 000 Kilometer geplant hatten, würde uns somit jetzt wahrscheinlich das Gas knapp werden, bevor wir unsere Erdumrundung geschafft hatten.

Aber wenn man sich dem Wehen des Windes anvertraut hat, zeigt sich, daß die exakte Planung weit weniger wichtig wird als eine größere Flexibilität und Anpassungsfähigkeit. Wenn wir bei den ersten Kriterien unseres Plans geblieben wären, wären wir wohl nie gestartet. Wir mußten statt dessen das Risiko eines dritten Scheiterns in Kauf nehmen, um überhaupt erst eine Siegeschance zu bekommen. Und eigentümlicherweise waren es wahrscheinlich die chinesischen Restriktionen, die einen Erfolg erst möglich machten. Da wir durch sie gezwungen waren, unsere Route so weit nach Süden zu verlegen, sind wir allen Stürmen entgangen, die uns sonst über dem Nordpazifik den Weg abgeschnitten hätten. Und dank des riesigen und eigentlich so besorgniserregenden Umwegs über Afrika wurde unsere Fahrt die längste in der gesamten Geschichte der Fliegerei, und zwar sowohl was die zurückgelegte Fahrt- oder Flugstrecke als auch die Fahrtdauer angeht. Woraus man ersehen kann, daß die schönsten Geschenke im Leben oft mit einem mehrmals verknoteten Bindfaden in ein häßliches Papier eingepackt sind. Von außen sieht das Paket wie ein unüberwindliches Problem aus, während es in Wirklichkeit Lösungen enthält, an die niemand jemals zu denken gewagt hätte. Es ist manchmal beunruhigend, wenn man merkt, wie sehr wir durch unseren Wunsch, immer alles unter Kontrolle zu haben, dazu getrieben werden, in der von uns gewählten Richtung weiterzugehen, während der Wind des Lebens uns schon längst eine ganz andere vorschlägt ... Am schwierigsten ist es zu wissen, wann man seinen eigenen Weg durchsetzen sollte und wann es besser ist, das zu akzeptieren, was die Existenz uns anbietet.

Ein weiteres Beispiel dafür lieferten uns unsere Meteorologen, als wir über der Sahara waren. Es war der vierte Tag, und wir fuhren mit einer Geschwindigkeit von immerhin 120 km/h, während Luc und Pierre uns eine nur halb so hohe vorausgesagt hatten. Um sie zu necken, teilte ich ihnen über das Satellitentelefon mit:

»Findet ihr nicht, daß wir gute Piloten sind? Wir fahren doppelt so schnell, wie ihr gedacht habt!«

Ihre Antwort wirkte auf uns wie eine kalte Dusche:

»Kein Mensch hat von euch verlangt, so schnell zu fahren. Geht sofort 1000 Meter tiefer, um langsamer zu werden!«

»Warum langsamer fahren? Wir haben noch 40 000 Kilometer vor uns. Wir können es uns gar nicht leisten, hier über der Wüste herumzutrödeln und nutzlos unser Gas zu verschwenden...«

»Vielleicht habt ihr es tatsächlich eilig, aber die Höhe, in der ihr fahrt, bringt euch direkt zum Nordpol.«

Nach einer kurzen Pause meinten sie dann noch ein wenig ironisch:

»Wollt ihr sehr schnell in die falsche Richtung fahren ... oder langsam in die richtige?«

Nicht bloß zum Führen eines Ballons sind die Meteorologen unerläßlich. Eigentlich könnte man sie überall brauchen, in der Politik, in den Unternehmen und den Schulen, damit sie dort den Wert des Denkens in langen Zeiträumen lehren, gerade in unserer Gesellschaft, die nur noch den sofortigen Profit will und sich damit mit großer Geschwindigkeit in eine Sackgasse manövriert; oder wir könnten mit ihrer Hilfe lernen, wie man den Wind des Lebens am besten ausnutzt.

Es war gar nicht so einfach, hier in 8500 Metern Höhe über der Sahara und vom Wunsch verzehrt, daß unser

Traum endlich in Erfüllung gehe, die Höhe zu wechseln, um ... langsamer zu fahren. Aber es war uns auch klar, daß es die Natur war, die uns Erfolg haben ließe, und nicht unser eigener Wille. Wir mußten mit exakt derselben Geschwindigkeit vorwärtskommen wie das Tiefdruckgebiet, dessen Zentrum auf dem Mittelmeer lag und das uns jetzt nach Osten treiben ließ. Das Ziel war, unter den Einfluß einer Hochdruckzone über Indien zu geraten und so südlich des 26. Breitengrads auf chinesisches Territorium zu gelangen. Trotzdem war es nicht damit getan, sich einfach fatalistisch vom Wind treiben zu lassen. Ganz im Gegenteil. Wir mußten unseren riesigen Ballon fast auf den Meter genau in der Schicht positionieren, die die richtige Geschwindigkeit und Richtung verhieß. Bei der Trägheit unserer 23 000 m^3 fassenden Ballonhülle war es nötig, in jedem Moment ganz konzentriert zu sein. Nein, da gab es keinen Raum für Fatalismus oder gar für den Gedanken, auf das bißchen Kontrolle, das uns verblieben war, auch noch zu verzichten. Aber es gab auch keinen Raum für Streß, diese erschöpfende Angewohnheit, gerade gegen jene Elemente des Lebens anzukämpfen, die unserem Zugriff völlig entzogen sind.

Als wir Indien und China in einem gewaltigen Jetstream mit 150 km/h überquert hatten und dann unsere Geschwindigkeit über dem Pazifik plötzlich bis auf 25 km/h zurückging, konnten wir nichts tun, als dies einfach zu akzeptieren und hinzunehmen. Hinnehmen, daß wir langsam über die 12 000 Kilometer des größten Ozeans unseres Planeten schlichen, hinnehmen, daß wir Gefahr liefen, noch vor Amerika notwassern zu müssen, weil uns das Gas ausging, hinnehmen, daß wir 48 Stunden lang keinen Kontakt mehr zu unserer Heimatbasis in Genf hatten, hinnehmen, daß wir voller Angst waren ...

Eine Angst, die noch größer wurde, als wir versuchten,

gegen sie anzukämpfen. Erst als wir sie ganz tief bis in unser Innerstes hineinließen, ihr den Platz ließen, den sie haben wollte, und vor allem miteinander darüber sprachen, konnten wir spüren, wie sie allmählich verschwand. So ließen wir uns weiterhin ganz langsam auf das andere Ufer dieses Meeres zutreiben. So viele Probleme entstehen im Alltagsleben, weil man sich gegen das Leiden wehrt und durch all die Strategien, die man anwendet, um sich der Realität der Dinge zu entziehen. Hier aber, im Angesicht dieses unerbittlichen Spiegels, der all unsere Gefühle wiedergab, konnten wir weder uns selbst noch unserem Mitstreiter etwas vormachen.

Nach der langen Vorbereitung des Projekts, der blamablen Mißerfolge, der Geduld und Ausdauer des trotzigen Neuanfangs war ich nun in der erschreckendsten Phase dieser Fahrt angekommen: der Überquerung des Abgrunds.

Nachts, wenn wir allein in der Kälte des Cockpits nacheinander Wache hielten, hatten wir nur noch die eingebaute Bordkamera, der wir uns anvertrauen konnten. Ich sprach oft zu ihr, als sei sie der letzte Zeuge, der mich noch lebend sehen würde, und es war mir völlig egal, was die Leute denken würden, wenn uns die Rückkehr doch noch gelänge. In all meiner tiefen Hoffnung, Erfolg zu haben, spürte ich doch, daß uns diese Umrundung der Erde unmöglich gelingen konnte ohne Gottes Hilfe oder die Hilfe einer höheren Macht, wenn man diese Bezeichnung vorzieht. Ich hatte alles getan, um hierherzukommen, aber alles Weitere lag nun nicht mehr in meiner Hand.

Da wir in den zwölf Tagen Fahrt schon zwei Tonnen flüssiges Propan verbraucht hatten, war der Ballon viel leichter geworden und hatte sich nun in 10 000 Metern Höhe stabilisiert. So weit oben hatten wir den Eindruck, vielleicht doch endlich wieder im Spiel zu sein.

Nachdem wir am sechsten Tag über dem Pazifik

244

zunächst von einem starken Jetstream aus unserer äußerst mißlichen Lage befreit worden waren und er uns mit 180 km/h bis nach Mexiko getragen hatte, folgte dort der Überquerung des Abgrunds ein Zustand totaler Verzweiflung.

Obwohl uns unsere Wetterfrösche ein bequemes und leichtes Ende der Fahrt vorausgesagt hatten, schleuderte uns plötzlich die Hauptströmung aus unserer Bahn und trieb uns Richtung Lateinamerika. Es war der siebzehnte Tag der Fahrt, und er würde uns unsere letzten physischen und psychischen Widerstandskräfte abfordern. Unser falscher Kurs machte uns völlig hilflos, und die nervliche Anspannung war kaum noch zu ertragen. Außerdem erstickten wir fast, da wahrscheinlich irrtümlich ein falsches Gasgemisch in die Kabine geleitet wurde, wir waren wegen einer Panne im Heizsystem halb erfroren, und uns traten die Tränen in die Augen, wenn wir daran dachten, daß unser Traum wohl auch diesmal scheitern würde. Als letzte Möglichkeit blieb uns nur noch, alle Schichten der Atmosphäre auszuprobieren, um vielleicht doch noch einen besseren Wind zu finden. Wir opferten eine enorme Menge Propan, konnten dadurch aber allmählich bis zur größten Höhe aufsteigen, die der Ballon mit seinem ganzen Gewicht an diesem Tag erreichen konnte: 10 500 Meter. In der ganzen Zeit hielten wir unser GPS im Auge, das uns aber unerschütterlich einen klaren Südkurs anzeigte. Erst auf den letzten 100 Metern unseres Aufstiegs, als wir eigentlich das Spiel schon verloren gaben, drehte der Wind plötzlich in Richtung Afrika... Der Kurs stimmte nun wieder, nicht aber unsere Geschwindigkeit, die bis auf 50 km/h herunterging. Wir hatten noch 10 000 Kilometer, das heißt ein Viertel unseres Planeten, vor uns, während unsere Gasreserven schon auf ein Achtel geschrumpft waren. All diese Zahlen zeigten ganz klar, daß unser Abenteuer zu Ende war, aber wir wollten dies ein-

245

fach nicht akzeptieren. Irgendwie hatten wir den Eindruck, nicht mehr zu dieser Welt zu gehören. Von nun an handelte es sich um etwas anderes, eine unglaubliche Kraft war in uns erwacht, die aus der Tiefe unserer Angst entstanden war und die es uns nun erlaubte, bis zum letzten Rest Propan weiterzufahren, wohin uns dies auch immer führen würde. Aufzugeben kam überhaupt nicht mehr in Frage. Allerdings begann auch die von uns gewählte Strategie Früchte zu tragen und erlaubte es uns, dieses Risiko einzugehen. Zwar waren wir in der Schweiz gestartet, waren danach aber entgegen unserer Hauptrichtung bis nach Mauretanien gefahren, wodurch sich unsere fiktive Ziellinie nach Westen verschoben hatte. Und da wir auch nicht in den Vereinigten Staaten losgefahren waren, konnten wir nun, wenn Probleme auftauchen sollten, auf dem Atlantik notwassern, statt auf dem Pazifik, der sehr viel weniger verzeiht. Der Atlantik... Standen auch diesmal seine Arme für mich offen, oder hatte er mir schon alles, was ihm möglich war, bei der Chrysler Challenge geschenkt? Aber was konnte das überhaupt noch für eine Rolle spielen, da Brian und ich ja schon entschieden hatten weiterzumachen.

. Und dann schienen plötzlich alle Hindernisse auf einen Schlag zu verschwinden. In ein paar Stunden stieg unsere Geschwindigkeit von 50 auf 200 km/h an. Die unüberwindlichen Gewitterfronten, die unser Team auf den Satellitenphotos entdeckt hatte, lösten sich auf, und die amerikanische Luftraumüberwachung erlaubte uns wider alle Erwartung, ihre Flugstraßen zu durchqueren. Zwei Tage später erreichten wir Mauretanien. Es blieben uns noch ein paar Stunden, bis wir den letzten Meridian überschreiten würden. Noch ein paar Stunden, und dann waren wir an unseren Ausgangspunkt zurückgekehrt! Nur noch einige Stunden, und alles würde sich für uns ändern. Es waren die längsten Stunden meines Lebens...

Wir waren beide im Cockpit und überwachten die Koordinaten, die uns das GPS über unsere Computer lieferte. In Genf hielt es niemanden mehr auf seinem Platz. Das Kontrollzentrum war von den Parabolantennen der Fernsehsender aus der ganzen Welt eingekreist. Alan Noble, unser Flugdirektor, genoß mit Thédy Schneider und dem Breitling-Team die letzten Augenblicke, die uns noch von einem totalen Erfolg trennten, den uns nun keiner mehr nehmen konnte.

»Nur kein Triumphgehabe«, schienen uns jedoch unsere Brenner zuzuflüstern, als sie eine Stunde vor Erreichen der Ziellinie plötzlich erloschen. »Dieser Sieg gehört euch nicht. Er gehört dem Wind eures Schicksals, und nun müßt ihr daraus etwas machen. Erfolg bemißt sich nicht danach, was man bekommt, sondern danach, was man gibt ...«

Es brauchte einige Minuten, um sie wieder anzuzünden und die verlorene Höhe wiederzugewinnen. Diese Minuten trugen dazu bei, uns klarzumachen, daß nicht wir die Helden waren. Es gab da etwas anderes, was diese Winde der Hoffnung mit sich brachten, das es unserem Ballon erlaubte, ohne Motor und Steuer eine wahre Lebensreise zu vollenden ... Brian und ich nannten dieses andere »die unsichtbare Hand«, aber man kann ihm tatsächlich jeden Namen geben, wenn man nur der Empfindung folgt, daß wir alle zu einem Ganzen gehören, das uns übersteigt, ja transzendiert.

Gerade hatten wir den letzten Meridian überschritten. Wir fielen uns in die Arme, klopften uns auf die Schultern und genossen diesen Moment, auf den wir schon so lange gewartet hatten. Wir hatten uns unseren unmöglichen Traum erfüllt, wir hatten es geschafft, aber wir konnten noch gar nicht daran glauben. Freilich konnte die richtige Feier auch erst beginnen, wenn wir unser Team auf dem Boden wiedersehen würden.

247

Im gleichen Moment rief der Direktor des Luft- und Raumfahrtmuseums in Washington, das zu dem berühmten Smithsonian Institute gehört, Breitling an und bat um unseren Ballon. Er wollte ihn neben dem Flugzeug der Gebrüder Wright, Charles Lindberghs Spirit of St. Louis, der X 1 von Chuck Yeager und der Apollo-11-Kapsel von Armstrong, Aldrin und Collins ausstellen. Als ich zwölf Jahre alt war, hatte ich lange vor diesen seltsamen und wunderbaren Fluggeräten der Helden meiner Kindheit geträumt, aber mit dem nostalgischen Glauben, daß alles schon erreicht worden sei, was sich Gott sei Dank als falsch herausgestellt hat. Und nun konnte ich nach Washington zurückkehren. Wenn ich dann die majestätische Eingangshalle betrete, die den großen Perioden der Luftfahrtgeschichte gewidmet ist, und dort den Breitling Orbiter 3 wiedersehe, wird sich der Kreis endgültig geschlossen haben. Natürlich zuerst einmal die Umkreisung der Welt, aber vor allem die Vollendung dieses ersten Lebenskreises, die ich so sehr angestrebt hatte. Bei den Dutzenden Kameras, die auf mein Gesicht gerichtet sind, werde ich leider meine Emotionen zurückhalten müssen und den Moment nicht so erleben können, wie ich es mir eigentlich gewünscht hätte.

Eine Fahrt war zu Ende gegangen, eine andere konnte nun beginnen. Unser Ballon, nun fast aller Vorräte ledig, schwebte mit 230 km/h in 11 700 Metern Höhe über der Sahara, und wir beschlossen, eine Sicherheitslandung in der ägyptischen Wüste zu versuchen. Ein Scheck mit vielen Nullen wartete dort auf uns, um »die Welt der Menschen die Früchte der großen Taten genießen« zu lassen. Vor uns war ein schmaler Halbmond aufgegangen. Alle Spannung war von uns abgefallen, und nach all den Anstrengungen fühlten wir überhaupt keine Leere in uns, sondern waren zutiefst glücklich und dem Leben dankbar. Und da konnten wir zum ersten Mal ohne irgendwelches hypothetisches Pläneschmieden ernsthaft über die Verteilung dieses Preises nachdenken.

Genau dort, genau zu diesem Zeitpunkt, wurde zwischen Himmel und Erde die Idee zu unserer Stiftung geboren. Statt die Summe auf einen Schlag an verschiedene humanitäre Organisationen zu verteilen, wo sie einfach in den allgemeinen Haushalt flösse, wollten wir sie für eine Langzeitarbeit nutzen, um denen zu helfen, deren Situation sich von der unsrigen in allem unterschied. Das Ziel war, gegen die vergessenen oder vernachlässigten Leiden der Kinder aus den Regionen anzugehen, die wir auf unserer Fahrt überquert hatten, Kinder, die nicht einmal die Chance hatten, sich den elementarsten Traum zu erfüllen, nämlich in ihrer Armut und inmitten der Gleichgültigkeit ihrer Umwelt zu überleben.

Als erstes werden wir die Zinsen des Budweiser-Preises und die anderen finanziellen Erträge und das Presseecho unseres Erfolgs dazu benutzen, gegen eine rätselhafte Armutskrankheit zu kämpfen: die Noma-Krankheit. Dieser Fluch zerstört jedes Jahr auf schreckliche Weise die Gesichter von ungefähr 100 000 Kindern, die in den ärmsten Ländern der Erde an Unterernährung und mangelnder Hygiene leiden. Bei rechtzeitiger Behandlung kann die Krankheit mit Antibiotika im Wert von einigen Euro wirksam bekämpft werden, aber da die Krankheit aufgrund der dort herrschenden Unwissenheit erst sehr spät diagnostiziert wird, zerstört die Nekrose oft das Gesicht der Kranken vollständig. Es ist der absolute Horror, von dem man aber im anderen Teil der Welt überhaupt nichts weiß.

Für uns, die der Wind mit 230 km/h einer siegreichen Landung entgegentrug, gab es so etwas wie einen »anderen Teil der Welt« nicht mehr. Es gab nur noch eine einzige Erdkugel, eine immer konkreter werdende Hoffnung und den Willen, das Ergebnis unseres Erfolges den leidenden Kindern zukommen zu lassen. Und in Würdigung dessen, was unseren Erfolg erst ermöglicht hatte, konnte diese neue Stiftung nur einen einzigen Namen tragen: »Les Vents de l'Espoir«, »Winds of Hope«, »Winde der Hoffnung«. Es ist nicht der Wille, der den Lauf der Dinge ändern kann, sondern die Hoffnung, denn nur sie gibt uns die nötige Demut, die es uns erlaubt, uns dem tiefen Sinn der Winde des Lebens zu unterwerfen. So könnte uns nach unserer Landung in der ägyptischen Wüste vielleicht ein neuer Start, ein neuer Aufbruch erlauben, unseren Beitrag zu etwas zu leisten, was unsere Zeit so dringend benötigt: ein bißchen mehr Respekt und Mitleid.

Nach der zwanzigsten Nacht unserer Fahrt, die wir erschöpft, aber glücklich verbracht hatten, erhellte ein letzter Sonnenaufgang unsere Kapsel. Auf den Luken war wie jeden Morgen der Wasserdampf unseres Atems kondensiert, und so waren sie mit einer Eisschicht bedeckt. Aber dieses Mal schien die Sonne mit aller Macht auf das Glas und irisierte jedes Eiskristall in tausend rötlichen Spiegelungen. Hinter dem Eis, das uns so viele technische Probleme bereitet hatte, strahlte jetzt das Licht. Nach all den Rückschlägen hatten wir endlich Erfolg. Jenseits der Zweifel, der Angst und des Unbekannten gab es sichtbar die Intuition, das Vertrauen und den Abenteuergeist.

Auch unser Leben kann vereisen, und in manchen Momenten kann die Schicht so dick werden, daß wir überhaupt kein Licht mehr sehen können. Dann sind wir verloren und wissen nicht mehr, in welcher Richtung wir weitersuchen sollen. In den letzten drei Wochen durften wir unser größtes Abenteuer erleben, aber beim Betrachten unserer Luke wurde es offensichtlich, daß das allergrößte Abenteuer sich nicht in unserem Sieg finden ließ, genausowenig wie es sich im ersten Stratosphärenflug, im Tauchgang hinunter in den Marianengraben, im Aufstieg auf den Mount Everest oder in der Landung auf dem Mond zeigt. Das größte Abenteuer schien uns plötzlich das Durchdringen des Eises des Lebens auf dem Wege ins Licht zu sein. Auf dieser Reise sind Überzeugungen, Sicherheiten und Dogmen nur toter Ballast, der uns an der Überwindung des Hindernisses hindert. Unsere Angst vor dem Unbekannten, unser Bedürfnis nach Kontrolle und Macht bringen uns recht oft dazu, lieber im Eis, das wir kennen, zu leiden, als das Risiko einzugehen und aufzubrechen, um das Licht zu suchen. Doch auf diesem langen und schwierigen Weg haben wir auch Verbündete, und zwar die Zweifel und die Fragezeichen, die uns die Turbulenzen und Sturmwinde des Lebens bringen. Wenn wir uns diesen entgegenstellen, wird das Eis noch dicker werden und unser Leiden andauern. Aber wenn wir sie akzeptieren, können wir sie dazu benutzen, unsere Phantasie und Kreativität zu beflügeln und andere, neue Lösungen und Strategien zu finden. Sie allein scheinen die Fähigkeit zu haben, unsere Widerstände zu überwinden und uns dazu zu bringen, die Höhe zu wechseln und dadurch eine neue Richtung einzuschlagen. Man muß allerdings zugeben, daß diese Änderungen sich nur dann einstellen, wenn wir dazu gezwungen sind. So betrachtet, ist die Evolution ein schwieriger Prozeß, der sich nur in Krisen und über Gletscherspalten hinweg in Richtung Licht vorwärtsbewegt.

Aber es gibt Männer, Frauen und Kinder, denen die Existenz nicht die nötigen Instrumente gegeben hat, um diesen Weg zu gehen, nämlich diejenigen, die jeden Tag darum kämpfen müssen, den Hunger, den Krieg und das Vergessen zu überleben.

Wir, die wir das Glück haben, uns mit dem Sinn unseres Lebens befassen zu können, stehen auch in der Verantwortung, diesen anderen zu helfen, und wir haben die Pflicht, in das Eis ihrer Existenz kleine Breschen zu schlagen, die es ihnen erlauben, selbst zu entscheiden, in welcher Richtung sie die Sonne zu suchen haben. Nur dann

251

werden die geistige Welt und die Welt der Menschen vielleicht die Früchte der großen Taten ernten können. Und da spielt es keine Rolle, um welche großen Taten es sich handelt und auf welcher Ebene sie sich abspielen, im Wind des Lebens, in den Winden der Hoffnung...

KAPITEL 12

Der Mittelpunkt

Zwischen Himmel und Erde

Dieses Buch wird keinen eigentlichen Abschluß haben, denn das Leben bleibt immer offen. An einem bestimmten Punkt aufzuhören, hieße, die Zukunft zu begrenzen, und daß ich starr bei meinen heutigen Ansichten bliebe und glaubte, daß meine Ideen immer gleichbleiben würden. In Wirklichkeit ändert mich das Leben schneller, als ich es überhaupt auszudrücken vermag, so daß ich schon bald nicht mehr wage, etwas auf dem Papier festzuhalten. Ich kann verfolgen, wie sich unter meiner Feder die Vergangenheit vor meinen Augen verändert, insofern die Ereignisse selbst mit der Zeit eine andere Bedeutung annehmen. Trotz der Stärke meiner früheren Überzeugungen sehe ich nun, daß nicht die reinen Tatsachen wichtig sind, sondern ob ich dem Strom meines Lebens folge oder nicht. Und dieses eigentliche »Leben«, das nur in ganz besonderen existentiellen Momenten wahrnehmbar ist, erstarrt weder in Raum und Zeit, noch hüllt es sich in eine spezielle, genau bestimmte Form. Nur wir bleiben starr bei unserem Glauben an die »Dinge«, die wir doch im übrigen nur sehr fragmentarisch wahrzunehmen vermögen.

253

In meinen Schriften ging es oft um Widersprüche und Gegensätze: zwischen Wissenschaft und Intuition, zwischen öffentlichem Leben und Innenschau, zwischen der Welt des Menschen und der spirituellen Welt. Früher glaubte ich sogar, ich müsse mich zwischen der Familientradition und der Medizin entscheiden. Damals wußte ich noch nicht, daß die Medizin nicht nur ein Beruf, sondern manchmal auch eine Möglichkeit ist, das eigentliche »Leben« zu leben. Wie soll man das auch erkennen, wenn man an der Universität nichts über Paracelsus erfährt, der einmal sagte: »Der Arzt wurde von Gott eingesetzt, daß er dem Menschen sage, wer er sei, was ihm schade und was ihn binde und befreie«, oder »Derjenige ist ein Arzt, der öffentlich Gottes Wunder enthüllt, denn die Kunst des Arztes kommt nicht vom Arzte, sondern von Gott«. Letztendlich gibt es nur dann eine klare Trennung und einen Gegensatz zwischen den verschiedenen Aspekten unserer Existenz, wenn sich unsere Sicht auf die Wahrheit des jeweiligen Augenblicks beschränkt. Alles in der Natur ist Bewegung; in ihr gibt es Kreise, aber keine unendlichen Geraden. Und wir selbst bewegen uns auf diesen Kreisen. Wenn ich mein Manuskript nachlese, es immer wieder korrigiere, um der Wirklichkeit des jeweiligen Moments gerecht zu werden, und es zu guter Letzt zu veröffentlichen wage, höre ich immer noch, wie Josée de Salzmann uns die Erkenntnis weitergab, die sie einst bei G. I. Gurdjieff gelernt hatte:»Bleibt nicht stehen und erstarrt; das Leben bleibt auch nie stehen!«

Ich sehe heute, wie sehr sie recht hatte, und erkenne, wie sehr auch ich manchmal in meinen metaphysischen Gewißheiten erstarrt war, wie dogmatisch ich alle Dogmen zurückwies und wie sehr ich mich oft in meinem Willen zur Offenheit einschloß, statt weiterhin auf alle Gefühle und Gedanken zu lauschen. Die Gedanken sind gar nicht so wichtig für den Lauf der Dinge, denn es kommt einzig und allein darauf an, wie man sie lebt. Denn alle zusammen gehören sie dem »Leben«, ohne Gegensatz, ohne Widerspruch. Sie werden nur unterschiedlich wahrgenommen und ins Leben gebracht, ob nun in der Wissenschaft, der Medizin oder am Himmel, denn letztlich ist es völlig egal, auf welcher Spur man voranschreitet. Wenn man bedenkt, wie lange ich glaubte, daß meine Studien unvereinbar seien mit meiner Familientradition! Jahrelang hatte ich die taoistische Lehre studiert, die dem Menschen die Aufgabe zuweist, die Verbindung zwischen Himmel und Erde sicherzustellen, und hatte dabei ganz das zweite Buch meines Großvaters über seinen Stratosphärenflug vergessen, dessen Titel lautete: »Zwischen Himmel und Erde«. Als wollte man diese extremen Gegensätze noch unterstreichen, zeigt die Gedenkmünze, die die Schweizerische Eidgenossenschaft prägen ließ, den Batyscaphe und den Stratosphärenballon, wie sie sich im Zeichen von Yin und Yang gegenüberstehen. Auf seine Art diente auch mein Großvater als Verbindungsglied zwischen dem Oben und dem Unten; so erfüllte auch er die taoistische Aufgabe des Menschen. Und wenn er einmal sagte, das Ballonfahren habe es ihm erlaubt, »die Forschung als den Sport des Gelehrten« zu erleben, sehe ich nun, daß ich durch die Luftfahrt entdeckt habe, daß der Sport das Abenteuer des Psychiaters sein kann. Letzten Endes spielt es ja kaum eine Rolle, welche Form die Suche des einzelnen annimmt, da Formen entstehen, sich verbinden und vergehen, aber die gemachte Erfahrung ihre Spur auf der Erde, am Himmel und vor allem im eigenen Innern hinterläßt.

Das galt auch für dieses phantastische Märzwochenende, an dem ich zu Füßen der Rochers de Naye, des Hausberges von Montreux, der mir so oft als Startplatz gedient hatte, an einem Qi-Gong-Lehrgang teilnahm. Unter einem Himmel voller Hängegleiter und Gleitsegler lernte

255

ich die Figuren und Bewegungen des »Kranichflugs«, die
es einem ermöglichen sollen, die Lebensenergie Qi im
eigenen Innern zu entdecken und frei fließen zu lassen.
Und dann plötzlich ist es soweit: Der Kranich hebt ab; im
ganzen Körper wird die Energie frei und zirkuliert in den
Armen, die man in die Luft streckt; ich spüre dieselbe
innere Klarheit und Ruhe wie bei meinen schönsten Flü-
gen, aber diesmal brauche ich keinen Flugdrachen oder
Ballon mehr dazu, den grandiosen Anblick dieses Son-
nenuntergangs über dem See in mein Innerstes aufzunehmen. Als ich am Abend die Berge verließ, spürte ich in mir
noch lange diese ausgeglichene Heiterkeit und Ruhe, wie
ich sie früher nur nach meinen faszinierendsten Erlebnissen am Himmel empfunden hatte. Endlich war die
freundschaftliche Prophezeiung eingetreten: »Du wirst
sehen, eines Tages wirst du auf deinen Hängegleiter verzichten können.«

Auch da hatte ich eigentlich nicht das Gefühl, plötzlich
etwas völlig anderes zu machen, sondern eher, daß es nun
auf einer anderen Ebene passierte, so als ob zwar mein bis-
heriges Leben weiterginge, aber nun einer viel subtileren
inneren Grammatik folgte. Ich hatte den Eindruck, dieselbe Suche fortzusetzen, aber unter einem kristallklaren
Himmel; und auch nicht mehr allein in meinem Gleiter,
sondern in einer Gruppe, mit der ein gegenseitiger Austausch möglich wurde. Der Kreis schloß sich, und ich
begann, seinen Mittelpunkt zu erkennen.

Das bedeutet, daß ich dieses Buch auch auf eine ganz
andere Weise und über ein ganz anderes Thema hätte
schreiben können und doch zum gleichen Endergebnis
gekommen wäre. Wenn ich nach meiner Rückkehr aus
den Vereinigten Staaten nicht einen Hängegleiter hätte
fliegen wollen, wenn ich Hermann Geiger und Wernher
von Braun nie begegnet wäre, hätte die Beschreibung
meines Ariadnefadens auch so beginnen können: »Wenn

der Einfluß, den das Meer auf meine ersten Jahre hatte, an der Anzahl der Seiten gemessen würde, nähme dieses Kapitel einen Großteil des Buches ein...« Und das wäre wahrscheinlich sogar wahr gewesen. Ich hätte dann von meiner Leidenschaft für das Tauchen erzählt, dazu noch Geschichten über Unterseeboote, über meine Freundschaft mit dem Freediver Jacques Mayol, lange bevor der durch den Film »Im Rausch der Tiefe« weltberühmt wurde, meine zwei Atlantiküberquerungen mit einem Ozeandampfer und über alles, was ich erlebt hatte, als ich an einer Etappe der Weltmeisterschaft der Großsegler teilnahm. Ich hätte auch und vor allem über diesen nächtlichen Fischereiausflug in Florida sprechen können, als ich, durch die Gischt des Sturms bis auf die Haut durchnäßt, entdeckte, wie sehr man mit der Natur im Einklang stehen kann.

Der Sinn meiner Botschaft wäre sogar derselbe gewesen, wenn ich so begonnen hätte:»Wenn der Einfluß, den die Musik auf meine ersten Jahre hatte...« Ich hätte dann von meiner musikalischen Mutter erzählt, deren Klaviermusik früher das ganze Haus verzauberte, oder von den Tränen, die ich ihr von der Wange wischte, als sie an ihrem letzten Weihnachtsfest in einem Zimmer im Krankenhaus einem Bachkonzert zuhörte; ich hätte auch all die Musik erwähnen können, die sich tief in meinem Gedächtnis mit den wichtigsten Begebenheiten meines Lebens verbindet.

Ich bin auf den Spuren meiner Kindheit nach Florida zurückgekehrt; dort habe ich die Orte und die Freunde wiedergefunden, die ich in den vielen Jahren seit meiner Rückkehr in die Schweiz nur noch in meinen Träumen wiedergesehen hatte. Ich ging wieder an dem Kanal entlang, auf dem der Mesoscaphe zu seiner Golfstromexpedition aufgebrochen war, aber dieses Mal waren auf dem Damm Estelle, Oriane und Solange dabei. Ich besuchte noch einmal Cape Kennedy und die Abschußrampen der Apollo-Raketen, aber inzwischen hatten die Spaceshuttle die Saturn V ersetzt. Die Eroberung des Mondes schien definitiv den Routinereisen ins All Platz gemacht zu haben. Ich sah auch meine Schule und mein Haus wieder; ich wollte all dies wiedersehen, als ob ich nachprüfen wollte, ob dort irgend etwas anders geworden war, oder vielleicht sogar, um herauszufinden, was sich alles in mir selber verändert hatte. Als ich mich in diese Periode meines Lebens zurückversetzte, die ich so intensiv erlebt hatte, waren die Emotionen schon sehr stark, aber es kam mir zum ersten Mal so vor, als ob ich nicht wegen dem, was ich in meiner Kindheit erlebt hatte, nostalgisch wurde, sondern wegen dem, was dabei in meinem Innern vorgegangen war. Als ich vor meinem inneren Auge sah, wie sich mein Leben im Kreise drehte, schien mich auf einmal nur noch dessen Mittelpunkt zu berühren. Die Psychoanalytiker gehen normalerweise bei ihren Erklärungen nur bis zu der Sehnsucht nach der verlorengegangenen glückhaften Verbindung zwischen Mutter und Kind zurück, aber in meinem Fall hatte ich den Eindruck, daß sich meine Nostalgie nicht auf meine Kindheit bezog, sondern auf etwas, das noch viel älter, viel stärker, viel tiefer und viel subtiler war als das sichtbare Leben. So als ob es einen Zustand gäbe, in dem nicht einmal die wesentlichsten Ereignisse des Lebens noch eine besondere Bedeutung hätten, einen Zustand, wo auch der Lauf der Zeit unwichtig wird, in dem man aber plötzlich den Mittelpunkt des Kreises wahrzunehmen vermag. Wie durch einen Gedankenblitz wird das ganze Sein von einem Gefühl der Harmonie überflutet, dessen Geschmack uns aber schon aus früheren Zeiten vertraut ist. Und nach diesem Mittelpunkt, nach diesem Geschmack hatte ich gesucht und wollte ihn schon immer kennenlernen, angetrieben von meiner Sehnsucht, ohne die ich mich sicherlich mit meinem materiellen Leben zufriedengegeben hätte. Wie ein Ariadnefaden ist diese Sehnsucht das Band, das uns nicht an die Reinheit der Kinderzeit erinnert, wie ich am Anfang dieses Buches geschrieben habe, sondern an das, was einige das verlorene Paradies, das All-Eine oder das Tao nennen.

Alle Glaubensrichtungen und Überlieferungen sprechen übrigens von diesem Zustand, den der Mensch einst gekannt habe und an den er sich in ganz besonderen Momenten seines Lebens manchmal noch heute bruchstückhaft erinnern könne. Ich verstehe jetzt, warum ich schon immer Baudelaire und seinen unerklärlichen und unbeschreiblichen Spleen so geliebt habe. Gerade dann, wenn ich meine Nostalgie dadurch zu befriedigen suchte, daß ich in meinem Hängegleiter den Lauf der Zeit anhielt, nahm ich beim Lesen Baudelaires mit ganzem Herzen die seine auf, die sich in seinen Gedichten, in Drogen und Alkohol ausdrückte. Ich versuchte, das Drehen des Kreises zu verlangsamen, konnte aber noch nicht erkennen, daß sein Mittelpunkt dabei immer unbeweglich blieb. Die verschiedenen philosophischen Richtungen waren mir selten eine Hilfe, denn sie befaßten sich allzuoft nur mit dem Kreis und nicht mit seinem Mittelpunkt. Nur meine Nostalgie hat mich dazu gebracht, weiterzusuchen und einer Spur am Himmel zu folgen.

Ich gehe sogar so weit, mich zu fragen, ob diese Sehnsucht und Nostalgie nicht ein Führer ist, der uns in unserem Leben davon abhält, uns zu sehr von diesem Bewußtseinszustand zu entfernen, den wir bestimmt schon einmal gekannt haben und zu dem wir auch unbedingt wieder zurückkehren müssen. Etymologisch bedeutet »Nostalgie« übrigens »Leiden, das durch den starken Wunsch nach Rückkehr hervorgerufen wird«. Und dieses Leiden ist wirklich schwer zu ertragen, wenn man nur noch die verrinnende Zeit sieht!

Als ich mit meinem Kopiloten von meiner Fahrt um die Welt zurückkam, waren mir Estelle, Oriane und Solange so schnell, wie es ihr Alter erlaubte, mit offenen Armen entgegengeeilt. Auch mein Vater war gekommen, uns zu empfangen, wie ich es früher mit meiner Mutter gemacht hatte, wenn er von einer Expedition zurückkam. Aber in der Zwischenzeit war ich Vater und er Großvater geworden. Als ich meinen Blumenstrauß unter den Ovationen der Tausende von Menschen entlang der Flughafenpiste schwenkte, mußte ich noch einmal kurz an meinen Vater und meinen Großvater denken. Sie hatten alle »vertikalen« Rekorde, in Höhe und Tiefe, nach oben und nach unten gebrochen. Wie um ein Kreuz zu bilden, hatte ich dem jetzt den »horizontalen« Rekord der längsten Luftfahrt der Geschichte hinzugefügt. Der Kreis hatte sich geschlossen, aber es war immer noch derselbe Kreis. Ich fragte mich wirklich, was wohl mein Vater in seinem achten Lebensjahrzehnt fühlen mochte, wenn er erkannte, wie sehr sich dieser Kreis gedreht hatte. Aber ich hoffe von ganzem Herzen, daß auch er dessen Mittelpunkt jetzt erkennen kann.

Wenn ich alle die Leute in meiner näheren und weiteren Umgebung anschaue, wird mir zunehmend klar, daß ich dieses Kapitel ebensosehr für sie wie für mich geschrieben habe. In dieser Hinsicht kann das Schreiben, geradeso wie es Kunst und Medizin sein sollten, ein Ausdruck des Teilens und der Liebe werden.

So könnte ich für sie dieses Buch unter dem Titel »Spuren im Leben« noch einmal schreiben und würde es dann so beginnen:

»Live und direkt:

Bei meiner Suche bin ich ganz allein. Sicher, diese Einsamkeit fördert die Konzentration, das Gefühl der Identität von eigenem Selbst und gelebtem Augenblick, aber sie wird dann auch ein weiteres Kommunikationshemmnis.

Wenn man mich auffordert, meine Erlebnisse zu erzählen, kann ich sie nur noch bruchstückhaft rekonstruieren, denn in diesem Moment bin ich ja nicht mehr von dem tiefen Eindruck umfangen, den sie mir verschaffen. Deshalb bereite ich manchmal bereits in den intensivsten Momenten meines Lebens, wenn ich mich wirklich ganz einsam fühle, in einem Eckchen meines Bewußtseins vor, wie ich später darüber erzählen werde. Und eines Tages tauchte dann das Bedürfnis auf, in einem Buch einmal all die Eindrücke zu sammeln, die ich »live« erfahren habe, um sie mit allen anderen zu teilen und bei meiner Suche nicht so allein zu sein.

Ich fürchte, daß ich in den einzelnen Kapiteln, einer Art ›Reflexionen über das Leben‹, manchmal Themen ansprechen werde, die erst einmal weit entfernt von den gewöhnlichen Sorgen des täglichen Lebens erscheinen mögen. Und, was noch schlimmer ist, wenn ich sie in Worte fasse, besteht die Gefahr, daß ich sie in Theorien verwandle. Davon gibt es inzwischen so viele, daß sie zu einem Hindernis für das direkte Experimentieren geworden sind. Dennoch kann jeder Gedanke und jede Theorie bei dem Versuch nützlich sein, das ›Ganze‹ einzugrenzen, so wie erst alle Flächen zusammen ein ganzes Prisma ergeben. Jede Fläche wird dann zu einer Gelegenheit, ein Buch zu schreiben oder eine Philosophie zu entwickeln; aber wenn man unbedingt ein Prisma konstruieren will, kann man leicht das Licht vergessen, das sich in ihm bricht, und damit vernachlässigen, was im Leben durch die Entwicklung unserer Intuition direkt erkennbar werden kann. Ich werde deswegen bei all meinen Überlegungen immer wieder auf die Notwendigkeit zurückkommen, dieses Licht in sich zu empfangen. Es erlaubt es einem, im eigenen Innern diese Momente des flüchtigen Bewußtseins festzuhalten, von denen man wünschte, daß sie ewig währten.

Im übrigen, ist unser Leben nicht voll von diesen besonderen und begnadeten Momenten, wo uns ein Musikstück, eine Bewegung, eine Empfindung oder ein Gedanke dazu bringen, daß der vergessene Geschmack einer Verbindung zu den Tiefen unseres Seins uns plötzlich den Mittelpunkt des großen Rades der Zeit enthüllt? Dieses Buch hat kein anderes Ziel, als denen, die ich liebe, Mut zu machen, ihre Grenzen zu überschreiten, und zwar nicht mehr auf der Erde, im Wasser und in der Luft, sondern in ihrem eigenen Innern, um dort den Mittelpunkt des Kreises ihrer eigenen Existenz zu finden. Wenn ich dieses Ziel tatsächlich erreiche, werde ich mich auf meiner Suche weniger allein fühlen ...«

Reflex

Ich habe alles getan, um die Zeit in meinen Kindheits-
erinnerungen anzuhalten.
Ich habe meine Spuren auf Mauern und Baumrinden
hinterlassen,
aber ich weiß nicht mehr, was ich auf sie schrieb.
Ich hoffe von ganzem Herzen,
daß meine Unschuld am Leben bleibt,
aber die Mauern sind gefallen und die Bäume sind gewachsen.
Ich suche vergeblich nach Ähnlichkeiten
auf den Photos meiner Kindheit.
Aber in diesem unerbittlichen Fluß
sind selbst die Erinnerungen vergänglich.
Und nur in der absoluten Gegenwart
lebe ich außerhalb jeder Zeit.

BILDNACHWEIS

Die meisten Abbildungen stammen aus den Archiven von Jacques und Bertrand Piccard. Mein Dank gilt den unten aufgeführten Photographen, die mir freundlicherweise erlaubt haben, ihre Photos zu verwenden. Rechtegeber (in alphabetischer Reihenfolge): Archives Breitling, Christian Brustlein, Edouard Curchod, Pierre Duperrex, Yvain Genevey, Claude Gluntz (L'Illustré), Alain Guillou, Jean-Luc Iseli (L'Illustré), Jules Verne Aventure, Jean-François Luy, Thierry Provost, Luca Ricchi, Schweizer Luftwaffe, Herb Swanson, François de Sury.

PIPER

Bertrand Piccard/Brian Jones
Mit dem Wind um die Welt

Aus dem Englischen von Anja Hansen-Schmidt und
Thomas Pfeiffer. 397 Seiten mit 60 Abbildungen.

Serie Piper

Es galt als eine der letzten Herausforderungen, die die
Welt zu bieten hat: Nonstop um die Erde, nur mit dem
Wind als Helfer. Die besten Ballonfahrer haben es versucht
– Bertrand Piccard und Brian Jones ist es gelungen.
Fast gleichzeitig mit ihren schärfsten Konkurrenten
nahmen sie die Weltumrundung in Angriff. Fasziniert
verfolgte die Welt das dramatische Wettrennen. Im Kampf
gegen schlechtes Wetter, widrige Winde, Hitze und Kälte,
arbeiten Piccard und Jones sich voran. Im fairen Wettstreit
mit ihren Konkurrenten und im Bund mit der Natur
gelingt ihnen ihr ehrgeiziges Vorhaben. In Form eines
Tagebuches schildern die Autoren ihre dramatischen
Erlebnisse. Zahlreiche exklusive Fotos lassen den Leser
teilhaben an der einzigartigen Fahrt.

01/1096/01/R

MALIK

Ellen MacArthur
Ich wollte das Unmögliche

Wie ich allein die Welt umsegelte. Aus dem Englischen von
Karl-Heinz Ebnet. 351 Seiten mit 16 Seiten Farbbildteil.
Gebunden

»Ich würde wieder länger als zehn Minuten schlafen können,
ich würde nicht mehr ununterbrochen die Instrumente im
Auge behalten müssen. Wir hatten es geschafft. Gemeinsam,
die ›Kingfisher‹ und ich.« Fast 100 Tage war Ellen
MacArthur allein auf hoher See: In einem 60-Fuß-Segelboot ist
sie einhand um den Globus gesegelt. Von der Bretagne bis in
die Südsee, vom Kap der Guten Hoffnung bis zum Kap Hoorn.
Sie hat Eisstürmen und haushohen Wellen getrotzt und eine
Kollision mit einem Container überlebt. Und nach 26000
Meilen nonstop hat sich die junge Engländerin den zweiten
Platz im schwierigsten Rennen der Welt erkämpft. Doch ihr
Erfolg kommt nicht von ungefähr: Schon mit zwölf Jahren
kauft sie sich vom ersparten Taschengeld ihre eigene Segeljolle,
mit achtzehn umsegelt sie Großbritannien. Ihr Mut, ihre
Willenskraft und Begeisterung machen sie zur Inspiration für
alle, die an ihre Träume glauben.

02/1038/01/R

MALIK

Bruno Baumann
Kailash

Tibets heiliger Berg. 375 Seiten, durchgehend farbig
bebildert. Gebunden

Mit ihren 6714 Metern ist die Eispyramide des Kailash
und ihre Umgebung im Westen Tibets eine unvergleich-
liche Naturschönheit. Für vier Religionen stellt dieser Berg
das wichtigste Pilgerziel dar: für Buddhisten, Hindus, Jain
und Bön.
Bruno Baumann, einer der besten Tibet- und Himalaya-
kenner, hat sich dem Berg über fünfzehn Jahre immer
wieder genähert: auf abenteuerlichen Routen, aus den
vier Himmelsrichtungen kommend bis zu den nur schwer
zugänglichen Quellen der vier bedeutenden Flüsse Asiens,
des Indus, Brahmaputra, Sutley und Karnali. Auch auf
spiritueller Ebene hat Baumann das Geheimnis dieses
besonderen Berges erfahren. Ganz in der Tradition der
Pilger vollzog er dreizehn jener rituellen äußeren Um-
wandlungen des Kailash, bevor er schließlich in den heilig-
sten inneren Kreis eintrat.
Bruno Baumanns Buch dokumentiert seine außergewöhnlichen Reisen und zeigt den überwältigenden landschaft-
lichen und kulturellen Reichtum Tibets.

02/1002/01/R